44,-

Anne Maguire
Die dunklen Begleiter der Seele

W

Anne Maguire

Die dunklen Begleiter der Seele

Die Sieben Todsünden psychologisch betrachtet

Walter Verlag
Zürich und Düsseldorf

Für die deutschsprachige Ausgabe überarbeitete und gekürzte Fassung von:
The Seven Deadly Sins.
A Psychological Exploration of the Archetypal Image of the
Collective Shadow of Man, by Way of the Mortal Sins
Aus dem Englischen übertragen
von Christa Polkinhorn-Umiker

Meinen herzlichen Dank an Mrs. Nancy Thompson
für ihre Unterstützung

Die Deutsche Bibliothek – CIP-Einheitsaufnahme

Maguire, Anne:
Die dunklen Begleiter der Seele : die Sieben Todsünden
psychologisch betrachtet / Anne Maguire. Aus dem Engl.
übertr. von Christa Polkinhorn-Umiker. – Zürich ; Düsseldorf :
Walter, 1996
ISBN 3-530-40014-9

Satz und Litho: Jung Satzcentrum, Lahnau
Druck und Einband: Clausen & Bosse, Leck
Printed in Germany
ISBN 3-530-40014-9

Das Werk ist meinem Bruder Michael gewidmet, der mir das Thema vorgeschlagen hat, und meinen Freunden Marie-Louise und Robert, die mich fortwährend unterstützt haben.
Es ist ferner dem spirituellen, weisen Ibn Sina (Avicenna) gewidmet, der die dunklen Begleiter der Seele so gut kannte.

Inhalt

Einführung

Als ich mich mit der Einführung zum vorliegenden Buch zu befassen begann, wurde die Welt von einer Welle des Entsetzens und des Schreckens überschwemmt. An einem frühen Morgen erschütterte die Wirklichkeit des Bösen ein Klassenzimmer in einem friedlichen Städtchen in Schottland und zerstörte innerhalb von Minuten das Leben einer Gruppe kleiner Kinder und ihrer Lehrerin. Der vorsätzlich geplante Mord, offenbar die Zwangshandlung eines einzigen Menschen, wurde sofort in der ganzen Welt als böse bezeichnet; er widersetzt sich jedem Erklärungsversuch. Verborgen in der entsetzlichen, objektiven Realität dieser unverkennbar dunklen Tat keimten zwar in den spontanen Reaktionen aus dem kollektiven Herzen der Menschheit Samen des Guten. Doch prägte sich die Wirklichkeit der bösen Tat unauslöschlich und für immer ins menschliche Bewußtsein ein.

Jedes Gespräch in der heutigen Zeit über das Thema der Todsünden bringt das allgegenwärtige Problem des Bösen ins Bewußtsein, das nun klar und deutlich vor uns steht und dem wir nicht ausweichen können. Das Böse ist eine entscheidende Wirklichkeit geworden, und es ist die Aufgabe von uns Menschen, diese Wirklichkeit zu erkennen und uns mit ihr auseinanderzusetzen. Dabei dürfen wir nicht vergessen, daß wir durch die Berührung mit dem Bösen Gefahr laufen, in seine Gewalt zu geraten. Das Erkennen seiner Gegenwart ist somit unsere höchste Pflicht.

Der Katalog der Todsünden wurde vor vielen Jahrhunderten von den christlichen Kirchenvätern sorgfältig zusammengestellt, und mein Anliegen ist es, mit dieser Untersuchung über das archetypische Bild des kollektiven Schaltens anschaulich und für jedermann verständlich zu zeigen, wie wichtig es ist, diese «Hauptsünden» wahrzunehmen und ihr Wesen zu erkennen. Die Kirchenväter betrachteten sie ihres besonderen Wesens und ihrer gegenseitigen Beeinflussung wegen als tödlich: Sie verstoßen gegen das göttliche Gesetz, sie zerstören die Freundschaft zwischen Gott und Mensch und führen zum Tod der Seele. In der frühchristlichen Zeit fiel es dem Menschen nicht schwer, an seine Seele zu glauben. Er hatte – wie es bei den sogenannten Urvölkern noch immer der Fall ist – eine Todesangst davor, sie zu verlieren, und das mit gutem Grund.

Jung hat immer wieder betont, daß sich der Mensch seiner Seele schon vor geraumer Zeit entledigt hat oder sie vergaß, zusammen mit Gott, von dem uns die Wissenschaftler berichten, er existiere nicht! Doch heute – wenige mögen sich dessen bewußt sein – ist die Seele des Menschen von zentraler Bedeutung im Hinblick auf das wichtige und dringliche Problem des Bösen. Gegen Ende seines Lebens schrieb Jung die folgenden Worte:

> «Die einst von den Gnostikern aufgeworfene Frage: ‹Woher kommt das Böse?› hat in der christlichen Welt keine Antwort gefunden, und des Origenes leiser Gedanke von einer möglichen Erlösung des Teufels galt als Ketzerei. Heute aber haben wir Rede zu stehen und Antwort zu geben, und wir stehen da mit leeren Händen, verwundert und ratlos, und können uns nicht einmal klarmachen, daß uns kein Mythus zu Hilfe kommt, dessen wir doch so dringend bedürften. Man hat zwar infolge der politischen Lage sowohl wie der furchtbaren, ja dämonischen Erfolge der Wissenschaft heimliche Schauer und dumpfe Ahnungen, aber man weiß keinen Rat, und nur die wenigsten ziehen den Schluß, daß es diesmal um die längst vergessene Seele des Menschen geht.» (Erinnerungen, S. 335)

Seit der Geburt des Jesuskindes, die vor zweitausend Jahren das christliche Zeitalter einleitete und jene Einstellungen mit sich brachte, die wir als christlich betrachten, hat sich vieles verändert. Und es ist offensichtlich, daß während der vergangenen zwei Jahrhunderte besonders tiefgreifende Veränderungen stattgefunden haben. Einerseits besteht eine tolerante Aufgeschlossenheit, die zweifellos ihre guten Seiten hat, und andererseits eine süßliche Sentimentalität, die wenig mit dem Erosprinzip und mit Bezogenheit, aber viel mit Kaltherzigkeit zu tun hat. Die Ursache dieser Entwicklung liegt darin, daß die Moral zur individuellen Angelegenheit und vom moralischen Gewissen des einzelnen abhängig geworden ist. Die jahrhundertelang gültigen traditionellen Quellen der christlichern Werte scheinen als objektive Normen der Moral irrelevant geworden zu sein. Sie liegen vernachlässigt in einem Bereich außerhalb des individuellen Bewußtseins. Heute wird der schwerwiegende Verlust jener allgemein anerkannten Werte im Kollektiv sichtbar. Die tiefgreifende Veränderung widerhallt im einzelnen Menschen, der in seiner persönlichen moralischen Einstellung stark verunsichert ist. Die Folge davon ist eine Verwirrung über das, was Recht und Unrecht ist. Der einzelne zögert, einen moralischen Standpunkt einzunehmen, der sich nicht mit der allgemeinen Haltung von Wertefreiheit und Toleranz deckt, obwohl er im tiefsten Innern erkennt, daß gewisse Handlungen oder Verhaltensweisen unmoralisch sind. Die Angst vor dem Widerstand gegenüber der kollektiven Meinung führt unglücklicherweise dazu, daß deren unsoziale oder sogar soziopathische Verhaltensweisen zur allgemeingültigen Moral werden.

Die emotionale Unbeständigkeit, die sich des Menschen bemächtigt hat, entstammt seiner Seele, und somit liegt die Verantwortung dafür beim einzelnen Menschen. Es mag den Leser eigenartig anmuten, doch haben viele körperliche wie auch psychische Krankheiten ihren Ursprung in der Unbewußtheit des Menschen, einer oft tiefen Unbewußtheit über die persönlichen emotionalen Stürme in seiner inneren Welt. Wir können sie mit den heftigen Stürmen vergleichen, deren Wirkung als Sonnen-

Hieronymus Bosch: Die Sieben Todsünden und die letzten vier Dinge: 1 Völlerei, 2 Trägheit, 3 Wollust, 4 Stolz, 5 Zorn, 6 Eifersucht, 7 Geiz.

flecken auf der Oberfläche der Sonne sichtbar werden. Meist erkennen wir nicht, daß das emotionale Problem mit unserem Schatten zusammenhängt, und machen deshalb einen anderen Menschen dafür verantwortlich.

Dies ist häufig der Fall bei der unbewußten *Eifersucht* und dem geheimen Wunsch, einen andern Menschen, der im Leben anscheinend besser gestellt ist, zu erniedrigen. Vielleicht ist es ein ganz gewöhnliches Eifersuchtsgefühl gegenüber einem Geschwister, ein Phänomen, das in Familien üblich ist. Oder die

Eifersucht drückt sich als mörderische Leidenschaft aus, die die Zerstörung der Persönlichkeit oder gar den physischen Tod des anderen Menschen zum Ziel hat. Der Grund kann die eigene Unzufriedenheit sein oder manchmal ganz einfach die störend erlebte Anwesenheit des anderen. In all diesen Fällen ist sich die Ichpersönlichkeit der verborgenen Emotionen oder der Absicht meist nicht bewußt.

Ähnlich ist es bei der allgegenwärtigen Emotion des *Zorns*. Zorn mag sich als schlechte Laune oder Gereiztheit äußern, als Mißmut oder auch als mörderische Wut. In Massenaufständen oder Revolutionen zeigt sich die Emotion besonders deutlich. In der aktuellen epidemischen unterschwelligen Aggressivität der Menschen drückt sich der Zorn vielleicht nur als spöttische Fingergeste aus, er kann aber auch zu offenen Feindseligkeiten und Schlägereien auf der Straße führen.

Stolz, der als Gefühl eines gesunden Selbstbewußtseins wichtig und gerechtfertigt ist, kann sehr leicht in übertriebenes egozentrisches Verhalten ausarten, wobei der Ichpersönlichkeit die Besessenheit unbewußt bleibt. Dann ist ein Stolpern, ein Ausrutschen oder ein plötzlicher Sturz oft ein Zeichen dafür, daß man «zu hoch hinaus wollte» und auf irgendeine Weise zur eigenen Sicherheit wieder auf die Erde gebracht werden muß.

Trägheit während der Freizeit und zur Erholung mag auf subtile Weise verlockend sein, wird jedoch zur lustlosen Unbeweglichkeit, wenn jemand nicht gewillt ist, das tägliche Brot zu verdienen. Die Kirchenväter verurteilten Trägheit, da sie sich störend auf das geistige Leben in den religiösen Orden auswirkte, auf die Seelenarbeit, das Gebet und die Meditation. In Anbetracht der mangelnden Aufmerksamkeit, die der moderne Mensch dem inneren Leben schenkt, darf man heutzutage ohne Angst vor Widerspruch die Trägheit ebenso verurteilen.

Wollust oder übertriebenes körperliches Verlangen mit seinem genußvollen Vergnügen und seiner Aufregung kann Freude in die Langeweile einer langjährigen Beziehung oder Ehe bringen, die ihre Vitalität verloren hat. Doch kann sie auch einem oder allen Mitbeteiligten Schaden zufügen. Wollust wie auch Geiz und Völlerei verlangen nach körperlicher beziehungsweise materieller Befriedigung und werden daher als Sünden des Fleisches bezeichnet.

In unserer materialistischen Überflußgesellschaft sind *Geiz,* verbunden mit Habgier, wie auch die *Völlerei* – die Gier nach Essen und Trinken – allgegenwärtig. Geld kann, wie das Essen, zum zentralen Lebensinhalt, ja zur Besessenheit werden. Wenn man diesen Leidenschaften nachgeht, entdeckt man, daß eigentlich ein innerer Wert erstrebt wird, ein innerer Hunger nach spiritueller Nahrung vorhanden ist, der aber infolge von Unbewußtheit auf die äußere Welt projiziert wurde.

Bei all den obenerwähnten Phänomenen geht es letztlich um die Frage des Gleichgewichts. Eine übertriebene Emotion oder ein unmäßiges Verlangen kann als Todsünde betrachtet werden, weil sie die Gefahr des seelischen Todes mit sich bringt. Ein Exzeß ist immer gefährlich, für das physische wie auch das psychische Leben. So hieß es auf dem Schrein des Apollo: «Mäßigung in allen Dingen.»

Eine tiefe intuitive Wahrheit liegt in dem vor Jahrhunderten geprägten apokryphen Spruch: «Mensch, wenn du weißt, was du tust, bist du gesegnet; wenn du nicht weißt, was du tust, dann bist du verdammt und ein Gesetzesbrecher.» (Codex Bezae, VI, 4)

Die Todsünden sind so alt wie der Mensch selbst, und sie geben dem Bösen Form. Der moderne Mensch kennt die genaue Bedeutung der Sünden kaum mehr; er scheint dieses Wissen verlegt, vergessen oder als unfundiert abgetan zu haben. Ich gebe kein moralisches Urteil über diese Tatsache ab, der ich in meiner langjährigen Praxis als Ärztin wie auch als analytische Psychologin immer wieder begegnet bin. Gewisse körperliche Leiden wie auch Träume zeigen deutlich und klar die Anwesenheit einer unbewußten und deshalb unerkannten Emotion oder die Unbewußtheit einer zerstörerischen Einstellung. Es ist von höchster Bedeutung für das psychische Leben wie auch für die körperliche Gesundheit, daß dieser unbewußte Inhalt erkannt wird. Der Arzt hat die Aufgabe, seinem Patienten die Ursachen seines Leidens ins Bewußtsein zu bringen, Ursachen, die die Kirchenväter in ihrer Weisheit als tödliche Sünden klassifizierten. In der heutigen Atmosphäre der toleranten Aufgeschlossenheit zögert man, einen so starken Ausdruck für übertriebenen Zorn, übertriebene Leidenschaft, Wut, Gier oder Trägheit zu gebrauchen. Es ist jedoch in der Tat eine Sünde, aus Furcht zu feige zu sein, das Böse, das vor uns liegt, beim Namen zu nennen.

Vor etwa tausend Jahren schrieb der persische Arzt und Philosoph Ibn Sina die folgenden Worte:

> «Brüder der Wahrheit! Es überrascht nicht, daß der Engel das Böse flieht, während das Tier Böses begeht, denn der Engel hat kein Organ der Korruption und das Tier kein Organ des Verstandnisses. Nein, was überrascht, ist, daß der Mensch, der seine bösen Begierden beherrschen kann, sich von ihnen unterwerfen läßt, obschon er das innere Licht der Intelligenz besitzt. Doch wahrhaftig, der Mensch, der dem Angriff der bösen Begierden standhält, wird dem Engel gleich. Doch der, dessen Kraft nicht ausreicht, das böse Verlangen zu vertreiben, das ihn in Versuchung führt, wird nicht einmal den Stand des Tiers erreichen.» (Avicenna, S. 187)

1. Stolz

Superbia

Einstimmung

Die Kirchenväter betrachteten den Stolz als die erste der Sieben Todsünden und als Grundlage der anderen. Tatsächlich sind wir Menschen besonders gefährdet durch diese Sünde, weil alle unsere an sich guten Eigenschaften, Fähigkeiten, Leistungen, Errungenschaften und Erkenntnisse wie auch die Tugenden zur Überheblichkeit führen können, wenn wir sie für unsere Selbstbestätigung benötigen. Dann verbirgt sich aber das wahre Gesicht des Stolzes hinter unseren Tugenden, und er begegnet uns nur in der Projektion auf andere, deren arroganten Stolz wir verurteilen. Versteckter wie auch offener Stolz kann inflationär wirken, was uns in höchst gefährliche Situationen bringen kann. Der Stolze ist unmenschlich, nimmt er doch in seiner Selbstbezogenheit, seiner Arroganz und seiner Überheblichkeit keine Rücksicht auf die anderen Menschen und glaubt im geheimen an seine eigene Allmächtigkeit.

Die geheime Überheblichkeit einer Mutter

Eine meiner Patientinnen litt in den ersten Jahren ihrer Ehe unter zahlreichen körperlichen Problemen, und zu ihrem großen Leidwesen war sie auch nie schwanger geworden. Die Analyse deckte eine große innere Angst davor auf, daß sie nach einer Geburt an einem ihrer körperlichen Leiden sterben könnte und ihr Kind mutterlos zurückbleiben würde. Als sie sich ihrer Furcht bewußt wurde, entdeckte sie zu ihrer großen Freude, daß sie schwanger war. Schließlich brachte sie ein schönes, gesundes Kind zur Welt, und ihre Freude und ihr Stolz kannten keine Grenzen. Sie sprach in einer Weise über die Schwangerschaft und die Geburt, daß man hätte glauben können, sie allein habe dieses Wunder vollbracht.

Eines Nachts träumte sie, sie ginge auf einem Pfad einer Klippe entlang. Rechts von ihr war ein steiler Fels, der im rechten Winkel ins Meer abfiel. Plötzlich wurde ihr im Traum bewußt, daß sie im Begriff war, ins Meer zu stürzen. In ihrer Angst griff sie nach einem Baum und konnte sich gerade noch festhalten. In dem Moment wachte sie auf.

Wir beide betrachten den Traum als eine Warnung; sie befand sich auf einem gefährlichen Weg, und die Angst vor dem Absturz war durchaus gerechtfertigt. Sie kam zur Einsicht, daß sie in ihrem täglichen Leben vorsichtig sein und sich bewußt werden mußte, daß ihr Kind ein Geschenk war, ein Segen des Selbst, ein Gnadenakt. Ihre Überheblichkeit war ihr gänzlich unbewußt gewesen. Es ist eine allgemeine Tatsache, daß wir gewöhnlich kaum bemerken, wenn unser Ichbewußtsein von unserer stolzen, eingebildeten Schattenpersönlichkeit ergriffen wird. Meist sind wir uns unseres übertriebenen Selbstwertgefühls gar nicht bewußt.

Meine Patientin war eine bescheidene Person, ihr Schatten hingegen war gerade das Gegenteil. Durch die Geburt ihres Kindes war sie hochtrabend und inflationär geworden. Das Ichbewußtsein hatte allen Ruhm an sich gerissen und die volle Verantwortung für die Zeugung und die Geburt ihres Kindes übernommen. Im geheimen glaubte sie, sie habe das Wunder vollbracht. Sie hatte den Bereich der Götter vergessen, ja sie hatte sich den «Mantel des Göttlichen» selbst umgehängt.

Etymologie

Das lateinische Wort für die Todsünde des Stolzes, *superbia,* bedeutet Stolz, Hochmut, Übermut. Das deutsche Adverb stolz mit der Bedeutung «seines eigenen Wertes bewußt», auch «hochmütig, überheblich»[1] leitet sich vom althochdeutschen *stolz* «hochfahrend, sich überhebend» (12. Jh.) ab. Das mittelhochdeutsche *stolz* bedeutet «töricht, übermütig, stattlich, prächtig, herrlich, hochgemut». Damit verwandt sind *stolt* (mnd.) «hochgeboren, ritterlich, edel, vornehm, berühmt, standesbewußt, hochmütig» und *stout* (mnl.) «kühn, verwegen». Ein Zusammenhang besteht zu den Wörtern der Form *Stelze,* so daß die Ausgangsbedeutung vermutlich «steif aufgerichtet, gerade» war. Aus dem altfranzösischen *estout* «keck, kühn, stolz» kommt das englische stout «dick, stark, mutig, stolz».

Möglicherweise ist stolz auch mit dem lateinischen *stultus* «töricht, albern, dumm» verwandt, das im Mönchstum zur Bezeichnung der «thorheit und eitelkeit aller weltlust» Verbreitung fand. Der lateinische Ursprung ist jedoch nicht erwiesen.[2]

Erscheinungsformen des Stolzes

Den Stolzen erkennen wir an seinem übertriebenen Selbstbewußtsein; er hat eine hohe, ja übertriebene Meinung von sich selbst. Stolz ist er auf Eigenschaften, Besitz, auf seine Leistungen oder auch seine Stellung.

Ist jemand sehr stolz, verspürt er ein Gefühl der Fülle in der Brust, sein Herz scheint sich zu vergrößern. Wir sagen ja auch von einem stolzen Menschen, er schreite mit «stolz geschwellter Brust». Eine Begleiterscheinung ist manchmal das Empfinden, die Glieder seien gewachsen, man ist «aufgeblasen», wie mit Luft aus einer Fahrradpumpe gefüllt. Deshalb spricht man auch von «Aufgeblasenheit» – beileibe kein ungewöhnlicher Zustand heutzutage.

Wenn ein Mensch, der sich in den Klauen der Überheblichkeit befindet oder von arrogantem Stolz überwältigt wird, seiner «Ich-Besessenheit» nicht bewußt ist, verraten ihm oft körperliche Symptome den Zustand, zum Beispiel Geräusche im Kopf, ein Klicken in den eustachischen Röhren, ein «Läuten» in den Ohren, ein etwas unsicherer Gang, manchmal ein leichtes Schwindelgefühl oder sogar ein ernster Schwindelanfall. Es sind die gleichen Symptome, wie sie sich beim Besteigen hoher Berge, bei der Höhenkrankheit, einstellen.

Auch wenn wir sehen, wie das eigene Land oder Team bei einem Sportwettkampf eine Trophäe oder Medaille gewinnt, können wir buchstäblich glühen vor Stolz, es wird uns warm, die Augen funkeln und glänzen, und die Haut wird feucht. Es kann sogar zu schnellen peristaltischen Bewegungen der Eingeweide kommen, gefolgt von einem plötzlichen Bedürfnis, den Darm zu entleeren. All diese körperlichen Empfindungen und Veränderungen sind Hinweise auf die Emotion Stolz, die uns gepackt hat. Spüren wir, daß der Körper sich größer anfühlt, die Glieder wärmer und die Augen feucht werden, dann wissen wir, daß wir in der Emotion des Stolzes gefangen sind. An der Erregung des Körpers erkennen wir unseren Stolz. Die psychische Spaltung des modernen Menschen verhindert leider oft die Bewußtwerdung der Hybris, die ihn ergreifen kann, und deshalb erkennt er die Verbindung zwischen dem körperlichen und dem emotionalen Zustand häufig nicht.

Ein unbewußtes übermäßiges Selbstbewußtsein oder eine übertriebene Meinung von sich selbst können wir am leichtesten an Gewohnheiten wahrnehmen, die für andere Menschen so auffallend sind: Eine Frau betrachtet und bewundert sich fortwährend, aber verstohlen im Spiegel; ein unauffälliger Mann nimmt wiederholt einen Kamm aus der Innentasche seines Anzugs und fährt sich durchs Haar. In solchen unbewußten Angewohnheiten finden wir Hinweise auf heimlichen Stolz. Stolz kann sich auch in einer gewissen Selbstgefälligkeit beim Sprechen oder in der Köperhaltung zeigen.

Jung sagte häufig, er gratuliere nicht gerne zum Erfolg, denn er wisse, daß er auch bald schon sein Bedauern über das Pech des Betroffenen ausdrücken müsse. Es ist ein Gesetz, daß die Inflation, sei sie eine Folge von Leistung, Erfolg, Schönheit, Errungenschaft oder sogar der eigenen Tapferkeit, sicherlich zum Unheil führt. Es verbirgt sich eine tiefe Wahrheit im Sprichwort: «Hochmut kommt vor dem Fall.» Wir können dies am deutlichsten am Fernsehen beobachten. Jemand hat Erfolg im Sport zum Beispiel, als Schauspieler oder in der Politik – und beim Fernsehauftritt stolpert er im Freudentaumel, gleitet aus oder stürzt vielleicht, weil seine Aufmerksamkeit nachgelassen hat. Umgehend erhält er damit die Warnung, daß sich der Stolz seiner bemächtigt hat.

Wenn jemand stolz ist auf etwas, kann das durchaus positiv gemeint sein: Eine gute Hausfrau ist stolz auf ihren gepflegten Haushalt, ein eifriger Gärtner auf seine Blumenpracht, der fähige Sportler auf seine Diplome, wieder andere auf ihre schöne Handschrift oder ihre Gelehrsamkeit. Hier geht es um ein Gefühl großer Befriedigung. Dieses Bewußtsein eigener Verdienste kann das Selbstwertgefühl in positivem Sinne stärken. Jede Mutter erinnert sich an den Stolz ihres Kindes bei seinen ersten Schritten. Das ist ein guter Stolz, der, wenn er von der Mutter begrüßt wird, die Entwicklung fördert. Doch der Ausdruck «stolz sein» weist auf die Gefahren eines Übermaßes an Selbstbewußtsein hin. Wer sich dessen bewußt ist, wird versuchen, das Maß zu wahren. – Sie sehen, es ist schwierig, den Unterschied zwischen angemessenem und arrogantem Stolz, der immer die Gefahr eines gestörten Gleichgewichts in sich birgt, zu erkennen.

Beim Stolz geht es immer auch um ein Zurschaustellen. Das Großartige, die Pracht und der Pomp müssen gezeigt und gesehen werden. Kurz vor seiner Absetzung und Flucht veranstaltete der letzte Schah von Persien in Zusammenarbeit mit Frankreich ein riesiges, luxuriöses Fest. Der Reichtum des Kaiserhofs verband sich mit der Kreativität des französischen Künstlertums zu einem Spektakel von außerordentlicher Pracht und Opulenz. Doch offensichtlich schockierte der krasse Unterschied zwischen dem königlichen Pomp und der riesigen Armut der Bevölkerung die Menschen, denn auf diese Prachtentfaltung folgte fast unmittelbar die Absetzung des Schahs.

Der selbstsüchtige Stolz und die übermäßige Selbstliebe werden in der Umgangssprache mit mehreren verwandten Eigenschaften in Verbindung gebracht, insbesondere mit Egoismus, Selbstgefälligkeit, Eitelkeit und Arroganz. *Egoismus* beeinflußt das Denken, das Verhalten und auch die Sprache, egoistische Menschen sind zudem äußerst aufdringlich. Im allgemeinen ist der Egoist leicht zu erkennen. Er drängt sich in einer Gruppe nach vorne, hört andern nicht gerne allzu lange zu, sondern versucht ständig, selbst einen Kommentar, einen Satz oder einen Monolog einzuschieben. Seine Reden sind voller «mich», «mein» und «mir». Manchmal jedoch verbirgt sich der Stolz auch hinter einem scheinbar bescheidenen oder unterwürfigen Menschen, der schüchtern im Hintergrund bleibt, aber durch seine unbeteiligte Haltung erst recht alle Aufmerksamkeit auf sich lenkt. *Selbstgefälligkeit* ist eine übertriebene Form der Selbstzufriedenheit, die auf andere oft unangenehm wirkt, während die anmaßende Haltung des *Arroganten* bei andern Menschen Ärger oder Haß hervorruft. Eine *eitle* Person versucht immer, ihre angebliche Überlegenheit zu zeigen, und bemüht sich dabei ständig um das Wohlwollen der ganzen Welt.

Stolze Menschen grenzen sich im Unterschied zum Eiteln von anderen ab oder tragen eine bewußte Unabhängigkeit zur Schau. Ein eigensinniger Wille prägt sie, daher sind ihnen auch die Ansichten anderer gleichgültig. Sie drücken sich oft vor Verpflichtungen, und im Gegensatz zu eitlen Menschen lassen sie sich nicht auf einen Konkurrenzkampf mit andern ein. Die heimtückischste Art des Stolzes «ist oft ein Gesetz für sich allein, das von der Rücksichtnahme und Hilfeleistung anderer lebt, sich jedoch auf eigenartige Weise gleichgültig gegenüber Vorwürfen und Lob zeigt. Eine der verachtenswürdigsten

Eigenschaften des Stolzes ist die Gleichgültigkeit gegenüber dem Leiden anderer»[3].

Der Hahn als Symbol des Stolzes

Es gibt Ausdrücke, die auf die Verbindung des Hahnes mit einer gewissen Selbsterhöhung hinweisen, zum Beispiel «stolz wie ein Hahn» oder das englische «to cock», das am besten mit «einherstolzieren» übersetzt wird. Das Imponiergehabe, das Hähne an den Tag legen, hat zu dieser Bedeutung geführt. Der folgende Traum nimmt dieses Bild auf.

Die Wissenschaftlerin, die wie ein Hahn krahte

Eine recht erfolgreiche Wissenschaftlerin, deren Forschungsarbeiten von einer angesehenen wissenschaftlichen Gesellschaft angenommen worden waren, erhielt eine Einladung, einen Vortrag zu halten. Ihre Arbeit wurde von ihren Kollegen und Kolleginnen weitherum geschätzt, und obwohl sie eine bescheidene Frau war, gab sie zu, sehr mit sich selbst zufrieden gewesen zu sein. Ihr Schatten jedoch war von einem ganz anderen Format als ihre äußere Bescheidenheit. Der folgende Traum zeigte ihr klar, daß sie leider Gottes dem Stolz zum Opfer gefallen war.

Im Traum bestieg sie einen Hügel, von dem aus sie eine gute Aussicht auf die Umgebung hatte. Gleichzeitig wurde ihr bewußt, daß sie sich im Garten eines Bauernhofs befand. Sie begann, ihre Arme zu bewegen, und begriff, daß sie das Fliegen einübte. (Flügge gewordene Vögel schlagen mit den Flügeln, um ihre Muskeln zu stärken.) In diesem Moment krähte sie wie ein junger Hahn.

Der Traum spricht für sich. Das Unbewußte suchte sich mit dem Bild des jungen Hahns eine passende Figur aus. In ihrem Bewußtsein war sie weder stolz noch eingebildet, sie wußte, daß ihre gute Arbeit nicht ihr Eigentum war, sondern ihr nur mit Hilfe des Unbewußten und der Gnade Gottes gelang. Eine unbewußte Seite hingegen – ihr Animus – war da anderer Meinung und hielt sich für einen stolzen Hahn.

Der Traum kompensierte diesen Irrtum. Er machte die Träumerin darauf aufmerksam, daß sie selbst zwar nicht überheblich war, ihr Animus sich jedoch vorübergehend in den «Klauen der Hybris» befand. Das Unbewußte versuchte, das richtige Gleichgewicht wiederherzustellen, indem es ihr im Bild des Hahnes ihren unbewußten Stolz deutlich machte.

Der Animus

Da der Begriff «Animus» häufig vorkommen wird, möchte ich diesen Jungschen Begriff kurz erläutern:

C. G. Jung bezeichnete den Animus als das männliche Seelenbild in der Frau und als ihren Logos. Diese männliche Komponente in der Psyche der Frau hat mit Erkenntnis, Urteil, Unterscheidungsvermögen und Vernunft zu tun. Der Animus trägt aber auch alle der männlichen Welt zugehörigen Gedanken und Überzeugungen, also die allgemeinen gesellschaftlichen und insbesondere die väterlichen Werte, die nicht unbedingt dem weiblichen Wesen der Frau entsprechen und entspringen. Der Animus als Funktion des Erkennens und Unterscheidens ist wesentlich für das Bestehen in unserer von männlichen Werten bestimmten Außenwelt. Er kann der Frau aber auch den Zugang zur inneren und geistigen Welt eröffnen. Dies ist jedoch nur möglich, wenn eine positive Beziehung zu ihm und zu den Werten des Logosprinzips besteht. Ist der Animus unbewußt und negativ, so wirken nur die verinnerlichten väterlichen und gesellschaftlichen Überzeugungen, und dies führt nach Jung zu starren, ja destruktiven Meinungen und

Wertungen, die sowohl auf die Aussenwelt wirken – zum Beispiel als rechthaberisches Verhalten – als auch aus dem Unbewußten heraus die Frau selbst entwerten können, was sich in festgefahrenen Überzeugungen über sich selbst äußert («Das kann ich nicht», «Ich bin unfähig dazu», «Frauen können keinen technischen Beruf erlernen» etc.). Dominieren solche Animuseinstellungen, kann man von einer eigentlichen Besessenheit durch den Animus sprechen. Dann lebt die Frau ein sich selbst entfremdetes Leben, da das Weibliche unentwickelt bleibt.

Jung schreibt über den Animus:

> «Die Frau ist durch männliches Wesen kompensiert, deshalb hat ihr Unbewußtes sozusagen männliches Vorzeichen. Das bedeutet im Vergleich mit dem Mann einen beträchtlichen Unterschied. Ich habe dieser Sachlage entsprechend den projektionsbildenden Faktor bei der Frau als Animus bezeichnet. Dieses Wort heißt Verstand oder Geist. Wie die Anima dem mütterlichen Eros entspricht, so der Animus dem väterlichen Logos. Es liegt mir ferne, diesen beiden intuitiven Begriffen eine allzu spezifische Definition geben zu wollen. Ich gebrauche Eros und Logos bloß als begriffliche Hilfsmittel, um die Tatsache zu beschreiben, daß das Bewußtsein der Frau mehr durch das Verbindende des Eros als durch das Unterscheidende und Erkenntnismäßige des Logos charakterisiert ist.»[4]

Der Traum vom Hahn als Lichtbringer

In der Symbolik hat der Hahn als Künder des Sonnenaufgangs auch positive Bedeutung, so ist er unter anderem Licht- und Sonnensymbol (als Vogel von Hermes-Mercurius, Mithras und Apollo ist er Lichtbringer) und auch Vertreiber von Dämonen. Weil er die Übergangszeit von Tag und Nacht verkündet, ist er bei den Germanen Grenzwächter zwischen Diesseits und Jenseits. Auch dazu möchte ich einen Traum anfügen.

Eine moderne Frau war so sehr in die Kleinigkeiten ihres Alltags verstrickt, daß sie keinen Zugang fand zu ihrem Inneren und ich mich fragte, ob sie wohl je dieses starre Festhalten an der Alltagsroutine, das sie vor dem wirklichen Leben bewahrte, aufzugeben vermochte.

Da träumte sie plötzlich eines Nachts, sie höre einen Hahn krähen, und sie entdeckte im Traum einen riesengroßen Baum vor ihrem Haus. Sie kannte die riesigen Mammutbäume Nordamerikas und war überzeugt, daß der Baum im Traum größer war. In seiner Gegenwart fühlte sie sich sehr klein.

Hinter ihren starren Überzeugungen stand das Selbst, symbolisiert durch den riesigen Baum. Der krähende Hahn kündete die Dämmerung eines neuen Bewußtseins und eine Wiedergeburt ins Leben an. Sie vermochte in der Folge aus der Gefangenschaft eines destruktiven Animus, der ihr zahlreiche Probleme verursacht hatte und zu einer erdrückenden Last geworden war, auszubrechen.

Der Traum machte ihr deutlich, daß die schwierige Situation ihr Schicksal war, das sie akzeptieren mußte und das zum langsamen Prozeß gehörte, durch den sie sich zu einem bewußten Menschen entwickelte. Die Frau, die von ihren erstarrten Vorstellungen über das Leben besessen war, hatte durch das Traumbild ein Erwachenserlebnis. Die Begegnung mit dem Selbst erweckte sie zum bewußten Leben.

Der großgesinnte Mensch des Aristoteles

In der griechischen Ethik standen andere Tugenden im Vordergrund als im Christentum. So war die Ehre ein zentraler Wert. In seinem berühmten Werk *Die Nikomachische Ethik* charakterisiert Aristoteles[5] den großgesinnten Mensch. Er weist zwar klar darauf hin, daß dieses Ideal hohe Ansprüche an den Charakter des Menschen stellt, doch enthält es Eigenschaften, die wir wohl dem arroganten Stolz zuordnen würden:

> «Großgesinnt scheint zu sein, wer sich großer Dinge für würdig hält und es auch ist. Wer es tut, ohne es zu sein, ist ein Tor; die Tugend verträgt aber keine Torheit und keinen Unverstand. Wer sich aber großer Dinge für würdig hält und es überhaupt nicht ist, ist ein Prahler ... Wer sich geringer einschätzt, als er ist, ist ängstlich. ...
>
> Er [der Großgesinnte] erwidert Wohltaten durch größere; denn so wird der, der begonnen hat, ihm verpflichtet und wird der Beschenkte sein. Sie werden sich auch an jene erinnern, denen sie Gutes erwiesen haben, dagegen nicht an jene, von denen sie Gutes erfahren haben. Denn der Empfänger steht unter dem Geber, der Großgesinnte will aber überlegen sein. ...
>
> Der Großgesinnte wird auch um nichts bitten, oder nur ungern, dagegen mit Vergnügen Gefälligkeiten erweisen. Angesehenen und Reichen gegenüber ist er großartig, gegen gewöhnliche Menschen einfach. ... Er wird sich nicht um Ehren bemühen, nach denen jedermann drängt, oder um Dinge, bei denen andere die erste Rolle spielen. ... In Haß und Freundschaft muß er offen sein. Denn nur Furcht versteckt sich. Er wird sich auch um die Wahrheit mehr bemühen als um das Ansehen und immer offen reden und handeln: denn er ist freimütig, weil er die Leute verachtet. So ist er auch wahrhaftig, außer wo er ironisch spricht; dies tut er der Menge gegenüber ... Es liegt ihm weder daran, gelobt zu werden, noch daß andere getadelt werden. Er ist auch nicht leicht bereit, zu loben. Darum redet er auch nichts Schlechtes.»

Der großgesinnte Mensch nach Aristoteles ist nicht anmaßend. Berechnende Anmaßung wird in der griechischen Ethik verurteilt: «Anmaßung hat ihren Ursprung in einem Mangel an Achtung und Selbstkenntnis und ist der Ausdruck eines ichbezogenen Willens, der keine fremde Macht und außer den eigenen Impulsen kein Gesetz anerkennt. In der griechischen Tragödie gilt diese Unwissenheit als Ursprung des Bösen», schreibt Butcher[6]. Doch die Gefahr ist groß, daß das Ideal des großgesinnten Menschen dazu zwingt, alles, was nicht ins Ideal paßt, zu verdrängen. Im Unbewußten kann sich in der Folge ein gefährlich dunkler Schatten bilden, wie das folgende Beispiel zeigt.

Die großgesinnte Frau

Eine Frau mittleren Alters, die bei mir in Analyse war, könnte man als großgesinnt bezeichnen. Sie hatte einen ausgezeichneten Charakter und war für ihr unfehlbares Gefühl der Fairneß wie auch der Gerechtigkeit bekannt. Sie klatschte nicht und war über die Jahre hinweg in ihrer Gemeinschaft zu einem Vorbild für Anständigkeit und Korrektheit geworden. Sie war Schriftstellerin und lobte in ihren Werken die Tugenden, gemäß denen sie lebte. Sie verabscheute alles Niedrige oder geistig Verarmte.

Im Verlauf der Jahre fiel mir auf, daß sie trotz ihres übermäßigen Stolzes auf ihre korrekte Denkweise und ihre Aufrichtigkeit keinerlei Kritik annehmen konnte, war diese noch so klein. Jegliche Vorwürfe mußten sofort untersucht, analysiert und wenn möglich zurückgewiesen werden.

Vor einiger Zeit traf sie sich mit einer Freundin zum Abendessen. Diese kam zu spät und konnte weder einen guten Grund dafür angeben, noch entschuldigte sie sich gebührend. Das verdarb der großgesinnten Dame das Essen. Beim nächsten Besuch bei mir erzählte sie diesen Vorfall und beklagte sich über die Frechheit ihrer Freundin. Danach erzählte sie mir einen Traum. Sie hatte früher schon ähnliche Träume gehabt, doch dieser beeindruckte sie besonders:

Sie befand sich allein in einer riesigen Stadt; es war Nacht und anscheinend neblig. Die Straßenlampen leuchteten nur schwach, und sie wußte nicht genau, wo sie sich befand. Sie gelangte zu einem zentral gelegenen Platz und bemerkte, daß eine Gestalt sie genau beobachtete. Es handelte sich um einen

Mann, und als sie sich umdrehte und wegging, bemerkte sie, daß er ihr wie «ein Schatten» folgte. Wohin sie auch ging, er war immer da. Er sah nach ihrer Beschreibung schäbig, heruntergekommen und gefährlich aus. Sie fürchtete sich im Traum. Plötzlich erkannte sie, daß er ein Privatdetektiv war. Dies versetzte ihr einen Schock, und sie erwachte.

Eine ähnliche Figur – mit undefinierbaren Kleidern, ärmlich, alt und mit einer boshaften Ausstrahlung – war schon in früheren Träumen erschienen. Die eigenartige, ziemlich beängstigende Gestalt in den schäbigen Kleidern war die Antithese ihrer großgesinnten bewußten Einstellung. Der Traum war offensichtlich das Ergebnis ihrer emotionalen Reaktion auf die tatsächliche oder eingebildete Frechheit ihrer Freundin. Sie selbst war nie unverschämt, und sie konnte Unverschämtheit in andern nicht ausstehen.

Der mysteriöse Mann war zwar nicht unverschämt, doch er folgte ihr ständig wie ein Detektiv (Detektivgeschichten zu lesen war, neben der Gerechtigkeit, ihre zweite Leidenschaft). Ein Privatdetektiv wird normalerweise von jemandem beauftragt, um einen Kriminellen zu verfolgen oder ein Verbrechen aufzudecken, auf alle Fälle besteht ein Verdacht gegen die überwachte Person. Die Stimmung der Stadt im Nebel glich der Atmosphäre in den Büchern von Charles Dickens und verstärkte den Eindruck des Unheimlichen, auch die Figur erinnerte sie an die Gestalten in seinen Romanen.

Die eigenartige zwiespältige Gestalt, vor der sie sich in ihren Träumen fürchtete, erinnert uns an Jungs Beschreibung des Hermes-Mercurius, des Gottes der Alchemisten, der als Symbol des Selbst zu verstehen ist und als Seelenführer wirkt, der aber im Gegensatz zu Christus ein *lumen naturae* ist, ein Licht der Natur, das im Dunkeln wohnt. Hermes ist der Gott der Unterwelt und bewegt sich in jeder Gesellschaft. Der Mann im Traum war wie Hermes-Mercurius ein Vermittler und zugleich ein «Servator und ein Salvator» (ein Diener und Retter, Anm. d. Üb.).

Das schäbige, ärmliche und verkommene Aussehen des Verfolgers im Traum ist ein Hinweis darauf, daß das Ichbewußtsein der Träumerin ihn ablehnte. Er erregte in dieser Aufmachung Angst in ihr, und sie vermochte seine positive Funktion als Seelenführer nicht zu erkennen.

Meine Analysandin war zu erhaben, zu stolz und ihres Stolzes wegen auch überheblich, sie war sich jedoch ihrer moralischen Sünde gänzlich unbewußt. Die negativen Eigenschaften befanden sich deshalb – als Projektionen – immer außerhalb von ihr, in andern Menschen, die sie für anmaßend hielt. Auf der einen Seite war sie zu hell und befand sich in der Gewalt eines verinnerlichten, moralisierenden christlichen Denkens. Sie lebte streng nach den Regeln der christlichen Moral, während alles, was nicht dazu paßte, ins Unbewußte verdrängt war. Ihre dunkle und teuflische Seite lebte unerkannt ein eigenes Leben, unbehelligt von Vorwürfen, frei von moralischer Zensur. Das einzige Ventil waren ihre Detektivgeschichten, in die sie sich stürzte, und ihre Ausbrüche strafender Grausamkeit, mit denen sie ihre Freundinnen und Kolleginnen für echte oder eingebildete Untaten quälte.

Arroganter Stolz wird auch Hybris genannt. Theophrast aus Eresos[7] (372–287 v. Chr.), ein Nachfolger Aristoteles', definierte in seinem Werk *Charaktere* Arroganz «als eine gewisse Verachtung der ganzen Welt, mit Ausnahme der eigenen Person». Hybris war die Sünde Luzifers, und der Ausdruck «luziferischer Stolz» ist gleichbedeutend mit arrogantem Stolz. An dieser Krankheit litt die hochmütige Patientin, denn sie war tatsächlich krank, seelisch krank. Ihr arroganter Stolz hatte mit Perfektion zu tun und hatte zweifellos einen stark männlichen Beiklang, der nicht zu einer Frau paßt.

Dieser Traum zeigte den Beginn des Individuationsprozesses an. Die Aufgabe in der Analyse bestand zunächst darin, die dunkle Seite in das allzu helle Ichbewußtsein zu integrieren. Die Frau mußte leiden lernen, um sich ihres fehlenden psychischen Bezogenseins bewußt zu werden. Sie mußte erkennen, daß

Hermes-Mercurius gleichzeitig «fair und unfair, gerecht und ungerecht» ist.

Der Stolz im Alten Testament

Im Alten Testament wird Stolz als eine Selbsterhöhung des Menschen bezeichnet, die von Jahwe sofort bestraft wird. Der strenge alttestamentliche Gott ahndete die Versuche des Menschen, sich über die menschliche Bedingtheit zu erheben, unerbittlich. Die Formulierungen des Alten Testamentes sind eindeutig: «Denn der Tag des Herrn der Heere kommt über alles Stolze und Erhabene, über alles Hohe – es wird erniedrigt …»[8]; «Die stolzen Menschen müssen sich ducken, die hochmütigen Männer sich beugen, der Herr allein ist erhaben an jenem Tag.»[9]; «Hoffart kommt vor dem Sturz, und Hochmut kommt vor dem Fall.»[10], und «So spricht der Herr: Ebenso verderbe ich die stolze Pracht Judas und Jerusalems, wie groß sie auch sind.»[11]

Als wie verwerflich der Stolz im Alten Testament betrachtet wird, kommt in der Darstellung gewisser außerordentlicher Menschen wie Absalom, Hiob und Saul zum Ausdruck. Die wohl eindrücklichste Darstellung des Stolzes finden wir jedoch im Leben von Nebukadnezzar.

Nebukadnezzar: Aufstieg und Fall eines Stolzen

Im siebten Jahrhundert vor der christlichen Zeitrechnung war König Nabu-kudurri-ußur (Nebukadnezzar II.) der große König von Babylon, der König der Könige. Er hatte im zweiten Jahr seiner Herrschaft ganz Mesopotamien und Ägypten erobert und regierte somit die ganze in Babylonien bekannte Welt.

Roux[12] zitiert die folgenden Worte Nebukadnezzars über seine Eroberung des Libanons: «Ich machte jenes Land glücklich, indem ich seine Feinde eliminierte. All seine Einwohner, die überall zerstreut waren, führte ich in ihre Siedlungen zurück. Was keinem früheren König gelungen war, habe ich erreicht: Ich haute mir einen Pfad durch tiefe Berge, spaltete Felsen, öffnete Durchgänge und baute eine gerade Straße für den Transport der Zedern. Ich erreichte, daß die Einwohner Libanons ungestört und in Frieden zusammenleben können.»

Der Stolz Nebukadnezzars über seine Leistung ist offensichtlich. Es wird angenommen, daß seine berühmten Träume, die im Buch Daniel beschrieben sind, aus jener Zeit stammen. Ein erster Traum beunruhigte ihn sehr. Er rief seine Ratgeber zu sich, die Magier, Astrologen und schließlich die Chaldäer, alles weise Männer. Da der Traum ihm entfallen war, forderte er sie auf, ihm den Traum wieder in Erinnerung zu rufen und dessen Deutung mitzuteilen. – Ein deutliches Zeichen seines arroganten Stolzes.

Die weisen Männer waren wahrhaftig weise und erklärten dem König, kein Mensch auf Erden könne dies tun, und kein Herrscher dürfe dergleichen von seinen Astrologen und Magiern verlangen. Er wolle, daß sie das Unmögliche vollbrächten und die Gedanken eines Gottes lesen würden, denn Träume seien Botschaften Gottes. Nur die Götter, die nicht im Bereich des Irdischen lebten, könnten eine solche Aufgabe lösen.

Ihre Weisheit stieß jedoch auf taube Ohren; der König hörte nicht auf sie. Wir erkennen die Torheit der Stolzen, eine Torheit, deren sich diese meist nicht bewußt sind. Nebukadnezzar war in seiner Hybris gefangen und stellte sich auf die Stufe der Götter, ja, wollte sie sogar übersteigen.

Er wies die Wächter an, alle Astrologen, Ratgeber und Magier auf der Stelle hinzurichten. Daniel, ein junger hebräischer Gefangener, der für seine Weisheit, Besonnenheit, Gelehrtheit, seine religiöse Beständigkeit und sein Traumverständnis bekannt war, geriet ebenfalls in Todesgefahr. Als der Befehlshaber der königlichen Garde ihn abholte, bat Daniel um eine Audienz beim König, ersuchte um eine Frist und behauptete kühn, er vermöge den Traum, den der König nicht zu erzählen vermochte, zu interpretieren. Dieser gewährte ihm die Bitte, und gemeinsam mit seinen Freunden betete Daniel zu Gott, er möge ihm das Geheimnis von Nebukadnezzars Traum enthüllen. Und in jener Nacht wurde er gesegnet, und durch die Gnade Gottes erfuhr er den Traum und dessen Deutung in einer Vision. Er dankte Gott und begab sich zum König, dem er folgendes sagte: «Aber es gibt im Himmel einen Gott, der Geheimnisse offenbart; er ließ den König Nebukadnezzar wissen, was am Ende der Tage geschehen wird.»[13]

Daraufhin beschrieb Daniel dem König seine eigene nächtliche Vision:

> «Du, König, hattest eine Vision: Du sahst ein gewaltiges Standbild. Es war groß und von außergewöhnlichem Glanz; es stand vor dir und war furchtbar anzusehen. An diesem Standbild war das Haupt aus reinem Gold; Brust und Arme waren aus Silber, der Körper und die Hüften aus Bronze. Die Beine waren aus Eisen, die Füße aber zum Teil aus Eisen, zum Teil aus Ton. Du sahst, wie ohne Zutun von Menschenhand sich ein Stein von einem Berg löste, gegen die eisernen und tönernen Füße des Standbildes schlug und sie zermalmte. Da wurden Eisen und Ton, Bronze, Silber und Gold mit einemmal zu Staub. Sie wurden wie Spreu auf dem Dreschplatz im Sommer. Der Wind trug sie fort, und keine Spur war mehr von ihnen zu finden. Der Stein aber, der das Standbild getroffen hatte, wurde zu einem großen Berg und erfüllte die ganze Erde.»[14]

Die Vision zeigt eindrücklich die totale Zerstörung des Königs und all dessen, was in seinem Machtbereich lag. Er war zu hoch hinaufgestiegen, hatte seine menschlichen Wurzeln vergessen und sich in der Hybris verfangen. Nun glaubte er sich Gott überlegen.

Daniel interpretierte den Traum des Königs. Er erklärte ihm: «Du bist das goldene Haupt», und er deutete die Zerstörung des Bildes als Niedergang des Königreiches; der Stein, der das Bild zerschmetterte, sei der Beginn eines neuen Reiches, das

Gott für die Ewigkeit errichten werde, erbaut aus dem Stein, der im Traum die ganze Erde ausfüllte.

Ich möchte einige kurze Bemerkungen zur Symbolik anfügen: Nebukadnezzar als das goldene Haupt wird in der Vision zerstört. Der Kopf spielt eine große Rolle im Zusammenhang mit arrogantem Stolz, man braucht nur die Kopfhaltung stolzer Menschen zu betrachten. Und wenn einem «etwas in den Kopf steigt», ist das ein Zeichen des Stolzes oder der Aufgeblasenheit.

Der Kopf ist Sitz der Sinne, die die Orientierung auf die äußere Welt wie auch auf die innere Welt der objektiven Psyche ermöglichen. Er ist der Ort des Geistes, des Intellekts, des Ichbewußtseins. Und als oberster Körperteil repräsentiert er Autorität, Wissen, Spiritualität und Führung. Daher spricht die Bibel auch von Christus als dem «Haupt aller Mächte und Gewalten»[15]. Im Kopf ist die Kraft konzentriert, daher haben die Jivaro-Indianer in Equador die Köpfe ihrer Feinde präpariert, um die Zauberkraft des Feindes zu bewahren.

Wenn also das Haupt zerstört wird, so wird nicht nur Nebukadnezzar als Herrscher entmachtet, in einem weiteren Sinn wird das Ichbewußtsein entmachtet, das in arrogantem Stolz sich für gottgleich hielt.

In Daniels Vision des Traums von Nebukadnezzar war der Kopf aus feinem Gold. Aufgrund seiner Reinheit und Unverwüstlichkeit ist Gold das auserlesenste aller Metalle und verkörpert den höchsten Wert. Es hat die Leuchtkraft des Lichtes; in Indien nennt man es «Minerallicht». In gewissen Mythologien ist der Körper der Götter golden (die Pharaonen); die Buddhastatuen sind aus Gold und symbolisieren absolute Vollkommenheit, desgleichen die byzantinischen Ikonen, die, wie man sagt, das göttliche Licht widerspiegeln.

Das Gold wird mit der Erde verbunden, aus der es gewonnen wird. Weitverbreitet und sehr alt ist der Glaube, daß das Gold in der Erde geboren wird. Die chthonische Natur des Goldes zeigt der Glaube, daß Gold das innerste Geheimnis der Erde darstellt. Die Priester des Gottes Hermes verbargen das Gold, das Symbol des Lichtes, vor dem profanen Blick, denn das Wissen um seine geheime Bedeutung war nicht jedermann zugänglich. Heute verstehen wir, daß dieses geheime Wissen – das «innere Gold» – die Selbstkenntnis ist.

Leider wird heutzutage die materielle Grundlage «Gold» mit seiner tieferen Bedeutung verwechselt. Gold nimmt in unserer heutigen materialistischen Gesellschaft den Ehrenplatz ein und kann daher unheimlich stolz machen. Seit der intellektuelle Rationalismus uns abgespalten hat vom instinktiven Gefühlsleben, wird zudem weltweit ein metaphysisches «goldenes Haupt» verehrt, während gleichzeitig der höchste Wert, das innere Selbst als Archetyp der Ganzheit, vergessen und verlassen ist.

Zurück zu Nebukadnezzar. Vorübergehend war er vom Wissen Daniels und von dessen Deutung seines Traumes erschüttert, doch bald siegte wieder seine Hybris.

Da hatte er nach einiger Zeit einen zweiten Traum, den typischen Traum eines Menschen, der zu hoch hinaus will. Er träumte von einem riesengroßen Baum, «seine Höhe reichte bis an den Himmel; er war bis ans Ende der ganzen Erde zu sehen. Er hatte prächtiges Laub und trug so viele Früchte, daß er Nahrung für alle bot»[16]. (Der König hatte ja die ganze damals bekannte Welt erobert.) Doch da stieg ein Wächter, ein Heiliger, vom Himmel und ordnete an, der Baum müsse gefällt, die Äste abgeschnitten und das Laubwerk entfernt werden, bis nur noch ein Stumpf übrigbliebe. Nebukadnezzar solle mit den Tieren leben, und sein menschliches Herz solle gegen ein tierisches ausgetauscht werden.

Nur Daniel war fähig und mutig genug, diesen unglaublichen Traum zu deuten. Er forderte den König auf, seinen Stolz, seinen Geiz und seine Ungerechtigkeit zu bereuen, da sonst der Traum in Erfüllung gehe. Doch dieses Mal hörte der König überhaupt nicht auf ihn; zu stolz war er auf seine große Macht, auf all die Länder, die er regierte. Da ertönte eine Stimme vom Himmel herab, die ihn verfluchte und die Prophezeiung des Traums wiederholte. Nun gab es kein Entrinnen mehr. Es geschah wie vorausgesagt, man verstieß Nebukadnezzar aus der Gemeinschaft der Menschen, und er mußte sich von Gras ernähren, «sieben Zeiten» lang. Erst dann erkannte er seine Hybris und anerkannte Gott als den Höchsten.

Dazu Jung[17]:

> «Nebukadnezzar wurde unter die Tiere geworfen und wurde selbst zum Tier. Er fraß Gras wie die Ochsen, sein Körper wurde naß vom Tau, sein Haar wuchs wie Adlerfedern, und seine Nägel bildeten sich zu Vogelkrallen aus. Er verwandelte sich in einen primitiven Menschen zurück, und da er seinen Verstand mißbraucht hatte, wurde er ihm vollständig genommen. Er regredierte sogar noch hinter den Primitiven zurück und wurde völlig unmenschlich: er wurde zu Chumbaba, dem Ungeheuer. All dies symbolisiert die vollständige regressive Degeneration eines Menschen, der zu hoch hinauswollte.»

Nebukadnezzars Traum war kompensatorisch. Er zeigte, daß etwas falsch gelaufen war, daß ein Konflikt mit dem Unbewußten bestand. Er war seinem starken Ehrgeiz erlegen und hatte sich in seiner Überheblichkeit verfangen, und so war sein Fall unumgänglich. Er entwickelte sich in einen nichtmenschlichen Zustand zurück, ein treffendes Schicksal, denn er hatte seine Menschlichkeit schon lange abgeworfen und war in den Bereich der Götter eingedrungen. Die Götter jedoch sind eifersüchtige Wesen, die Hybris umgehend erkennen und bestrafen, vor allem dann, wenn ihre Warnträume ignoriert oder zurückgewiesen werden.

Die Frau mit dem gewalttätigen Animus

Eine Frau träumte als junge Frau von einer Wölbung, die sich auf dem Boden ihres Zimmers gebildet hatte. Die Schwellung begann zu zittern und zu pulsieren, brach plötzlich auf, und ein menschlicher Kopf kam zum Vorschein mit einem Gesicht, das sie als unbeschreiblich böse bezeichnete. In den folgenden Jahren entwickelte sie sich zu einer skrupellosen, dominanten und brutalen Person, deren Kinder und Großkinder unter ihrer Persönlichkeit leiden mußten. Etwas stach in ihrem Leben besonders hervor: ihre enorme Risikobereitschaft. Sie begab sich in große Gefahren, traf sich mit dubiosen Gestalten der kriminellen Unterwelt und ließ sich gedankenlos auf anstößige Beziehungen ein.

Es war ihr Animus – ihre negativ entwickelte männliche Seite –, der sie in diese gefährlichen Situationen brachte. Es kommt häufig vor, daß ein negativer Animus eine gewalttätige Hybris hervorruft und Frauen in destruktive Beziehungen führt. Im Falle dieser Frau finden wir eine gewisse verrückte Bravour, eine «Teufel-komm-raus»-Einstellung, die sie auch dazu führte, ernste Risiken auf sexuellem Gebiet einzugehen. Die Frau glaubte, sie sei unüberwindbar, sie könne tun und lassen, was sie wolle. Frauen mit einer bestimmten Art von Vaterkomplex neigen oft zu dieser Haltung.

Bei dieser Frau war das Weibliche verdrängt, und ihre Einstellung war nicht länger menschlich. Sie erinnerte mich an die große, primitive mexikanische Göttin Coatlicue und an die indische Kali. Zimmer[18] beschreibt den großen Tempel der Kali und das riesige Fest, das im Frühling zur Förderung der Fruchtbarkeit der Natur abgehalten wird. Er nennt ihn den blutigsten Tempel der Erde, eine Art Schlachthof, denn die Göttin verlangte nach dem Lebensblut Tausender von Lebewesen. Dies ist der «schreckliche» Aspekt der Göttin. Ihre positive Seite jedoch ist eine spirituelle Freiheit und Unabhängigkeit, wie wir sie im Westen kaum kennen. Auf dieser höheren Stufe steht die «weiße Tara», die die höchste Form spiritueller Wandlung in einer Frau symbolisiert.

Das Verhalten der Frau, als sei sie eine nicht an menschliche Maße gebundene Göttin, diese Hybris war eine Kompensation ihrer nicht gelebten spirituellen Seite. Als sie mit der Zeit die spirituelle Seite des Weiblichen verstehen lernte, begann sich eine Wandlung abzuzeichnen.

Der Stolz und die christliche Ethik

Während für die antike Ethik die Ehre prägend war für das, was als erstrebenswertes Ideal betrachtet wurde, kam es unter dem Einfluß des christlichen Denkens zu einem grundlegenden Wertewandel.

Die Tugenden, die im Leben Jesu eine zentrale Rolle spielten: Milde, Demut, Toleranz und Liebe, prägten die christliche Ethik und führten zu einem neuen Verständnis der moralischen Verwerflichkeit des Stolzes. «Die Liebe», schrieb Paulus in seinem ersten Brief an die Kirche von Korinth, «ist langmütig, die Liebe ist gütig. Sie ereifert sich nicht, sie prahlt nicht, sie bläht sich nicht auf.»[19] In ihrer höchsten Form offenbarte sich diese Liebe in der menschlichen Natur Christi.

Gerade in der menschlichen Natur Jesu zeigt sich ein neues Kriterium zur Beurteilung des Stolzes. Für Jesus hatte die Seele des Menschen einen eigenen und ewigen Wert. Wird die Auffassung Christi, daß alle Menschen Brüder sind, anerkannt, erhalten die Bedürfnisse und Rechte unserer Mitmenschen eine neue Würde, und seine Warnungen vor Egozentrismus, Geltungsbedürfnis und Streben nach Selbstbestätigung werden vollkommen verständlich. Stolz steht in vollständigem Widerspruch zur christlichen Idee der Selbstlosigkeit und wird daher von der christlichen Ethik streng verurteilt.

Augustinus, einer der Väter der katholischen Morallehre, definierte die unverzeihliche Sünde des Stolzes als eine geistige

Haltung, die sich «in einem verzweifelten und gottlosen Verharren in der Sünde und einer stolzen Weigerung, sich demütig vor Gott zu beugen, äußerte».[20] In seiner Analyse der Ursachen der Sünde stellt er einen Zusammenhang her zwischen «superbia» (Stolz), «voluptas» (Wollust) und «curiositas» (Neugier).

Auch Thomas von Aquin[21] betrachtete Stolz als Todsünde, er betrachtete ihn sogar als die erste und schwerste aller Sünden. Als erste, weil Stolz die Ursache aller anderen Sünden sei, und als schwerste, weil er eine Weigerung darstelle, sich Gott zu unterwerfen. Die Ursache des Stolzes erkannte er in einem grundlegenden Mangel an Liebe, dem alles moralisch Böse entspringt.

Stolz ist die Sünde, der man am leichtesten zum Opfer fällt, da sie sich sozusagen von unserer tugendhaften Seite nährt, denn letzten Endes kann man sogar stolz auf die eigene Bescheidenheit sein.

Der Stolz in Dantes Göttlicher Komödie

Dante Alighieri wurde im Jahre 1265 in Florenz als Sohn einer Familie des niederen Adels geboren. Politische Unruhen zwangen ihn, Florenz zu verlassen und sich ins Exil zu begeben. Er verbrachte den Rest seines Lebens auf Wanderschaft, gab Vorlesungen, erläuterte seine Ideen und schrieb kleinere Werke. Aus seinen Studien, seinem Kummer, seiner Unzufriedenheit mit dem politischen Leben, seinen Beobachtungen über seine Kollegen und die Welt schlechthin entstand *Die göttliche Komödie,* wohl das großartigste Gedicht des Mittelalters. Er vollendete das Werk im Exil in Ravenna. Im Jahre 1321 starb Dante als verehrter und anerkannter Dichter.

Kaum jemals wurde die Gefahr der Sünde des Stolzes deutlicher dargestellt als in der *Göttlichen Komödie.* Das Gedicht handelt von den Todsünden, den Sündern und deren Buße. Es ist eine Fundgrube für Informationen über das Dunkle der menschlichen Seele und eine besonders eindrückliche Abhandlung über die Todsünden. Für ein tieferes Verständnis der Sünden und ihrer Bedeutung ist sie von unschätzbarem Wert. Sie ist heute noch ebenso gültig wie vor siebenhundert Jahren. Wie vor ihm der heilige Augustinus und Thomas von Aquin stellte auch Dante den Stolz an die erste Stelle aller Todsünden.

Dante wird in der *Göttlichen Komödie* vom Geist Vergils durch das Fegefeuer geführt. Auf der ersten Terrasse des Läuterungsberges[22] trifft er die Seelen derer, die den Stolz auf die eigene Rasse, die eigene Leistung und die eigene Macht repräsentieren. Sie sind mit schweren Gewichten beladen und beten das Unservater für sich und für jene, die sie zurückgelassen haben. Wie Dante zusammen mit Vergil, seinem Führer, die Seelen der Stolzen verläßt, macht ihn dieser auf eine Reihe von Bildern aufmerksam, die unter ihren Füßen in den Fels gemeißelt sind. Sie stellen den Stolz der Hochmütigen dar, die erniedrigt wurden. Die Botschaft ist deutlich: Die Aufgeblasenen, die Selbstherrlichen und all jene, die von Hybris durchdrungen sind, brauchen nicht lange auf ihre Strafe zu warten, diese bricht mit katastrophaler Geschwindigkeit über sie herein.

Die Hybris der Niobe

Zu jenen, deren Bild im Fels eingeprägt war, gehört auch Niobe. Es lohnt sich, das Schicksal dieser dem arroganten Stolz verfallenen Frau zu verfolgen.

Von Niobe heißt es in der *Göttlichen Komödie*[23]:

> O Niobe, mit Augen, schmerzensreichen,
> Sah ich dich eingemeißelt auf der Fährte
> Inzwischen deiner vierzehn Kinder Leichen.

Niobe war Königin von Theben und besaß vieles, auf das sie stolz sein konnte. Ihr Ehemann war Amphion, der große Lautenspieler, dessen Musik so süß war, daß sich sogar die Steine bewegten, um sich zum großen Palast von Theben zusammenzufügen. Ihr Vater, der lydische König Tantalos, regierte über ein mächtiges Land. Außerdem hatte sie vierzehn schöne Kinder, sieben Knaben und sieben Mädchen. Sie prahlte jedoch mit ihrem unermeßlichen Glück – und das war der erste Schritt auf ihrem Weg zum Untergang.

Als die Seherin Mante nämlich das Volk aufforderte, die Göttin Leto und ihre göttlichen Zwillingskinder Apollon und Artemis zu ehren, erschien Niobe in einem aus Goldfäden gewobenen Mantel. Mit diesem Gewand in der Farbe der Sonne stellte sie sich mit Apollon auf dieselbe Stufe, leuchtete sie doch ebenso stark wie der Gott, auch war sie nicht bereit, Leto und deren göttlichen Zwillingskindern die Ehre zu erweisen. Sie fragte die Menschen um sie herum: «Weswegen errichtet ihr der Leto einen Altar und mir nicht? Ist nicht mein Vater Tantalos der einzige Sterbliche, der je am Tisch des Zeus gegessen hat? Meine Mutter Dione ist die Schwester der Plejaden. Und der Vater meines Vaters ist Zeus selbst.» Hier ist unzweifelhaft Hybris im Spiel; Niobes Worte sind Ausdruck eines arroganten Stolzes. Als Sterbliche hatte sie sich mit ihren göttlichen Verwandten, ebenfalls Kinder des Zeus, gleichgestellt.

Leto berichtete ihren Kindern vom Geschehen und wie sehr sie überhebliche Sterbliche verachte. Sie flehte sie an, ihren göttlichen Altar zu bewahren. Umgehend gehorchten die Kinder dem Befehl ihrer Mutter. Sie fanden die sieben Söhne der Niobe, die ihre Reitkünste in Pferderennen übten. Der Älteste wurde zuerst von einem Pfeil ins Herz getroffen, und bald ereilte der Tod auch seine Brüder, bis auf Amyklas, der der Göttin Leto ein Gebet dargebracht hatte.

Niobe wollte nicht glauben, daß die Unsterblichen solche Macht besaßen. Sie zögerte noch immer, ihren stolzen Nacken zu beugen. Von Schmerz und Trauer überwältigt, stand sie mit ihren sieben Töchtern bei den gefallenen Söhnen. «Wenigstens sie habe ich noch», dachte sie beim Anblick ihrer Töchter. Doch in demselben Moment stürzten auch diese tot zu Boden, bis auf Meliboia, die ebenfalls die Göttin Leto durch ein Gebet geehrt hatte. Die beiden Überlebenden errichteten darauf der Leto einen Tempel. Die trauernde Niobe aber floh zum Berge Sipylos, der Heimat ihres Vaters Tantalos, wo sie Zeus, von Mitleid bewegt, in eine Statue verwandelte.[24]

Niobe verachtete die Götter und forderte sie heraus. Zuerst glaubte sie, sie sei der Leto ebenbürtig, und schließlich hielt sie sich sogar für noch erhabener. Für diesen überheblichen Wahnsinn bezahlte sie den höchsten Preis.

Das Schicksal, das die Seelen im Purgatorium ereilte, ist ein eindrückliches Beispiel dafür, daß Stolz unweigerlich «vor dem Fall» kommt. Die Mächtigen wurden erniedrigt, da sie sich gegen die Götter gestellt oder sich für höher gehalten hatten.

Psychologisch gesehen liegt die Ursache der Hybris darin, daß man entweder das Selbst nicht erkennt oder sich mit ihm identifiziert. In beiden Fällen ist das Gleichgewicht gestört. Und der Mantel der Gottheit, mit dem man sich so leicht schmückt, ohne sich eines Fehlers bewußt zu sein, muß abgelegt werden und einer menschlichen Bescheidenheit Platz machen. Ein Sterblicher muß bescheiden sein, sonst ereilt ihn das Unglück, das ist die Botschaft, die Dante vernimmt.

Über das Böse

Luzifer der Lichtbringer

Von Satan – der seit den Kirchenvätern mit Luzifer gleichgesetzt wurde – wird in der *Göttlichen Komödie*[25] gesagt:

> Ich sah ihn, der vor aller Kreatur
> Voll Glanz und Adel war, auf einer Seite,
> Wie blitzgleich er vom Himmel niederfuhr!

Luzifer war Gottes Erstgeborener, sein geliebter Sohn, die Morgensonne, der herrlich Leuchtende, aber auch der Herausforderer Gottes. Er wollte Gott ebenbürtig sein und versuchte ihm seine Stellung streitig zu machen. Dafür wurde er ins Höllenfeuer gestoßen. Bei Jesaja[26] wird die Höllenfahrt des Königs von Babel mit dem Sturz Luzifers verglichen: «Ach, du bist vom Himmel gefallen, du strahlender Sohn der Morgenröte. Zu Boden bist du geschmettert, du Bezwinger der Völker. Du aber hattest in deinem Herzen gedacht: Ich ersteige den Himmel ... Doch in die Unterwelt wirst du hinabgeworfen, in die äußerste Tiefe.»

Das Wort Luzifer bedeutet Lichtträger; Luzifer wird auch der Planet Venus genannt, wenn er vor Sonnenaufgang als Morgenstern am Himmel steht. Der Morgenstern wurde in vielen Kulturen als ein Gott betrachtet, der die tägliche Geburt der Sonne ankündigte. Die Kanaaniter nannten ihn Shaher. Heute noch findet die Shaharit, die jüdische Morgenandacht, zu seinen Ehren statt.[27] Der Morgenstern hatte einen Zwillingsbruder, den Abendstern Shalem, der den täglichen Tod der Sonne verkündete und sie mit dem hebräischen Wort für Frieden, Shalom (auf arabisch Salaam), ansprach. Jerusalem heißt soviel wie «das Haus des Shalem»[28] und ist der Ort, wo die beiden Götter verehrt wurden.

Es wird auch berichtet, daß der Morgenstern die Herrlichkeit des Sonnengottes verdeckte. Er soll versucht haben, dessen Thron zu usurpieren, wurde aber besiegt und in einem Blitz vom Himmel gestürzt.

Der Blitz ist Symbol einer unerwarteten psychischen Veränderung. Luzifer und der Teufel, wie auch Jahwe und der griechische Zeus, hatten eine Verbindung zum Blitz. Die Alchemisten gebrauchten den befreienden leuchtenden Blitz als Symbol der unbewußten Luminosität. Er symbolisiert plötzliche Erleuchtung, einen Zustand, in dem man einen bis anhin unbewußten Inhalt erkennt oder versteht.

Jung[29] schreibt: «Der Blitz bedeutet eine plötzliche, unerwartete und überwältigende Zustandsänderung. ... Er hat die Kraft der Verwandlung.» Eine solche Wandlung gleicht einer Wiedergeburt. Der Blitz hat die Macht, etwas zu verwandeln. Als Luzifer vom Himmel stürzte, erkannte er sein Getrenntsein von Gott, sein Anderssein, aber auch seine Ähnlichkeit mit Gott, der ihn vorher in sich enthalten hatte.

Luzifer, der Lichtbringer, verkörpert eine Kraft, die zu erleuchten und eine Bewußtseinserweiterung zu bewirken vermag. Doch diese Kraft wirkt nicht nur schöpferisch, sie kann auch zerstören, und der Sturz des Luzifer bedeutet, psychologisch gesehen, in erster Linie das Absinken in die umfassende Dunkelheit des Unbewußten.

Luzifer ist der Morgenstern, der wegen seiner Hybris vom Himmel gestürzt wurde. Und so ist er mit Christus wie auch mit dem Teufel verbunden. Die Parallele zu Christus ist offensichtlich, wenn dieser von sich selbst sagt: «Ich bin die Wurzel und der Stamm Davids, der strahlende Morgenstern.»[30] Auch die Verbindung mit Satan wird von Jesus hergestellt: «Ich sah den Satan wie einen Blitz vom Himmel fallen.»[31] (Satan ist übrigens der hebräische Name der unsterblichen Schlange Sata, des Vaters des Blitzes.) Luzifer, Gottes schönster Engel, ist aber auch Gottes Gegenwille. Er ist eine dunkle Figur, doch strahlt in ihm ein inneres Licht.

Jung[32] sagt:

> «Ohne diesen [in Luzifer personifizierten gegengöttlichen Willen] aber wäre keine Schöpfung und erst recht keine Heilsgeschichte zustande gekommen. Der Schatten und der Gegenwille sind die unvermeidlichen Bedingungen jeder Verwirklichung. Das Objekt, welches keinen eigenen und unter Umständen seinem Schöpfer entgegengesetzten Willen und keine anderen Eigenschaften als jener hat, besitzt keine unabhängige Existenz, die ethische Entscheidungen fällen könnte.»

Jung[33] hat darauf hingewiesen, daß dieser Gegenwille im Grunde von Gott gewollt sei:

«Daher hat Luzifer den Gotteswillen, der nach Weltschöpfung trachtete, wohl am besten verstanden und am getreuesten ausgeführt, indem er sich gegen Gott empörte und damit zum Prinzip einer Kreatur wurde, welche Gott als etwas Anderswollendes gegenübertrat. Weil Gott dieses wollte, so hat er, laut Genesis 3, das Anderswollenkönnen in den Menschen gelegt.»

Das zwangsneurotische Kind und die luziferische Hybris seiner Mutter

Vor vielen Jahren kam ein etwa zehnjähriges Mädchen in meine Praxis, das hochintelligent und sehr hübsch war. Das Kind wurde meine Patientin, bevor ich Psychotherapeutin war – ich arbeitete als Ärztin –, und erst nach einiger Zeit wurde ich mir seines wahren psychischen Problems bewußt. Das Kind befand sich vollständig in der Gewalt seiner Mutter, einer schönen und gebieterischen Frau. Diese hatte die Intelligenz und Schönheit ihrer Tochter erkannt und suchte nach den besten Musik- und Tanzlehrern und Erziehern.

Zweifellos liebte die ehrgeizige und autoritäre Mutter ihr Kind, und das Kind seinerseits war der Mutter sehr ergeben und wünschte sich sehnlichst, sie zufriedenzustellen. Im Alter von etwa zehn Jahren entwickelte das Mädchen eine Zwangsneurose, die sich in einem sich ständig wiederholenden rituellen Verhaltensmuster ausdrückte. Der Auslöser des Rituals war jeweils ein gegen die Mutter gerichteter, ausgeprägt negativer Gedanke.

Die Zwangsneurose dauerte zwei Jahre lang. Ich erkannte allmählich das monumentale Bedürfnis des Kindes, in allem Erfolg zu haben; das Mädchen wollte immer die Beste sein. Doch dann wurde mir klar, daß die luziferische Hybris nicht ihm, sondern seiner Mutter gehörte. Ich konnte meine Gedanken jedoch weder dem Kind noch der Mutter gegenüber äußern. Das Problem des Bösen war zu jener Zeit kein Thema, das in einer

Arztpraxis zur Sprache kam (und ist es wohl auch heute noch nicht).

Hinter einer zwanghaften Persönlichkeit verbirgt sich die Hybris. Zwar wird die Zwangsneurose heutzutage oft als schwere narzißtische Störung bezeichnet, man kann sie aber auch als gewaltigen, überwältigenden Stolz bezeichnen.

Wie Luzifer Gott seinen eigenen Willen entgegensetzte, so hatte auch das junge Mädchen ihren eigenen Willen, mit dem sie sich gegen ihre geliebte, aber beherrschende Mutter auflehnte. Das zwang sie aber, sich mit zwei entgegengesetzten Mächten in sich selbst auseinanderzusetzen: dem Wunsch, ihrer Mutter zu gefallen, und dem Gegenwunsch, sie zu erzürnen. Darin bestand der Konflikt.

Bei dieser schweren Zwangsneurose dienten die Rituale dazu, die schrecklichen Gedanken fernzuhalten, da diese für das folgsame und im Bewußtsein der Mutter zugetane Kind zu unerträglich waren. Als der Tag kam, an dem es sich diesen Gedanken zu stellen vermochte und bewußt zu leiden begann, verschwand die Krankheit allmählich. Ich erwähnte es schon, über das Thema des Bösen wurde nie gesprochen, doch wirkte meine Kenntnis der Situation, über die ich mich mit Absicht nicht äußerte, als Leitstern.

Das Problem des Bösen unter dem Gesichtspunkt schwerer Zwangsneurosen wurde von Scott Peck[34] in seinem vorzüglichen Buch *People of the Lie* untersucht.

Das Böse in psychologischer Sicht

Ich möchte noch einige Gedanken von Jung[35] zur Frage des Bösen anfügen. Er schrieb in einem Brief an Victor White:

> «Auf der metaphysischen Ebene oder in der metaphysischen Wirklichkeit steht es frei, das als ‹wesenhaft böse› Bezeichnete als ein geringes Gutes zu erklären. Mir scheint das aber wenig sinnvoll. Man

nennt Gott den Herrn über das Böse: wenn aber das Böse nicht real ist, dann ist Er Herr über nichts, nicht einmal über das Gute, denn als summum bonum hat Er selbst nur gute Dinge erschaffen, die jedoch eine ausgesprochene Tendenz zur Verderbnis zeigen. Auch stammen weder das Böse noch die Verderbnis vom Menschen, da die Schlange vor ihm war.»

Er frägt, wo das Böse seinen Ursprung habe, wenn nicht beim Menschen, und formuliert seine Antwort so[36]:

«Notgedrungen lautet die Antwort: metaphysisch gibt es kein Böses: das Böse existiert nur in der Welt des Menschen, und es stammt vom Menschen. Dieser Aussage widerspricht jedoch die Tatsache, daß das Paradies nicht vom Menschen erschaffen wurde. Er gelangte als letzter hinein, und nicht er erschuf die Schlange. Wenn sogar Gottes schönster Engel, Luzifer, eine solche Sehnsucht nach Verderbnis hat, muß ein beträchtlicher Mangel an moralischen Qualitäten in ihm bestehen – wie in Jahwe, der eifervoll Moral heischt und selber ungerecht ist. Kein Wunder, daß seine Schöpfung vom Bösen gezeichnet ist.

Anerkennt die kirchliche Doktrin Jahwes moralische Unzulänglichkeiten? Wenn ja, dann ist Luzifer nur Abbild seines Schöpfers ... *Von einem moralisch zweifelhaften Schöpfer kann keine vollkommen gute Welt erwartet werden,* nicht einmal vollkommen gute Engel.»

Und weiter[37]:

«Vom praktischen Gesichtspunkt aus ist die Doktrin der privatio boni moralisch gefährlich, weil sie das Böse kleinmacht und irrealisiert und auf diese Weise auch das Gute mindert, denn sie beraubt es seines notwendigen Gegensatzes: es gibt kein Weiß ohne Schwarz, kein Rechts ohne Links, kein Oben ohne Unten, kein Warm ohne Kalt, keine Wahrheit ohne Irrtum, kein Licht ohne Dunkelheit etc. Ist das Böse Illusion, dann notwendigerweise auch das Gute. Das ist der Grund, warum ich die privatio boni für unlogisch, irrational und sogar unsinnig halte. Die moralischen Gegensätze sind eine erkenntnistheoretische Notwendigkeit, aber aus ihrer Hypostatisierung ergibt sich ein amoralischer Jahwe und ein Luzifer und eine Schlange und ein sündiger Mensch und eine leidende Schöpfung.»

Sie kennen vielleicht die Geschichte von C. G. Jung über die Frau, die ihre Freundin vergiftet hatte und deren Ehemann heiratete. Der Mann starb jedoch, dann wurde sie von ihrem Kind verlassen, und schließlich starben Hunde und Pferd. Sie hatte den Bezug zur Wirklichkeit verloren, und ihr menschliches Dasein wurde zerstört. Sie hatte die Macht Gottes an sich gerissen, indem sie ein Leben nahm. Hier haben wir es mit einem unsichtbaren, aber ungeheuerlichen Stolz zu tun, durch den ein Mensch im wahrsten Sinne des Wortes zum Ungeheuer wurde. Auch hier, wie in allen Fällen solcher Hybris, lag eine tiefe Unbewußheit vor.

Die Sehnsucht nach dem Höchsten kann durchaus legitim sein, eine sündhafte Anmaßung und Verderbtheit entsteht dann, wenn menschliche Grenzen überschritten werden, wenn der Mensch sich von seinem Platz auf der Erde löst, über sein irdisches Wesen hinauswächst und Gottähnlichkeit anstrebt. Als Menschen sind wir an unsere irdische Wirklichkeit gebunden. Durch eine übermäßige Sehnsucht kann ein Mensch die Götter – oder, gemäß der Jungschen Psychologie, das Selbst – nach unten in sich selbst und in seine Leidenschaft ziehen, oder, in einem anderen Bild, sich zur Gottheit emporheben. Immer verliert er dabei seine menschliche Natur und zerstört sich selbst.

In der Psychologie Adlers gibt es den Begriff der «Gottähnlichkeit», der bestimmte wesentliche Züge der Machtpsychologie ausdrückt, die bei gewissen Neurosen vorkommen. Jung[38] schrieb in diesem Zusammenhang:

«Die Analyse und Bewußtmachung unbewußter Inhalte bringen es mit sich, daß eine gewisse überlegene Toleranz entsteht, vermittelst welcher auch relativ schwer verdauliche Stücke aus der unbewußten Charakterologie akzeptiert werden. Diese Toleranz sieht sehr ‹überlegen› und weise aus und ist oft nichts als eine schöne Geste, die aber allerhand Konsequenzen nach sich zieht, handelt es sich doch um Zusammenbringung von zwei Sphären, die vorher ängstlich voneinander getrennt gehalten worden waren.»

Nach Jung führt der scheinbare Sieg über den moralischen Konflikt zu einem Gefühl der Überlegenheit, das sich sehr wohl als «Gottähnlichkeit» äußern kann. Es gebe, sagt Jung, auch diejenigen, die sich als hilfloses Objekt sehen und ihr Leiden als «Mantel der Gottähnlichkeit» tragen. Jung nennt diese Form eine subtile Art inneren Stolzes, die ebenfalls gefährlich sein kann. Einsicht und Verstehen erweitern das Bewußtseinsfeld und offenbaren vieles, was bis dahin unbewußt war, stellte Jung in seinen Überlegungen zur Gottähnlichkeit fest.

Man kann nur hoffen, daß ein Mensch seine Hybris erkennt, bevor sie zu einer Katastrophe führt, bevor er oder sie gewaltsam auf die Erde, auf den Boden der Wirklichkeit, zurückfällt. Um den Sturz zu verhindern, sollten wir diesbezügliche Bemerkungen von Familienangehörigen, Freunden und Mitmenschen ernst nehmen und auf Ausdrücke wie «eingebildet», «ehrgeizig», «egoistisch», «stolz» oder «überheblich» achten, wenn sie andern Menschen oder uns selbst gelten. Es ist auch wichtig, daß wir unsere Träume beachten, um rechtzeitig in Erfahrung zu bringen, wenn wir uns von der Realität entfernen, uns über- oder außerhalb von uns befinden. Es ist lebenswichtig, weil die Konsequenzen äußerst gravierend sein können. Durch einen leichten oder auch schweren Unfall kann das Unbewußte einen Ausgleich anstreben zwischen dem zu abgehobenen Bewußtsein und unserer Instinktwelt.

Wir sollten die Lektion lernen aus der Geschichte von dem Rotkehlchen, das ungeheuer eingebildet wurde, weil es sich so hoch in die Luft zu schwingen vermochte. Eines Tages beschloß es, bis zur Sonne zu fliegen. Doch als es in den Sonnenstrahlen hinanflog, wurde es ihm immer heißer, bis es schließlich bemerkte, daß seine Kehle verbrannt war. Als ewige Mahnung an diese Hybris haben alle Rotkehlchen eine rote Brust.

Es ist die Unbewußtheit über den Stolz als moralische Sünde, die uns Fallen stellt. Kreative Begabungen, Gesundheit, Arbeitsfähigkeit und das Glück, das immer auch notwendig ist, werden uns von den Schicksalsgöttinnen und den kreativen Energien des Unbewußten geschenkt. Es sind Gottesgaben, doch diese Tatsache wird gewöhnlich nicht wahrgenommen, da der moderne Mensch Mühe hat, sich tief und demütig zu verbeugen vor einem höheren Wesen. Wenn wir uns aber der Gefahr bewußt werden, wirkt dieses Wissen wie ein Blitz, eine Erleuchtung. Eine Ahnung unserer «Gottähnlichkeit» blitzt auf. Wenn wir dabei eine gewisse Furcht und Demut empfinden, dann besteht die Hoffnung, daß sich das Sprichwort «Hochmut kommt vor dem Fall» in unserem Leben nicht zu verwirklichen braucht.

2. Zorn

Ira

Einstimmung

Zorn ist eine Emotion, die man nur verstehen kann, wenn man sie selbst erfahren hat. Zorn hat einen ganz eigenen Charakter, der es leicht macht, ihn von anderen Emotionen zu unterscheiden. Er ist eine elementare Emotion, kann sich jedoch mit anderen, deutlich bösartigen Emotionen und Affekten verbinden. Ihre Stärke kann variieren vom leisen Unmut bis zum heftigsten Wutausbruch. Sehr oft ist der Zorn auch verdrängt, besonders bei sogenannt aggressionsgehemmten Menschen, dann muß er sich indirekte Ausdrucksmöglichkeiten suchen in der Form von Projektionen auf andere Menschen und von Körpersymptomen. Durchbricht lange zurückgehaltener Zorn den Wall der Verdrängung, sind unkontrollierte und oft gefährliche Affekthandlungen die Folge.

Die Spur des Teekrugs

Ein Ehepaar lebte seit einem Vierteljahrhundert zusammen. Die Frau, eine außerordentlich pflichtbewußte Hausfrau, hielt ihr Heim immer in tadellosem Zustand. Jeden Abend, wenn der Mann nach Hause kam, begrüßte ihn die Stimme seiner Frau mit: «Zieh die Schuhe aus», gefolgt von «Zieh dir die Pantoffeln an». Er gehorchte, wusch sich die Hände und trat ins Eßzimmer, wo der Tisch gedeckt war und das Essen sofort aufgetragen wurde. Kein Wort des Grußes ihrerseits, keine Klage seinerseits, und das ging nun schon fünfundzwanzig Jahre so.

Jeden Tag wiederholte sich derselbe Vorgang, bis zu jenem Abend, an dem sich das Muster plötzlich änderte.

Der Mann trat ins Eßzimmer, und seine Frau stellte den Teekrug auf den Tisch. Dieses Mal jedoch packte er den Krug und schleuderte ihn mit solcher Wucht durchs Fenster, daß der Umriß des Teekrugs in der Scheibe erhalten blieb und Henkel und Schnabel deutlich abgezeichnet waren. Der Mann stand auf, drehte sich um, verließ das Haus und verschwand. Drei Tage später fand ihn die Polizei in der Kneipe eines Bergdorfs, wo er nach einem zweitägigen Trinkgelage mehr oder weniger nüchtern mit den Bauern Karten spielte.

Der Zorn, der sich in dem Manne während fünfundzwanzig Jahren aufgestaut hatte, entlud sich in einem gewaltigen Gefühlssturm, in dem der Teekrug durch die Luft flog und ihm den Weg in die Freiheit öffnete.

Etymologie und sprachliche Umschreibungen

Das lateinische Wort für die Sünde des Zorns ist *ira* = Zorn, Erbitterung. *Ira* hat seinen Ursprung im altindischen isyati, was soviel heißt wie «setzt in Bewegung».[39] Das althochdeutsche *zorn* bedeutet «Erbitterung, Wut, Entrüstung» und erweitert sich im Mittelhochdeutschen zu «plötzlich entstandener Unwille, Heftigkeit, Wut, Zank, Streit». Das altenglische *torn* bedeutet «Grimm, Kummer, Leid, Elend». Rasender Zorn wird als Wut bezeichnet. Als Ausgangsbedeutung von Wut ist vielleicht ein durch übermenschliche Kräfte verursachter Zustand des Außersichseins, übermächtige Erregung, anzunehmen.[40]

Betrachten wir nun einige Begriffe, die den Zustand des Zorns beschreiben. Da sind einmal Ärger, Verdruß und Gereiztheit, die eine gemäßigte Form des Zorns ausdrücken. Wir sind ärgerlich, mürrisch, mißmutig, griesgrämig, miesepetrig oder verstimmt. Reagiert jemand schnell gereizt, sprechen wir von einem erhitzten Gemüt, explodiert einer vor Wut, hat er einen Wutanfall. Bei Zorn aufgrund verletzter Gefühle sind wir gequält oder hegen einen Groll. Werden Zorn, Bitterkeit, Feindschaft oder Rachegefühle offen gezeigt, sprechen wir von Animosität; entsprechende Adjektive sind «feindselig» oder «böswillig». Zorn aus Enttäuschung oder aufgrund eines Versagens wird Kränkung oder Verdruß genannt. Dahinter verbirgt sich immer ein Scham- oder Schuldgefühl.

Wer zornig ist, ist wütend, grimmig, entrüstet oder empört. Wir kochen vor Wut, toben oder sind fuchsteufelswild. Gegenseitige zornige Vorwürfe nennt man Anschuldigungen. Mit zorniger Kritik geben wir unserer Entrüstung Ausdruck, wir donnern, wettern, schmähen und schimpfen. Strafpredigten, Tiraden oder Schmähreden können Zorn zum Ausdruck bringen.

Jemand, der sich schnell in einen Zornausbruch hineinsteigert, ist jähzornig oder aufbrausend. In der modernen Umgangssprache ausgedrückt ist ihm «die Sicherung durchgebrannt». Einem zornigen Menschen «läuft die Galle über». Das französische Wort für Zorn ist *colère,* das ebenfalls mit Galle verwandt ist. Es hat auch mit «cholerisch» zu tun, womit man einen jähzornigen, aufbrausenden Menschen bezeichnet. Hippokrates schrieb diesem Typ, dem Choleriker, einen Überschuß an Galle zu. Das englische Gegenstück ist *splenetic,* das von spleen (deutsch Milz) abgeleitet ist.

Eine derartige Vielfalt an Ausdrücken ist ein Hinweis auf die Bedeutung dieser allgegenwärtigen und oft unerkannten (weil verdrängten) Emotion.

Zu viele Menschen verbergen ihren Zorn und verbannen ihn tief in ihr Inneres, wo er anschwillt und sich explosionsartig in einem Wutanfall oder Tränenausbruch entlädt. Man tut in solchen Fällen gut daran, in den Träumen nach latentem oder heimlichem Zorn zu suchen.

Auf einem italienischen Gemälde sah ich einst eine Figur, die den Zorn verkörpert: Das Bild zeigt einen Jüngling mit runden Schultern, funkelnden Augen, einer runden, gerunzelten Stirn, einer scharfen Nase und großen, geblähten Nasenflügeln. Er trägt den Kopf eines Ebers als Helmbusch, aus dem Feuer und Rauch aufsteigen. In der einen Hand hält er ein gezogenes Schwert und in der andern eine brennende Fackel. In den geblähten Nasenflügeln zeigt sich animalische Wut, wie wir sie bei einem Stier oder Hengst beobachten können. Die abgezehrten Züge sind Ausdruck eines aufbrausenden Wesens. Feuer, Rauch und brennende Fackel deuten eine emotionale, versengende Feuersbrunst an, der Eber wird manchmal als Verkörperung blinder, instinktiver Wut dargestellt, und im Schwert ist symbolisch die Bereitschaft zum Kampfe zu sehen, sei es, um sich selbst zu schützen, oder sei es, um andere zu töten.

Symbole sind immer vieldeutige Bilder und vermögen Gegensätze in sich zu enthalten. So weist das Feuer auch auf Erleuchtung hin, und das Schwert ist auch ein Symbol des Scharfsinns und der Nichtidentifikation mit Emotionen. Das ist ein Hinweis darauf, dass hinter der zerstörerischen Emotion Zorn auch «gute» Energien verborgen sind.

Der physiologische Aspekt der Emotionen

Wer sich näher mit den Emotionen auseinandersetzt, erkennt bald, daß das Wort «emotional» einen psychischen Zustand beschreibt, der durch physiologische Innervationen gekennzeichnet ist. Der physiologische Teil der Emotion ist meßbar, nicht jedoch die psychische Komponente.

Zum Verständnis der beiden Aspekte ist die James-Langesche Gefühlstheorie nützlich, die sich mit der Beziehung zwischen den physiologischen Änderungen, die durch emotionale Erregung hervorgerufen werden, und den diese begleitenden Gefühlserlebnissen befaßt. «Die James-Lange-Theorie behauptet, wie Sie wissen, daß man erst dann wirklich in eine Emotion gerät, wenn man sich der physiologischen Veränderungen des Gesamtzustandes bewußt wird. Das können wir beobachten, wenn wir uns in einer Situation befinden, in der wir uns erwartungsgemäß ärgern werden. Man weiß, daß man wütend werden wird, und dann spürt man, wie einem das Blut in den Kopf steigt, und dann wird man wirklich wütend, nicht vorher.»[41]

Affekt und Emotion werden von Jung[42] gleichgesetzt:

> «Für mich sind Emotionen Affekte in dem Sinne, als man durch etwas ‹affiziert› wird. Etwas tut einem etwas an, es durchkreuzt die eigenen Pläne. In der Emotion werden Sie weggefegt. Sie werden aus sich herausgeworfen. Sie sind außer sich, wie wenn eine Explosion Sie aus Ihnen herausgeschleudert und neben Sie gestellt hätte.»

Eine Emotion *affiziert* also, sie bewirkt etwas, sie stört den Lebensprozeß. Wenn wir zum Beispiel beim Zubereiten des Nachtessens einen unangenehmen Telefonanruf oder einen Brief mit schlechten Nachrichten erhalten, vergessen wir uns und lassen womöglich das Essen anbrennen. Die Emotion ergreift das Ichbewußtsein und nimmt von ihm Besitz.

Es ist wichtig, zwischen Fühlen, so wie es von Jung verstanden wurde, und Emotion zu unterscheiden. Das Fühlen gehört in der Jungschen Typologie zu den vier Grundfunktionen. Es ist eine wertende Funktion, die unterscheidet (zum Beispiel zwischen Gut und Böse, Recht und Unrecht). Es ist eine rationale Funktion, die nicht mit Gefühlen verwechselt werden darf. Fühlen ist von keinen spürbaren körperlichen Manifestationen begleitet, während eine Emotion immer einen veränderten physiologischen Zustand bewirkt. In der Tat ist die körperliche Veränderung sozusagen das Charakteristische an der Emotion.

Um auf die James-Lange-Theorie zurückzukommen: Sie besagt, daß wir nur dann wirklich emotional reagieren, wenn wir uns der Veränderungen des körperlichen Zustands bewußt werden, mit andern Worten, wenn der Körper «spricht». Überholen wir beim Autofahren den Wagen vor uns an einer übersichtlichen Stelle, fahren wir gelassen und emotionslos. Kommt uns dann plötzlich ein anderes Auto entgegen, ist unsere erste Reaktion entweder zu beschleunigen, um zu überholen, oder zu bremsen, um das Überholmanöver abzubrechen. Erst wenn wir in Sicherheit sind – erst dann –, wird uns warm, das Herz schlägt bis zum Hals, wir fühlen uns schwach, und es wird uns schwindlig. In dem Moment, in dem wir die körperliche Veränderung spüren, wird uns unsere gefährliche Situation bewußt, wir merken, daß wir eine Riesenangst, aber auch eine Wut auf uns selbst hatten.

Diesem Phänomen begegnen wir in allen möglichen Situationen, in denen wir emotional reagieren. Zu den häufigen Emotionen, die solche Veränderungen bewirken, gehören unter anderem Angst, Panik, Zorn und mit Wut vermischte Eifersucht. Auch ein Schock kann dieselbe Störung bewirken.

Sind wir zornig, spüren wir, wie uns das Blut in den Kopf steigt, wie sich das Gesicht rötet und der Körper anschwillt. Wir atmen schwer, unsere Stimme wird lauter und schrill. An diesen Veränderungen erkennen wir, daß wir zornig, wirklich zornig sind. Schauen Sie sich eine Katze an. Im tiefsten Schlaf spürt sie plötzlich, daß etwas nicht in Ordnung ist. Vielleicht hört sie ein Geräusch oder sie nimmt einen ungewöhnlichen Geruch wahr, und schon erwacht sie und ist voll da. Vielleicht hat eine andere Katze ihr Territorium betreten. Ihr Fell sträubt sich, ihr Schwanz wird buschig, sie schwillt an und steht stockstill. Erst nachdem die körperlichen Veränderungen eingetreten sind, beginnt sie zu fauchen. Ein Mensch weiß zwar vor Beginn der physiologischen Veränderungen, daß er im Begriff ist, wütend zu werden. Er ist jedoch erst wirklich zornig, wenn sich das unangenehme Gefühl bemerkbar macht. An diesem Punkt verfängt er sich im eigenen Zorn, wird davon besessen. Jung[43] sagte: «Zuerst weiß man nur, daß man wütend werden wird, aber wenn das Blut zum Kopf steigt, wird man zum Sklaven des eigenen Ärgers, der Körper wird in Mitleidenschaft gezogen, und weil man sich bewußt wird, daß man sich aufregt, ärgert man sich doppelt so stark, als notwendig wäre.»

Emotionen können äußerst ansteckend wirken. Der emotionale Ausbruch eines oder mehrerer Individuen kann andere infizieren, und schon breitet sich der Aufruhr wie ein Lauffeuer aus. In einer Menschenmenge, die aus irgendeinem Grund emotional erregt ist, sei es aus Angst, Panik oder vielleicht auch aus Freude, wird man, ohne es zu wollen, vom emotionalen Sturm mitgerissen. Das ist eine der Hauptursachen der Gewalttaten während einer Rebellion, eines Streiks oder bei einem Fußballspiel. Bei einem Gefühl ist das anders, dieses hat man unter Kontrolle, und es bleibt alles ruhig.

Wird aber in einer potentiell gefährlichen Situation ruhig darüber gesprochen, kann ein emotionaler Ausbruch vermieden werden, weil alle einen kühlen Kopf bewahren. Eine ruhige Diskussion über Recht und Unrecht führt zu keiner Feuersbrunst.

Ich habe Jungs Aussage erwähnt, daß das Fühlen als psychische Funktion keine Emotionen weckt. Ein Mensch mit einer differenzierten Fühlfunktion hat deshalb eine abkühlende Wirkung, während der emotionale Mensch die Gemüter erhitzt. Die Emotion greift auf andere über, verursacht eine Störung im sympathischen Nervensystem – man fühlt «Sympathie» –, und schon zeigen sich dieselben Anzeichen auch in andern Menschen.

Jemand, der bei den Reden Adolf Hitlers vor dem Zweiten Weltkrieg anwesend war, erzählte mir, wie es Hitler gelang, die Gemüter zu erhitzen: Wenn er das Stadion betrat, war er immer blaß und nervös. Anfangs sprach er ganz ruhig, aber nach und nach spürte er intuitiv die Stimmung seiner Zuhörer. Er begann sich zu ereifern, wurde immer selbstsicherer und sprach schließlich mit großer Leidenschaft. Seine emotionale Erregung wurde immer deutlicher, er fing Feuer, und am Ende entbrannte das ganze Stadion. Nur wenige konnten damals der überzeugenden Emotionalität des Demagogen widerstehen.

Wird ein Gefühl sehr stark, wandelt es sich an einem gewissen Punkt unweigerlich zu einer Emotion. Wir sitzen zum Beispiel ruhig da und lesen, genießen Musik oder das Nichtstun. Plötzlich drängt sich ein Gefühl in unsere Ruhe. Anfangs schieben wir es beiseite, doch wird es immer stärker, und schon spüren wir, daß wir zornig sind. Vielleicht ärgern wir uns über ein Wort, das wir in einem Buch oder in der Zeitung lesen, über einen Klang oder einen Gedanken, der scheinbar aus dem Nichts auftaucht. Wir erinnern uns vielleicht an eine abschätzige Behandlung oder einen Verlust. Eine solche, scheinbar unmotivierte Reaktion hat einen Grund, der aber unbewußt ist. Ein entsprechend getönter Komplex ist berührt worden, und schon sind wir wütend. Das hängt mit der Autonomie der Komplexe zusammen und den starken Emotionen, die darin gebunden sind. Jung[44] schreibt dazu:

> «Was ist nun, wissenschaftlich gesprochen, ein ‹gefühlsbetonter Komplex›? Er ist das *Bild* einer bestimmten psychischen Situation, die lebhaft emotional betont ist und sich zudem als inkompatibel mit der habituellen Bewußtseinslage oder -einstellung erweist. Dieses Bild … hat seine eigene Ganzheit und verfügt zudem über einen relativ hohen Grad von *Autonomie* …»

Wird Zorn über einige Zeit hinweg nicht ausgedrückt, wie es oft in Ehen, Liebesbeziehungen oder innerhalb von Familien geschieht, wird er entweder unterdrückt oder verdrängt und kann so nicht mehr wahrgenommen werden. Anstelle der nicht wahrgenommenen oder unannehmbaren Emotion spürt man oft ein Unbehagen, gewöhnlich eine Mischung von Angst und Schuld. Dieses Unbehagen zeigt uns, daß etwas nicht stimmt. Wird es chronisch, entwickelt es sich zur Melancholie oder zu einer Depression. Dann hat man immer das Gefühl, falsch gehandelt oder versagt zu haben. Von der Emotion Zorn, die nie bewußt erkannt oder ausgedrückt wurde, bleibt nur ein Schamgefühl. Ein weiteres «Ventil» für verdrängten Zorn ist die Projektion. Bemerken wir, daß wir zornig sind, vermuten wir gewöhnlich, jemand habe uns absichtlich geärgert, weil wir die Ursache primär nicht bei uns suchen, sondern auf andere projizieren.

Von allen Körperorganen ist die Haut der offensichtlichste Spiegel der unausgedrückten, unbewußten Wut. Am Entwicklungsmuster von Hautkrankheiten kann man innerpsychische Prozesse ablesen. Bei atopischen Ekzemen, zum Beispiel, widerspiegeln die Röte und die Trockenheit der Haut sowie die Narbenbildungen dieser Krankheit den «trockenen Zorn», der bei Menschen mit einem Mutterkomplex durch die Ablehnung entsteht.

Die depressive Frau mit der roten Nase

Eine Patientin kam zu mir, weil sie seit über zwanzig Jahren an einer schweren chronischen Depression litt. Sie beklagte sich, daß sie «ständig deprimiert sei». Zudem hatte sie auch ein physisches Problem, ihre Nase war einer Akne wegen ständig gerötet. Sie sah wie eine Alkoholikerin aus, obgleich sie nicht trank.

Ans Licht kam, daß ihre Ehe, aus der vier offenbar recht gelungene Kinder stammten, an sich nicht befriedigend war. Der Ehemann schien die Kinder zu vergöttern, und die Frau war eifersüchtig auf sie. Sie war sich ihrer Eifersucht bewußt, konnte sie aber nicht loswerden, wie sehr sie sich auch bemühte. Während der Analyse kam eine ungewöhnliche Tatsache zum Vorschein: Der Mann hatte ihr anscheinend während ihrer ganzen Ehe nie etwas geschenkt außer dem obligaten Verlobungsring. Diese Frau, die Mutter seiner Kinder und seine Ehepartnerin, die für sein Wohlbefinden sorgte, hatte nie eine Blume, ein Bonbon oder eine Geburtstagskarte erhalten, während die vergötterten Kinder vom Vater reich beschenkt wurden und jeden Geburtstag mit einem luxuriösen Fest feierten.

Die Frau erkannte anfangs nicht, daß sie von einem riesigen und ständig wachsenden Zorn innerlich zerfressen wurde. Sie war sich nicht bewußt, daß das eigentliche Problem ihr Zorn auf den gefühllosen, brutalen Ehemann war. Sie erinnerte sich, daß sie zu der Zeit, als die entstellende Krankheit vor etwa zwanzig Jahren begann, jeden Tag irgendwann einmal deprimiert war.

Die Nase ist das Organ, mit dem alle Tiere ihre Feinde riechen, mit dem sie Paarungsmöglichkeiten, Nahrung und Gefahren irgendwelcher Art aufspüren. Die Menschen haben diese Fähigkeit zum großen Teil verloren. In Träumen jedoch und in der Sprache des Unbewußten ist die Nase ein Symbol der Intuitionsfunktion. Die Frau war ein introvertierter Empfindungstyp mit Intuition als minderwertiger Funktion. Die rote Nase vermittelte eine symbolische Botschaft, sie war wie eine Signallampe – ein Fingerzeig ihrer Intuition (ihrer unbewußten Wahrnehmung), um auf den großen inneren Zorn aufmerksam zu machen. Mit der nötigen Unterstützung wurde sie sich der wahren Einstellung ihres Mannes ihr gegenüber, seiner mangelnden Sympathie und seiner fehlenden menschlichen Gefühle bewußt. Nun vermochte sie den gerechtfertigten, instinktiven Zorn zu erkennen und zu integrieren. Innerhalb weniger Monate erholte sie sich vollständig und hatte keine weiteren Depressionen mehr.

Über die Messbarkeit von Emotionen

Anhaltender, unerkannter Zorn führt nach gewisser Zeit nicht nur zu Depressionen, sondern auch zu permanenten körperlichen Veränderungen. Die ersten somatischen Anzeichen zeigen sich oft in der Haut, ungelöster Ärger wirkt sich aber auch auf andere Organe aus, unter anderem auf den Bewegungsapparat und das Blutsystem. Werden innere Organe davon betroffen, ist das ein Zeichen dafür, daß das unbewußte Problem sich in tiefere psychische Schichten vergräbt und dem Bewußtsein noch weniger zugänglich ist. Möglicherweise bewirken alle mentalen Prozesse leichte physiologische Störungen, die jedoch so kurzlebig sind, daß wir zur Zeit noch keine verfügbaren Mittel haben, sie nachzuweisen.

Es gibt eine wissenschaftliche und sehr empfindliche Methode, Emotionen beziehungsweise deren physische Komponenten mit Hilfe des *psychogalvanischen Reflexes* zu messen. Jung hatte zu Beginn dieses Jahrhunderts, während seiner Zeit als Psychiater in der Psychiatrischen Klinik Burghölzli in Zürich, eine eigene Methode entwickelt, die der Darstellung unbewußter Komplexe diente.[45] Sie stützt sich auf die Tatsache, daß der elektrische Widerstand der Haut sich unter dem Einfluß von Emotionen verringert.

Von viel größerer Bedeutung wurde aber für Jung der *Wortassoziationstest,* ein höchst wertvolles Instrument in den Fällen, in denen psychische Dissoziation das entscheidende Problem ist. Dabei wird folgendermaßen vorgegangen: Während des Tests werden dem Patienten bestimmte Wörter zugerufen, auf die er mit dem ersten Wort, das ihm in den Sinn kommt, antworten muß. Die Zeit, die verstreicht, bis er auf das vorgegebene Wort antwortet, wird mit einer Stoppuhr gemessen. Das Resultat sind Wortpaare, verbunden mit einer Zeitangabe.

Der psychogalvanische Test, in dem die Haut eine entscheidende Rolle als Vermittlerin psychischer Botschaften spielt, wurde von Jung dazu verwendet, die Ergebnisse seiner Wortassoziationsstudien zu überprüfen. Dabei entdeckte er, daß bei gewissen, mit einem emotionalen Komplex verbundenen Wörtern vom Galvanometer eine Veränderung angezeigt wurde, während bei unbedeutenden Wörtern das Galvanometer keine Reaktion zeigte. Jung untersuchte die physischen und psychischen Reaktionsstörungen und wies die somatischen Reaktionen emotionaler Vorgänge nach. Der Assoziationstest wurde zu einer wertvollen Methode zur Erforschung der tieferen Wurzeln von Neurosen und Psychosen. Es war dieser Test, der Jung das Vorhandensein der Komplexe bestätigte.

Auf die galvanometrischen Messungen verzichtete Jung bald. Das *Assoziationsexperiment,* die von Jung entwickelte Form des Wortassoziationstests, findet dagegen heute noch in der Analytischen Psychologie Verwendung.

Ich möchte die große Bedeutung des Assoziationsexperimentes anhand eines Beispiels von verdrängtem Zorn illustrieren.[46]

Die Frau mit dem untreuen Ehemann

Eine Frau in mittleren Jahren kam zu mir. Sie hatte eine kahle Stelle oben auf dem Kopf, die feuerrot, glatt und glänzend war und wie die Tonsur eines Mönchs aussah. Um sie zu verbergen, trug die Frau eine Perücke. Sie litt seit siebenundzwanzig Jahren an dieser Krankheit, die begann, als sie zwanzig Jahre alt war. Die Diagnose lautete «chronischer Lupus erythematodes», eine ernste Hautkrankheit, die durch eine Störung im Kollagengewebe verursacht wird.

Eines Tages brachte sie mir einen Traum, der sie zutiefst erschreckt hatte:

Ihr Hausarzt stieß ihr, um die Temperatur zu messen, ein Quecksilberthermometer in den Rachen, so daß sie zu ersticken drohte.

In Panik wachte sie auf und stellte fest, daß ihr Mund voll Blut war. Ihr Hausarzt – von dem sie viel hielt – hätte ihr nie absichtlich weh getan. Sie erzählte, sie habe gedacht, er wolle ihre Temperatur messen, und sei sich keiner Mordabsicht bewußt gewesen. Es war mir ein Rätsel, warum das Unbewußte den Arzt in einem solchen Licht zeigte. Die Tatsache, daß sie von einer Mundverletzung träumte und beim Erwachen wirklich Blut im Mund hatte, weist auf ein synchronistisches Ereignis hin.[47] Ich begann mich zu fragen, ob das Unbewußte uns aufforderte, die Krankheit auf andere Weise anzugehen. Da entschloß ich mich, die psychische Situation der Patientin zu untersuchen.

Bis zu dieser Zeit hatte ich nicht bewußt an einen psychischen Hintergrund somatischer Bindegewebsleiden gedacht. Seit dem Traum jener Patientin änderte ich meine Einstellung, ich achte nun genau auf die Psyche meiner Patienten. Erst wenn ihr psychischer Zustand sich ändert, besteht Hoffnung auf dauernde Heilung.

Da die Patientin nur wenig träumte, beschloß ich, mit ihr das Assoziationsexperiment zu machen. Sie war einverstanden mit meinem Vorschlag. Im Test strauchelte sie beim Stimuluswort «Ehe» und konnte sich bei Wiederholung des Tests nicht an das Straucheln erinnern. Die Resultate waren hochinteressant und kamen völlig unerwartet, weil die Patientin mir gesagt hatte, ihre Ehe sei ideal. Der Assoziationstest stieß genau zum Kern ihres emotionalen Problems vor, das, wie sich herausstellte, seit fast dreißig Jahren mit der Kahlheit koexistierte. Das Eheproblem war ein Geheimnis und nur ihr selbst bekannt. Ein solches Geheimnis im Leben führt zur Isolation und gefährdet den menschlichen Kontakt. Auf seltsame Weise spiegelte die Haarlosigkeit, verhüllt durch das «Transformations»-Haarteil, die innere Situation.

Die Geschichte, die sich innerhalb mehrerer Monate nach dem Wortassoziationstest entfaltete, zeigte, daß die Frau mit zwanzig geheiratet hatte und während der Flitterwochen mit ihrem einzigen Kind schwanger geworden war. In den Flitterwochen entdeckte sie auch, daß ihr Mann ihr vor der Heirat und sogar in den ersten Tagen der Flitterwochen untreu gewesen war. Dies bereitete ihr großen Kummer, und sie verfiel in eine Depression, die beinahe die ganze Schwangerschaft über andauerte. Nach dieser bitteren Erkenntnis bemerkte sie die sich ausbreitende kahle Stelle oben auf dem Kopf. Sie erklärte, sie hätte normalerweise ihren Mann verlassen, habe es jedoch ihres ungeborenen Kindes wegen nicht getan. So blieb sie bei ihm. Ihr Mann beschloß nun offenbar, das betreffende Verhältnis, das schon seit der Zeit vor der Hochzeit bestand, abzubrechen. Dennoch kam es im Laufe der Ehe immer wieder zu neuen Seitensprüngen. Gefragt, weshalb sie aus dieser Situation nicht ausbreche, sagte sie immer nur: «Ich bleibe eben.»

Sie hatte für den Haushalt gesorgt, das Kind aufgezogen, sich selbst einen guten Job besorgt und so weitergemacht, als sei die Ehe in Ordnung. In gewisser Hinsicht sei die Ehe ja auch «ideal»; das hatte sie sich eingeredet, und daran glaubte sie. Sie hatte das Problem verdrängt und zugelassen, daß eine vollständige Dissoziation des Zorns über die Untreue ihres Mannes erfolgte. Dieser Komplex führte somit eine unabhängige Existenz, ein eindrückliches Eigenleben. Auch hatte sie nie mit jemandem über dieses Problem gesprochen. In den drei Jahrzehnten ihrer Ehe hatte ihr der Mut gefehlt, etwas dagegen zu unternehmen, und der mörderische Zorn verwandelte sich in eine chronische, aufrührerische Depression. Später wurde es offensichtlich, daß die Verschlimmerung ihrer Krankheit jedesmal mit einem neuen Seitensprung ihres Mannes zusammenfiel.

Als sie das erste Mal erfuhr, daß ihr Mann während der Flitterwochen eine sexuelle Beziehung zu einer andern Frau gehabt hatte, war ihre erste Reaktion Angst um ihrer selbst und ihres Kindes willen. Dann wurde sie von einer gewaltigen und überwältigenden Wut ergriffen, die ihr Mann jedoch nicht tolerierte. Sie war schwanger und ohne finanzielle Mittel und fühlte sich hilflos und frustriert. Der Zorn hätte auf irgendeine Weise ausgedrückt werden müssen, entweder durch eine Tat oder wenigstens auf verbale Weise. Statt dessen blieb er viele Jahre hinweg unausgedrückt. Er verschwand jedoch nicht. Der heftige, unsichtbare Zorn loderte wie ein wütender Vulkan in den Tiefen des Unbewußten, und die zu seiner fortwährenden Unterdrückung erforderliche Energie war enorm. Jeder neuen Untreue ihres Mannes, von der sie erfuhr, folgte eine Depression, die ihren Zorn maskierte.

Zusammen verfolgten wir den Ablauf ihrer Depression und entdeckten das Muster, mit dessen Hilfe sie die Beziehung zwischen den äußeren Ereignissen und ihrem inneren psychischen Zustand verstehen lernte.[48] Doch ohne daß sie oder jemand anders davon wußte, hatte der Zorn eine eiternde Wunde oben auf dem Kopf verursacht, die nicht heilen wollte. So verbrachte sie beinahe dreißig Jahre ihres Lebens, bis ihr eines Nachts ein wunderbarer Traum die Erlösung brachte.

Den Animus nimmt man in Träumen wahr, man begegnet ihm auch in Form von Projektionen in der äußeren Realität. In den Träumen dieser Frau erschien er als herrische Autoritätsfigur – Kapitän, Kerkermeister und Sklaventreiber. Er hatte sie zunächst in eine Ehe geführt, in der sie so lange gefangen war. Sie war noch immer eine Gefangene, als er ihr in ihrem Initialtraum als Arzt begegnete, der sie mit scheinbar guten Absichten zu töten versuchte. Das war der todbringende Animus. Als ihr innerer Führer und Psychopompos führte er sie jedoch zur Analyse ihrer psychischen Situation. Offenbar hatte sie den Tief- und Wendepunkt ihres Lebens erreicht. Sie war sich ihrer inneren männlichen Natur nicht bewußt, bis diese in Träumen erschien und ihr erklärt wurde.

Wenn ich ihr zu Beginn der Analyse Fragen zu ihrer Ehe stellte, dann war es der Animus, der durch ihren Mund sprach: «Ich muß ausharren», «Ich muß das Wesen meines Mannes akzeptieren» (samt seinen Lastern), «Ich muß meine Pflichten als Gattin erfüllen». Es war, als ginge sie geistig in die Knie, als nähme sie eine Demutshaltung ein. Sie schien von ihrem Mann hypnotisiert wie das Kaninchen von der Schlange. Bei näherer Betrachtung ergab sich ein anderes Bild. Zwar hatte sie zweifellos Angst vor ihrem Mann und verabscheute seine Untreue, doch der eigentliche Angstgegner steckte in ihr selbst. Ihr christliches Bewußtsein erlaubte ihr nicht, wahrzunehmen, wie destruktiv und schrecklich sich die «Animusgedanken» auf sie auswirkten und auch die Flammen des wütenden Zorns, die immerfort in ihrer unbewußten Psyche brannten, eines Zorns, der bei jeder Berührung des Komplexes erregt wurde. Die unannehmbaren Gedanken wurden auf die Seite geschoben, verschwanden jedoch nicht und bildeten den Kern eines «Untreuekomplexes», wie man es nennen könnte, der zum Verursacher einer dunklen Depressionsphase wurde. Langsam gingen ihr die Augen darüber auf, wie die negativen Gedanken, die sie auf so grausame Weise tyrannisierten, durch die offene Tür ihrer inferioren und daher schlecht entwickelten Denkfunktion aus dem Unbewußten ins Bewußtsein hereinschlüpften.

Trotz ungeheurer Schwierigkeiten gelang es ihr schließlich, das Wesen ihrer unbewußten männlichen Seite, des Animus, wahrzunehmen und auch gewisse Aspekte von ihm in ihrem Mann zu erkennen. Nun lastete die Depression nicht mehr so sehr auf ihr. Und die Krankheit kam zum Stillstand. Die kahle Stelle blieb allerdings bestehen, da die Haarwurzeln von der Krankheit zerstört worden waren. Allmählich lernte die Frau, sich mit dem äußeren Problem – dem Wesen ihres Mannes – auseinanderzusetzen.

Indem sie sich der Tyrannei des Animus unterwarf, hatte die Patientin gegen ihre instinktive weibliche Natur gehandelt und sich selber ebenso herabsetzend und grob behandelt, wie es ihr Mann in der äußeren Realität jahrelang getan hatte. Das Unbewußte hatte auf die einzig mögliche Weise über die Jahre auf eine spirituelle Wandlung und eine dringend nötige Einstellungsänderung gedrängt.

Durch den Körper wurde ihr ein Bild ihrer psychischen Situation vermittelt. Die Kahlheit wurde zum perfekten Spiegel des notwendigen psychischen Wandels. Interessanterweise kaufte sich die Frau, um die «Schande» der haarlosen Stelle zu verdecken, ein Haarteil, das sie «Transformation» nannte. Die Wandlung, die wirklich notwendig war, war anderer Art – die Frau mußte sich dem Selbst weihen, dem Archetyp der Ganzheit. Der dissoziierte Zorn mußte anerkannt, akzeptiert und integriert werden. Außerdem mußte sie handeln und zu ihrem weiblichen Selbst stehen. Sie war die verschmähte Frau, und was sie fühlte, war ihr gerechtfertigter Zorn. Dies ist ein Beispiel dafür, wie das Unbewußte denkt.

Ich möchte das Ausgeführte so zusammenfassen: Diese nette, arbeitsame Frau, die ihrem Kind eine gute Mutter war, hatte niemals ihre tiefgreifende Wut gegenüber ihrem Mann geäußert. Ihr Animus hatte sie terrorisiert und dazu gebracht, die brutale Art ihres Ehemannes zu akzeptieren. Ihr fehlte der Mut; man könnte sie sogar als einen elenden Feigling bezeichnen. Ein monumentales Verbrechen war gegen ihr weibliches Sein verübt worden, und sie hatte es zugelassen. Der unausgedrückte Zorn war deshalb eine Todsünde. Damit sie sehen und verstehen konnte, welchen Schaden sie ihrer Person und ihrem spirituellen Sein hatte zufügen lassen, begann sich die destruktive Natur des Leidens in ihrem Körper, auf der Haut, zu äußern.

Es war kein kreatives Feuer, das in ihrer Psyche brannte, sondern eine verschlingende, zerstörerische Wut. Die christliche Frau war eine Sünderin, und die Sünde war tödlich für ihre Seele.

Die physischen Aspekte des Zorns

Zorn manifestiert sich physisch als deutliche körperliche Störung. Wenn wir zornig werden, merken wir, wie sich unsere Kiefer verkrampfen und wir die Zähne zusammenbeißen oder mit den Zähnen knirschen. Der Hals wird kürzer, da wir die Schultern heben und der Kopf in ihnen zu versinken scheint. Der Rücken wölbt sich im oberen Teil, und die Muskeln des Brustkorbes verkrampfen sich, was den Atemfluß stört. Wir halten das Kreuz steif und nehmen kurze, schnelle Schritte, was dem Gang etwas Künstliches gibt. Weitere Anzeichen dieser Emotion sind ein rhythmisches Öffnen und Schließen der Fäuste sowie angewinkelte Ellbogen. Sehr oft stemmen wir die Arme in die Seiten, um den Körper zu beschützen.

Der körperliche Ausdruck stimmt nicht mit dem eigentlichen Ziel der Aggression und der Feindseligkeit des Affektes überein: Der körperliche Ausdruck gibt den Anschein einer beschützenden Haltung gegen einen unbekannten äußeren «Feind», während der wirkliche Feind normalerweise im Innern lebt. Wird eine Zornreaktion oder ein Zustand des Zorns ausgedrückt und abreagiert, sei es verbal oder durch eine aggressive Handlung, kehrt der Körper mit der Zeit in seinen früheren, normalen Zustand zurück. Sind wir uns jedoch, wie dies oft der Fall ist, der Wut nicht bewußt, kann die veränderte körperliche Haltung zur Gewohnheit werden.

In früheren Zeiten war der Glaube verbreitet, daß sich der Atem im Herzen wie auch in den Lungen findet. Ein solcher Glaube ist verständlich, wenn man bedenkt, wie eng die Bronchien und die Lungen das Herz und die Gefäße umschließen. Dies und die Tatsache, daß die linke Seite des Herzens nach dem Tod immer leer vorgefunden wurde, untermauerte die Theorie. Francis Darwin schreibt in seinem lesenswerten, 1904 veröffentlichten Buch *The Expression of Emotion in Man and Animals*, daß «jede plötzliche Emotion die Funktion des Herzens beschleunigt und damit auch die Atmung».

Ich erwähne dies wegen des sprachlichen Zusammenhangs zwischen Atem und Emotion. Wir sagen, daß wir «vor Schrekken den Atem anhalten», «gelangweilt gähnen», «vor Trauer schluchzen», «vor Lachen fast ersticken». Bei starkem Weinen atmen wir immer tief ein und langsam aus, vor allem bei langen, verzweifelten Schreien. Das Schluchzen eines Kindes besteht aus einer Reihe kurzer, krampfartiger Einatmungen. Sein Körper zittert und wird geschüttelt, während es um Luft ringt. In all diesen Fällen – bei Trauer, Erschöpfung oder Leid – ist immer ein mehr oder weniger grosser Anteil an Zorn im Spiel. Wenn ein Kind schluchzt, ist es immer aus Zorn. «Aber das Kind ist erregt», entgegnen Sie vielleicht, doch erregt sein heißt zornig sein. Das sollten wir als Erwachsene nicht vergessen.

Das tobende innere Kind

Eine meiner Analysandinnen, eine anscheinend heitere Frau mittleren Alters, hatte große Probleme in ihrem Leben. Sie konnte zu niemandem «nein» sagen. Immer nahm sie die schwersten Lasten anderer Menschen auf sich. Sie beklagte sich nicht, sie «tat immer ihre Pflicht». Nie hätte sie zugegeben, daß viele ihrer inneren Beschwerden, vor allem ihre Magen- und Darmprobleme, eine Folge ihres unterdrückten Zorns waren.

Eines Nachts hatte sie einen besonders lebhaften Traum, in dem sie sich in einem Kinderzimmer befand. Sie sah das Bild klar vor sich:

Es war ein helles Zimmer, in dessen Mitte ein weiß gestrichenes Kinderbett stand. Im Bett stand ein kleines, etwa drei- oder vierjähriges Mädchen, das sich in blinder Wut am Bettgestell festklammerte. Sein Gesicht war tiefrot, die Augen glänzten vor Tränen, und sein Körper wurde von Schluchzern geschüttelt. Das Kind hatte ein Federkissen zerrissen, und Tausende von Gänsefedern flogen in der Luft herum.

Als die Analysandin aufwachte, war sie dem Ersticken nahe und konnte kaum atmen. Es war ihr, als ob Mund, Nase und Augen durch die Federn verstopft wären. Beim Erwachen erkannte sie, daß die mit Tränen gefüllten Augen ihr gehörten.

In den Augen des Kindes erkannte sie also sich selbst: ein kleines, tobendes Inferno der Wut. Das wütende Kind lebte noch immer in der Psyche dieser Frau, für die es aber unannehmbar war. Es wurde verdrängt, und somit war sie sich ihrer seelischen Qual nicht bewußt.

Die Feder galt in der ägyptischen Mythologie als Symbol der Wahrheit. Im ägyptischen Totenbuch darf das Herz des Verstorbenen beim «Wiegen des Totenherzens» nicht schwerer sein als eine Feder. Der Tote tritt in die Gerichtshalle, in der Osiris und seine zweiundvierzig Gutachter sitzen. Vor Osiris steht eine Waage, in einer Schale liegt die Feder der Wahrheit und in der andern das Herz des Toten. Der Gott Thoth steht daneben und vermerkt das Ergebnis. Der Tote steht vor Osiris, um seine Beichte abzulegen, die später niedergeschrieben wird.[49] Dann wartet er, während sein Herz zusammen mit der Feder der Wahrheit gewogen wird. Ist die Feder schwerer als das Herz oder bewegt sich die Waage nicht, hat der Mann die Wahrheit gesagt. Ist das Herz jedoch mit Schuld belastet und schwerer als die Feder, wird der Verstorbene für schuldig erklärt.

Man könnte sagen, daß die Frau an der Wahrheit zu ersticken drohte, einer Wahrheit, die einen gewissen Unterweltscharakter hatte, denn sie enthielt etwas Dunkles und Verborgenes. Ihre Erwachsenenpersönlichkeit, die im ruhigen Verhalten zum Ausdruck kam, war eine pflichtbewußte, selbstlose Frau, die die Bedürfnisse anderer vor die eigenen stellte. Der Traum der Frau zeigte mir aber, daß sich in ihrem Innern ein kleines, leidendes Mädchen befand, das in einem intensiven Zorn, ja in einer mörderischen Wut gefangen war.

Solche Verdrängungen haben ihren Grund. Als Kind mußte sich die Frau an eine schwierige Familie anpassen und den Launen ihrer Eltern gehorchen. Es war ihr nicht erlaubt, sich frei auszudrücken, und das wütende innere Kind blieb bis ins Erwachsenenalter in ihr eingesperrt. Sie mußte langsam und auf schmerzliche Weise lernen, sich selbst zu lieben, doch zuerst mußte sie einsehen, daß sie ihre eigenen Wünsche wie ein gehorsames, aber zorniges Kind vernachlässigt hatte. Als ihr dies gelang, fand sie ihre verlorene Kreativität wieder, und ihre Magen-Darm-Beschwerden verschwanden. Viele Magenbeschwerden und Probleme mit dem Zwölffingerdarm und dem Dickdarm sind auf unterdrückten Zorn zurückzuführen, der sich über viele Jahre hinweg angestaut hat.

Die negative Emotion, die das Herz der Träumerin schwer machte, mußte befreit und ins Bewußtsein gebracht werden. Erst dann war ihr, wie sie mir sagte, zum ersten Mal «leicht ums Herz». Die Sünde, die sie gegen das Selbst begangen hatte, war gesühnt, als sie sich des wütenden Kindes nicht nur bewußt wurde, sondern es auch annehmen konnte.

Der Gesichtsausdruck des Zornigen: Der wütende Professor

Im Zorn wechselt das Gesicht die Farbe, meist läuft es rot an. Die Augen funkeln, die Augenbrauen ziehen sich zusammen, die Stimme wird laut, hart, schrill oder unharmonisch. Man möchte am liebsten «zuschlagen», entweder körperlich oder mit Worten. Die feindselige Geste der geballten Faust ist weltweit bekannt. Schimpfwörter oder obszöne Ausdrücke weisen alle auf Wut oder eine feindselige Haltung hin. Horaz schrieb vom Zorn: «Ira furor brevis est», was man etwa mit «Zorn ist ein kurzer Anfall von Wahnsinn» übersetzen kann.[50]

Vor vielen Jahren, als ich eine junge Ärztin war, sprach ich im Spital, in dem ich arbeitete, bei einem Medizinprofessor vor. Ich hatte vergessen, ein Formular auszufüllen, und realisierte nicht, wie wichtig es war. Da ich offensichtlich im Unrecht war, entschuldigte ich mich höflich. Der Professor schaute von seiner Arbeit auf und schien zuerst ganz normal. Als ich jedoch zu sprechen begann, röteten sich sein Gesicht und seine Augen zusehends, seine Stimme wurde lauter und nahm einen eigenartig qualvollen Ton an, der sich in eine Art Geheul verwandelte. Er schwoll vor meinen Augen förmlich auf und brüllte mich an, als hätte ich das fürchterlichste Verbrechen begangen. Ich war absolut sprachlos über diesen Ausdruck extremen Zorns. Gleichzeitig war ich neugierig, wie es wohl weitergehen würde. Mein differenziertes Fühlen verhinderte, daß ich einer Besessenheit zum Opfer fiel. Weiß Gott, was dann geschehen wäre! Der Professor hätte mich vielleicht geschlagen. Ich hatte den deutlichen Eindruck, daß er ganz einfach explodiert wäre und entweder losgeschlagen hätte oder zu Boden gefallen wäre. Nie zuvor war ich Zeuge eines solchen Wutausbruchs gewesen, und ich habe seither auch nichts Derartiges mehr erlebt. Offensichtlich hatte ich aus mir unbekannten Gründen in ihm eine negative Emotion erregt, vielleicht einen unbewußten Komplex berührt. Sobald er sein schneller schlagendes Herz spürte, bemerkte er wahrscheinlich, daß er sich ärgerte, und hatte einen Wutanfall.

Nach jenem Vorfall ging ich ihm wenn immer möglich aus dem Weg.

Dieses Erlebnis war mir eine große Lehre. Man kann nie von vornherein wissen, wann jemand das Opfer einer Besessenheit wird.

Ein weniger alarmierendes, aber ähnliches Ereignis fand während einer medizinischen Konferenz statt. Dem Redner, einem äußerst angesehenen Arzt, stellte ein fachlich ebenbürtiger Landsmann eine Frage zu einem Punkt, über den ihre Meinungen auseinandergingen. Die Frage kam unerwartet und brachte den Redner einen Moment aus dem Konzept. Er wurde blaß, zögerte einen Augenblick, faßte sich jedoch wieder und gab eine befriedigende Antwort. Alles wäre in Ordnung gewesen, hätte der Fragende nicht dieselbe Frage auf andere Weise wiederholt. Nun verfärbte sich das Gesicht des Vortragenden, seine gewölbte Stirne lief dunkelrot an, was durch die Bogenlampen im Raum noch verstärkt wurde. Dann schwoll sein Gesicht an, seine Wangen füllten sich und wurden riesengroß, während er den Atem anhielt. Es war eine rein animalische, unvergeßliche Reaktion. Er sah wie ein Präriehund aus, der seine Wangen aufbläst, um seinen Feinden Angst einzujagen. Die beiden Männer kannten sich offensichtlich und waren bittere Feinde. Jeder war der Schatten des andern und ein ideales Ziel für Projektionen.

Solche Reaktionen überdecken mehr oder weniger immer unbewußte Schattenprobleme, die die Ursache vieler Feindschaften sind. Schuld an solch intensiven Reaktionen ist gewöhnlich die unerkannte minderwertige Funktion der betroffenen Personen.

Vom Erstickungsanfall bis zum Reizkolon: Der Verdauungskanal als Symptomträger

In den erwähnten Fällen handelte es sich um sichtbare und momentane körperliche Veränderungen. Es gibt jedoch auch solche, die unsichtbar sind und die dem Beobachter oder dem Betroffenen nicht auffallen. Sind innere Organe betroffen – es können mehrere betroffen sein –, ergeben sich oft organische Veränderungen, die Symptome produzieren, welche nichts mit der Emotion des Zorns zu tun zu haben scheinen. Vor allem Beschwerden des Mundes, der Speiseröhre und des Magen-Darm-Traktes sind häufig das Resultat von emotionalen Erregungen, und der Zorn spielt eine nicht unbedeutende Rolle bei vielen Krankheiten dieser Organe: Aphthen auf der Zunge, Schwierigkeiten beim Schlucken, Halsentzündungen, Verdauungsbeschwerden, Übelkeit, Erbrechen und Durchfall, Blinddarm, Kolitis, Hämorrhoiden, Divertikulitis, Darmkrämpfe oder die heute weit verbreitete Modekrankheit Reizkolon. Sie alle haben eine emotionale Ursache, und der Affekt ist normalerweise Zorn, vom dumpf brütenden Ärger bis zur offenen Wut. Zur Illustration zwei Beispiele.

Der Mann mit Speiseröhrenkrampf

Ein Mann hatte schwere Krämpfe in der Speiseröhre. Sie traten zu allen möglichen Zeiten tagsüber und nachts auf und dauerten etwa eine Viertelstunde. Während der Anfälle litt er große Schmerzen und bekam fast keine Luft mehr. Nichts half dagegen, er mußte einfach ausharren, bis sich der Krampf löste. Untersuchungen ergaben kein organisches Leiden. Der Schmerz hatte einige Jahre vorher begonnen, als seine langjährige Ehefrau sich entschloß, zu ihren Eltern ins Ausland zu reisen. Ihr war sein leibliches Wohl schon immer weniger wichtig gewesen als das ihrer Eltern. Sie besuchte sie immer häufiger, vor allem, als sie älter wurden und sie mehr brauchten.

Schließlich begann sie den Wunsch zu äußern, für immer zu ihren Eltern zu ziehen. Bis dahin hatte der Mann ihr immer nachgegeben, doch dieser neue Entscheid war ein Greuel für ihn, denn er wollte nicht mit ihr ins Ausland fahren. Seine Speiseröhrenkrämpfe wurden immer gravierender. Schließlich suchte er den Arzt auf und erfuhr, daß sein Zustand eine Form von *Globus hystericus* war, bei dem sich durch das Verkrampfen des Speiseröhrenmuskels ein Knoten im Hals bildete. Das ist ein deutliches Bild: Er konnte das hochnäsige, rücksichtslose Verhalten seiner Frau nicht mehr «schlucken». Statt seine Wut hinunterzuschlucken, mußte er handeln, um zu überleben, und sein körperliches Symptom war der Fingerzeig.

Er war ein moralischer Feigling, weil er seine absolut gerechtfertigten Emotionen nicht auszudrücken wagte. Jedesmal verbannte er den Affekt, statt daß er ihn durchlitten und sich mit ihm befaßt hätte, und jedesmal trat dieser von neuem als somatische Reaktion in Form eines unerträglichen physischen Leidens auf.

Zornreaktionen werden gesellschaftlich verurteilt, sie erzeugen ein Schamgefühl, das den unakzeptablen Impuls blockiert. Koste es, was es wolle, die blütenweiße Persona, das gute Bild darf nicht getrübt werden.

Die Adoptivmutter

Noch ein Beispiel aus dem Magen-Darm-Bereich: Eine Frau litt während fünfundzwanzig Jahren an intensiven Schmerzen auf der rechten Seite des Unterleibs. Sie war von zahllosen Ärzten untersucht worden, doch eine gültige Diagnose wurde nie erreicht. Einige der Diagnosen klangen sehr plausibel, doch trotz andauernder Therapie litt sie weiterhin unter fürchterlichen Schmerzen.

Die Heilung wurde möglich, nachdem ich mich nach dem Zeitpunkt des ersten Auftretens der Schmerzen erkundigt hatte. Es kam folgende Geschichte zum Vorschein: Als sie und ihr Mann geheiratet hatten, versuchten sie vergeblich, Kinder zu haben. Schließlich adoptierten sie einen Knaben, und für eine gewisse Zeit ging alles gut mit ihm. Die Schmerzen im Unterleib begannen, als sich der kleine Junge als schwierig herausstellte. Er war der Sohn einer unverheirateten Mutter, sonst wußte man wenig über seinen Hintergrund. Er entwickelte sich zu einem widerspenstigen Knaben, einem unbeherrschten Teenager, einem Jugendlichen, der sich kleiner Vergehen schuldig machte, und schließlich zu einem jungen Mann, der einen Mord verübte. Zur Zeit, als die Unterleibsschmerzen seiner Adoptivmutter so unerträglich wurden, verbüßte er eine lebenslängliche Gefängnisstrafe.

Die Frau weigerte sich, ihre innere, monumentale Wut auf ihre Lage und ihren Adoptivsohn anzuerkennen. Sie lebte eine verzweifelte Lüge, indem sie darauf bestand, daß ihr Sohn nur deshalb bösartig war, weil er nie eine richtige Chance im Leben gehabt hatte. Sie sah ganz einfach nicht ein, daß sie und ihr Ehemann dem Jüngling das bestmögliche Heim gegeben hatten. Statt sich selbst zu beschuldigen, mußte sie den wahren Charakter ihres Adoptivsohnes, der ein brutaler Mörder war, erkennen. Mit dieser Tatsache mußte sie sich voll und ganz auseinandersetzen und sie innerlich verkraften. Es dauerte geraume Zeit, bis sie endlich den Mut aufbrachte zuzugeben, daß sie sich nie mit ihrem eigenen körperlichen Leiden befaßt hatte und sich nie eingestanden hatte, daß sie für ihren Sohn keine Zuneigung empfand, sondern ihn haßte und fürchtete.

Das Magen-Darm-System ist wie die Haut eine Art Barometer, das emotionale Störungen anzeigt. Von der psychischen Seite her betrachtet, ist Zorn eine mentale Störung, ein Unbehagen, eine schmerzliche Niederlage. Er entsteht, wenn einem psychischer Schmerz oder Schaden zugefügt wird, und er wirkt wie ein Reflex.

Die Ursache des Zorns muß eliminiert werden; dies ist von höchster Bedeutung. Kennen wir die wahre Ursache nicht, lassen wir ihn an einer Person oder einem Gegenstand in Reichweite – einem Werkzeug, einem Buch oder einer Vase – aus. Die gestaute Energie muß einen Ausweg finden, sonst ist eine Explosion unvermeidlich. Da Zorn eine instinktive Reaktion darstellt, wird er nicht von der Vernunft gesteuert, obwohl wir ihn unter die Kontrolle der Vernunft bringen können. Geweckt wird er durch etwas, das sich uns widersetzt, das uns einen Strich durch die Rechnung macht, das wir ablehnen oder das uns weh tut. Nach dem Zorn kommt die Depression und dann die Erschöpfung.

Wie alle Leidenschaften, ist der Zorn unmäßig, überschreitet Grenzen und lehnt sich gegen das Gleichmaß auf. Wenn er sich wie der Wind verhält, erfüllt er eine brauchbare Funktion, wird er jedoch zum Wirbelwind, kann er ernsthaften Schaden anrichten.

Wotan – ein Archetyp

Wotan, auch Odin genannt, war der große Gott der germanischen Mythologie. Zur Zeit, als Tacitus seine Ethnographie über die Germanen verfaßte – im 2. Jahrhundert nach Christus –, wurde er bei den Germanen als wichtigster Gott verehrt. Ursprünglich war er der Anführer der verstorbenen Krieger. *Wudes* Heer bedeutet die Heerscharen Wotans, deren Führer auf Dialekt *Wode*, *Wude* oder *Wute* hieß. Der Name Wotan ist sehr interessant im Zusammenhang mit unserem Thema. Wotan wird mit dem Wortstamm *wod* in Verbindung gebracht, das im altteutonischen Wort *wodo* enthalten ist, was wütend oder rasend bedeutet. Das indogermanische Wort wa bedeutet blasen, was auf Wotan als Windgott oder Geist hindeutet, der mit dem Wehen des Windes und der Luftbewegung zu tun hat.

Die Verehrung, die diesem Gott zuteil wurde, nahm immer mehr zu, und dadurch erweiterte sich sein «Kompetenzbereich». Er war nicht mehr nur der nächtliche Gott, der Gott der Totenwelt, sondern auch der Gott, der Heldentum und Sieg verlieh und das Schicksal der Menschen bestimmte, und er wurde auch zum Gott der spirituellen Weisheit. Von den Römern wurde er, seiner schillernden Art wegen, mit Hermes-Mercurius in Beziehung gesetzt. Wednesday, die englische Bezeichnung für

Mittwoch, bedeutet «Wotanstag», während im Französischen derselbe Tag mercredi heißt, «Tag des Merkur». Wotan, der Wütende, ist auch der Weise, der den Menschen zum Wissen führt. Das ist wichtig zu wissen, wenn wir über die Funktion des Zornes nachdenken. Wotan, Gott der Raserei oder der stürmischen Wut, verkörpert den instinktiven, emotionalen Aspekt des Unbewußten. Doch gleichzeitig stellt er dessen intuitive und inspirierende Seite dar, denn man darf nicht vergessen, daß Wotan auch die Runen lesen und verstehen und das Schicksal erklären konnte.

In seinem Artikel «Wotan» interpretiert Jung[51], wie es dazu kam, daß die deutsche Nation vor dem Zweiten Weltkrieg von Wotan besessen wurde. Der Gott, der vom Christentum verdrängt worden war, komme wieder, «wenn der Christengott sich als zu schwach erweist, um die Christenheit aus brudermörderischem Gemetzel zu erretten»[52]. Nach Jung war Wotan ein «Ergreifer» der Menschen, der den deutschen Staat in einen «Ergriffenen» verwandelte. Im gleichen Artikel schrieb er, die Parallele zwischen «Wotan redivivus und dem sozialpolitischen und psychischen Sturme, der das gegenwärtige Deutschland erschüttert, [könnte] wenigstens als ein Gleichsam-als-Ob gelten.»[53]

Jung beschrieb den Sturm, der Deutschland ergriff, als einen *furor teutonicus*. Das Wesen der Wut, sagte er, sei die «Besessenheit» eines Mannes, Adolf Hitlers, gewesen, dem es gelungen war, die ganze Nation anzustecken.[54] Dies ist allgemein die große Gefahr der psychischen Besessenheit und der Grund, weshalb primitive Völker eine Todesangst davor hatten, führt sie doch naturgemäß zur kollektiven Raserei.

Wotan war, wie Jung glaubte, der beste Ausdruck und die unübertroffene Verkörperung einer Eigenschaft, die besonders für die Deutschen charakteristisch ist. Zur Zeit, als er den Artikel verfaßte, kurz vor Ausbruch des Zweiten Weltkriegs, war Deutschland sozusagen im «Auge eines Zyklons» gefangen. Damals schrieb er die tiefgründigen Worte:

«Der Unwettererzeuger ist Wotan genannt, zu dessen genauerer Charaktererforschung wir nicht nur der Kenntnis seiner historischen Wirkungen in geistigen und politischen Verwirrungen und Umstürzen bedürfen, sondern auch der mythologischen Aussagen jener Zeiten, welche noch nicht aus dem Menschen und seinen beschränkten Möglichkeiten heraus erklärten, sondern die tiefere Ursache im Seelischen und dessen autonomer Gewalt fanden. Früheste Intuition hat diese Gewalten stets als Götter personifiziert und sie mit großer Sorgfalt und Umfänglichkeit ihrer Art entsprechend durch Mythen charakterisiert. ... Man kann daher von einem Archetypus ‹Wotan› sprechen, der als autonomer seelischer Faktor kollektive Wirkungen erzeugt und dadurch ein Bild seiner eigenen Natur entwirft.»[55]

Wotan ist der «Aufpeitscher» des Sturms, und die Deutschen waren diesem wütenden Sturm machtlos ausgeliefert. Nach dem Krieg verschwand er so schnell, wie er gekommen war.

Es ist wesentlich, daß wir diese autonomen psychischen Kräfte verstehen lernen und uns der heimtückischen Entwicklung kollektiver Bewegungen in der heutigen Zeit, etwa ein halbes Jahrhundert nachdem Deutschland sich im Archetyp Wotans verfangen hatte, bewußt werden. Solche Bewegungen mit ihren eigenartig betörenden, prophetischen Versprechungen, die Hunderttausende von Menschen inspirieren, sind äußerst verführerisch. Nach Jung gelangt die menschliche Kontrolle an ein Ende, wenn das Individuum in eine Massenbewegung gerät. Dann beginne der Archetyp zu wirken.

Die Wut des Epileptikers

Als «Donar, der Mächtige» wird ein Talisman gegen Epilepsie in einem Manuskript des zwölften Jahrhunderts bezeichnet. Epileptiker sind für ihre unvorhersehbaren und heftigen Temperamentsausbrüche bekannt. Nach Jung sollte man bei sehr heftigen Kindern, die zu Wutanfällen neigen, die Möglichkeit einer latenten Epilepsie in Betracht ziehen.

Als ich während meiner medizinischen Ausbildung Dienst in einem Spital tat, war ich einmal gegen zwei Uhr morgens – der schlimmsten Zeit in großen Städten – allein mit einer Krankenschwester. Da wurde ein bewußtloser Mann eingeliefert, der nach dem Konsum einer großen Menge Alkohols mehrere Anfälle gehabt hatte. Die Polizisten, die ihn ins Spital brachten, kannten ihn und sagten, er sei gewöhnlich gewalttätig. Ich entschloß mich daher, ihn mit Lederriemen am Bett festzubinden, damit er nicht auf den harten Boden fallen und sich verletzen würde. Diese Vorsichtsmaßnahme rettete mir und dem Polizisten, der ihn begleitete, das Leben. Während ich am Schreibtisch den Krankenbericht verfaßte, hörte ich ein lautes, wütendes Gebrüll, und als ich mich umdrehte, sah ich, wie der Patient die Zungenklemme zermalmte, die ihn am Verschlucken der Zunge hindern sollte. In wenigen Sekunden war die Klemme in mehrere Stücke zerbrochen. Dann versuchte er, die Lederriemen zu zerreißen; dies alarmierte den Polizisten, einen eher leicht gebauten jungen Mann etwa in meinem Alter. Die Krankenschwester hatte sich inzwischen davongemacht. Der Polizist trat näher heran, um die Situation zu überprüfen, und genau in dem Moment platzte der erste der beiden etwa fünf Zentimeter breiten Lederriemen. Ich ergriff den Telefonhörer und rief den Polizeinotdienst an. Da riß auch schon der zweite Riemen, und der Patient sprang dem Polizisten an den Hals und begann, ihn zu würgen. Ich packte den Mann beim Arm, worauf er mich zu Boden warf; doch wenigstens konnte sich der Polizist für einen Moment dem Griff des Patienten entwinden und wieder Atem schöpfen. Dann packte ihn dieser erneut an der Kehle und überwand ihn.

Ich erinnere mich noch heute an diese schreckliche Nacht. Ich glaubte, der Polizist würde umkommen. Glücklicherweise reagierte die Polizeistation schnellstens, und die Polizei kam, ehe der Patient sich mir zuwenden konnte. Auch die geflohene

Krankenschwester kam mit einem Nachtportier und einer andern Schwester zurück. Der Polizist blieb für längere Zeit bewußtlos, und es dauerte volle drei Tage, bis er sich ganz erholt hatte.

Dies lehrte mich, was «Gewalt in extremis» heißt, und zeigte mir die Wut, die sich in der Epilepsie verbergen kann. Der epileptische Anfall ist immer furchterregend, denn das Opfer wird wie eine Puppe in den Händen eines Riesen geschüttelt. Seit uralter Zeit wird Epilepsie die «göttliche Krankheit» genannt. «Es war von jeher furchtbar, in die Hände des oder eines lebendigen Gottes zu fallen», sagt Jung[56].

Sie mögen denken, ich verbringe zu viel Zeit mit längst vergangenen Ereignissen. Schauen wir uns jedoch die Veränderungen in der modernen Gesellschaft genau an, so erkennen wir im Zorn der Streikenden und der Raserei der Militanten, der Nationalisten, der Terroristen, die alle anscheinend aus verschiedenen Gründen in Massenbewegungen gefangen sind, eine neue Art der archetypischen Wut und der Raserei. Es kann sich um angeblich religiöse Motive handeln, wie bei den irischen Sinn Fein, um offen religiöse Gründe, wie bei den islamistischen Bewegungen, oder um Fragen der nationalistischen Macht im ehemaligen Jugoslawien und gewissen neuen russischen Staaten.

Das gemeinsame Kennzeichen dieser kollektiven Bewegungen ist die psychische Besessenheit. Der einzelne wird, mir nichts, dir nichts, im wütenden Sturm mitgerissen. In diesen Massenbewegungen herrschen rohe Gewalt, gewalttätige Aggressivität und oft unmäßige Wut. Sie alle werden letzten Endes immer wieder zerschlagen, doch meist nicht, ehe großer Schaden angerichtet worden ist, und erst nachdem viele Jahrzehnte vergangen sind, wie es der Fall bei den Sowjets und in den osteuropäischen Ländern war.

Heutzutage hören wir die Wut und die Aggressivität in der Art und Weise, wie sich die Leute ansprechen, und an der Sprache, die sie gebrauchen. Die sogenannten «Vierbuchstabenwörter» [im Englischen haben viele obszöne und beleidigende Wörter vier Buchstaben – daher der Ausdruck, Anm. d. Üb.] sind ein Ausdruck enormer Feindseligkeit und Aggressivität.

Wir erkennen die unbewußte Wut nicht nur in der modernen Sprache, sondern auch im Verhalten, in der Kunst, Literatur und Musik. Die donnernden Rhythmen der modernen Musik mit ihrem andauernden Trommelschlag, begleitet von den Blitzen des Neonlichts in den Diskotheken und bei Rockkonzerten, erwecken Bilder von Sturm und Blitz. Die Aggression und Feindseligkeit richten sich gegen «die anderen», sei es eine andere Hautfarbe, Rasse, Sexualität, Religion, Politik oder einfach gegen die konkrete Welt. Dahinter verbirgt sich das gewaltige Problem des sich verdunkelnden Ichbewußtseins des Menschen und die zunehmende Unbewußtheit über das Selbst.

Wut zeigt sich auch in den Graffiti, diesem Fluch der modernen Städte, in der Verschmutzung aller Großstädte, des Bodens, der Flüsse und sogar des Meeres. Darin zeigt sich, wie sehr das kollektive Bewußtsein die Natur, aber auch Ordnung und Disziplin verachtet. Betört vom Intellekt und von der Macht der Maschinen, sind wir uns der dunklen, instinktiven, irrationalen Kräfte nicht länger bewußt. Diese sind autonom geworden und reißen uns in einem Sturm von Wut und Aggression mit sich.

Wir können dieses schrecklichste aller Jahrhunderte, das sich dem Ende nähert, als Zeit des Wiedererwachens eines schlafenden Archetyps bezeichnen. Wotan, der Gott der Wut, ist in Europa wieder aufgetaucht, und die fortschrittlichsten und kultiviertesten christlichen Länder sind im Völkermord, im Massenmord, in Weltkriegen, in Armut und spirituellem Zerfall versunken. Die christlichen Kirchen stehen der Größe dieses Bösen machtlos gegenüber.

Die Entwicklung des rationalen Denkens und der Naturwissenschaften im achtzehnten Jahrhundert führte zur Abspaltung des Intellekts von seiner instinktiven Wurzel. Damit wurde der Grundstein für die Leugnung Gottes gelegt. Massenbewegungen entstanden, in denen die Menschen den spirituellen Verlust durch ein Gefühl der menschlichen Solidarität unter der Führung der patriarchalen Sklavenstaaten zu ersetzen versuchten. Das Individuum wurde zu einer Nummer und verlor sich im Meer des namenlosen Kollektivs. Plötzlich war der Staat mit seiner Bürokratie, seinen Heimlichkeiten und seiner Korruption allgegenwärtig. Leider gab es zu wenig Individuen, die riefen: «Der Wolf kommt», und die, welche es taten, wurden schnell zum Verschwinden gebracht.

So verlaufen alle Massenbewegungen, ungeachtet des Zwecks oder des Ziels, das sie verfolgen. Der einzelne ist verloren und existiert nicht länger; er wird zu einem Herdentier und rennt mal hierhin, mal dorthin. Die Richtung wird nicht von ihm bestimmt, sondern vom Staat, und das Traurige an der Sache ist, daß der Mensch glaubt, er habe sie gewählt. Als spirituelles Wesen ist er tot, denn seine Seele gehört dem Kollektiv. Das ist das Elend des modernen Menschen.

Scheinbar ist Wotan wieder verschwunden. Doch ist er das wirklich? Große Änderungen sind im Gange, es besteht jedoch kein Grund zur Euphorie. Zeiten, in denen «die Menschen in die Hände eines lebendigen Gottes fallen», sind voller Gefahren. Das Bedrohliche dieser Änderungen erkennen wir im Kollektivismus der Staatsherrschaft, die unter einem anderen Namen erneut im Vordergrund steht. Die einzelnen europäischen Nationen werden einem gigantischen, auf Materialismus basierenden Konglomerat einverleibt. Andere Kontinente sind dieser ansteckenden neuen Massenherrschaft schon zum Opfer gefallen.

Zugleich sind wir uns unseres Schattens immer weniger bewußt, was dazu führt, daß er auf «die anderen» projiziert wird. Wir finden den Feind, der in Wirklichkeit ein Aspekt unseres eigenen unbekannten dunklen Selbst ist, in der äußeren Welt. Um zu verhindern, daß er ins Bewußtsein dringt, müssen wir ihn in der äußeren Welt bis zum Tode bekämpfen. Dies ist das unlösbare Problem, dem der heutige Mensch gegenübersteht.

Unlösbar, weil die Heilung nicht in der äußeren Welt gefunden werden kann, sondern nur in der inneren, dort, wo unsere Hybris uns an der Suche hindert. – Es ist verständlich, weshalb die Kirchenväter die Wut als Todsünde betrachteten.

Doch finden wir vielleicht gerade in diesem wütenden Feuer die Erleuchtung, denn Wotan, der Führer des wütenden Heeres, war auch der Gott des spirituellen Lebens.

Barbara Hannah[57] schreibt: «Jung unterlag nie der Versuchung zu verzweifeln, denn er wußte, daß in jedem einzelnen Leben ein Licht ist, ja sogar eine ‹sonnenbestrahlte Insel›[58], wo die Gegensätze im Zentrum des Lebens und der Welt harmonisch vereinigt sind – wie sehr er sich auch scheinbar in Mißverständnissen, Unbewußtheit und im Kampf verloren hat (wie im Licht und Schatten der äußeren Sonne). Wie viele Menschen können die Augen weit genug offnen, um dies zu erkennen? Es scheint fast, als ob die Zukunft der Welt von der Antwort auf diese Frage abhängt.»

Jeder, der sich mit Jungs Werk auseinandersetzt oder eine Analyse macht, versucht auf irgendeine Art, sein Bewußtsein zu erweitern, denn der Mythos der heutigen Menschheit ist der Mythos des Bewußtseins. Jedes Individuum benötigt die ihm entsprechende Stufe des Bewußtseins und eine individuelle Lösung für das Leben.[59]

Der Archetyp des Feuers

Es ist einleuchtend, daß eine Emotion wie Zorn – vor allem wenn sie als ein Affekt in Erscheinung tritt – besonders gut durch das Bild des Feuers ausgedrückt oder, besser noch, symbolisiert werden kann. Viele Wörter, die den Zustand des Zorns oder den Zorn selbst beschreiben, haben mit Feuer zu tun. Wir sprechen von einem erhitzten Gemüt, einem feurigen Temperament. Wir kochen vor Wut oder glühen vor Zorn. Ein plötzlicher Wutanfall ist in seiner Wirkung dem Feuer vergleichbar:

Wenn wir wütend sind, wird uns heiß, wir schwitzen, wie wenn wir vor einem Feuer stehen oder ein heißes Bad nehmen. Die Bedeutung des Symbols Feuer hilft uns, die Emotion zu verstehen. Dazu müssen wir so tief wie möglich in die verschiedenen Aspekte des Symbols eindringen.

Das Feuer mit seiner erleuchtenden Qualität und seiner Wärme ist ein wesentlicher Teil des menschlichen Lebens. Es hat seiner besonderen Natur wegen den Geist der Menschen schon seit jeher beschäftigt. Wie der Zorn wirkt es zugleich reinigend und zerstörend.

Feuer ist ein universales Bild in der Mythologie. Feuer und die feurige Welt werden ausführlich von Mircea Eliade beschrieben.[60] Bei den Stämmen der sibirischen Polarregion und bei den nordamerikanischen Indianern galten alle Schmiede als große Medizinmänner und spirituelle Führer, da sie mit Feuer umgehen konnten; sie wußten, wie man es erzeugt, anwendet und bewahrt, ohne sich zu verletzen. Deshalb wurden sie «Meister des Feuers» genannt. Sie führten alle möglichen Kunststücke mit Feuer vor, sie konnten einen Mann in der Glut des Feuers zu Asche verbrennen, und wenige Minuten später sah man ihn weit weg an einem Tanz teilnehmen. Sie schluckten glühende Kohle, berührten glühendes Eisen oder schritten durchs Feuer. Konnte der Meister das Feuer beherrschen, hatte er die «innere Hitze» gewonnen. Mystische oder innere Hitze ist kreativ und führt zu einer Art magischer und schöpferischer Kraft. Feuer und mystische Hitze sind mit dem Zustand der Ekstase verbunden. Sie zeigten, daß der Schamane den Bereich der Geisterwelt betreten hatte. All diesen Vorstellungen liegt die Idee von der Zerstörung und Erneuerung durch das Feuer zugrunde.

Im 17. Jahrhundert spielte Feuer eine interessante Rolle im Zusammenhang mit der Phlogistontheorie. Danach entweicht aus allen brennbaren Körpern ein Stoff, das Phlogiston. Als unsichtbare und verborgene Hitze soll dieser Stoff in allen Dingen enthalten sein und auch ein Lebensprinzip darstellen. Jung[61] nennt das Phlogiston «eine bestimmte, Lebenswärme spendende Eigenschaft des Unbewußten». Die Alchemisten betrachteten das Phlogiston als feurige Substanz in äußeren Gegenständen; sie sahen keinen Zusammenhang zu ihrem Gemütszustand; es war eine Projektion auf die äußere Welt. Psychologisch gesehen ist es ein inneres Phänomen, das man während eines emotionalen Zustands – etwa beim Einbruch eines irritierenden Gedankens, bei einem Wutausbruch oder bei aufflammendem Zorn – erlebt.

Feuer spielte eine ungeheuer wichtige Rolle in der Alchemie, einem Gebiet, mit dem sich Jung während vieler Jahre beschäftigte. Das Feuer der Alchemisten durfte nicht ausgehen, es wurde stets genährt, damit das Opus vollendet werden konnte. Das Ziel war die Herstellung des Lebenselixirs, des aqua vitae, das die Krankheiten des sterblichen Körpers heilte. Jung[62] sagte, die innerste Natur Christi sei Feuer, jenes ewige Feuer, welches das Ziel der Alchemie sei.

Nach Jung[63] ist das Feuer «ein Vereiniger der Gegensätze und ein uraltes Gottesbild». In den Apokryphen sagt Christus[64]: «Wer mir nah ist, ist dem Feuer nah. Wer mir fern ist, ist dem Reich fern.»

Die Symbolik des Feuers umfaßt alles, von den niedrigsten, abscheulichsten Leidenschaften des luziferischen Feuers bis zum Feuer des heiligen Geistes in seiner reinsten, göttlichen Form. Seine Bedeutung umspannt die größten Extreme des menschlichen Zorns: den Trotz des verärgert schmollenden Kindes, das mürrische Wesen des Jugendlichen, die Entrüstung, den Zorn, die Raserei und die Wut der Erwachsenen wie auch die Bitterkeit der Alten.

Oft ist hinter der Wut, in welcher Form sie sich auch äußert, das Selbst zu erkennen, das versucht, im Betroffenen das Bewußtsein seiner Unzulänglichkeiten, seines Versagens oder seiner kriminellen Tendenzen zu wecken, indem es unbewußte Inhalte sichtbar macht oder sie sozusagen «erleuchtet». Kann man den inneren Affekt, die Wut, in diesem Licht wahrnehmen und bedenken, zieht er sich zurück und verschwindet, während es gleichzeitig zu einer Bewußtseinserweiterung kommt. Wird der Affekt nicht akzeptiert, wird er womöglich als blinder Zorn, heftiger Streit, als Schlägerei oder gar Mord ausagiert. Oder er wird von neuem unterdrückt und verdrängt und wirkt sich in irgendeinem Teil des Körpers aus, der dann die unbewußte Wut spiegelt.

Auch gewisse körperliche Erkrankungen können als Ausdruck des Feuerarchetyps verstanden werden. Bei der Entzündung wird der Zusammenhang schon im sprachlichen Ausdruck deutlich. Das Wort Entzündung (lateinisch inflammatio) bedeutet Anzünden, in Brand setzen oder entflammen. Die Symptome einer Entzündung sind: Hitze, Rötung, Schwellung und Schmerzen. Eine Entzündung tritt in allen lebenden Geweben auf, wenn sie von antagonistischen Kräften angegriffen werden. Sie soll das verletzte Gewebe regenerieren, es wieder in seinen früheren Zustand überführen, das heißt heilen.

Aufgrund ihrer engen Verbindung mit Zorn kann uns die Entzündung etwas über die Bedeutung des Zorns selbst sagen. Wie der Zorn zeigt auch sie einen antagonistischen Zustand an: Etwas ist aus dem Lot geraten und muß wiedergutgemacht werden. Zorn ist eine Entzündung der Psyche.

Die Heilung durch den Glauben

Oft sind in den Krankheiten des Muskel- und Knochensystems sehr viele feindselige Gefühle verborgen. Vor vielen Jahren erzählte mir eine Frau, daß sie vor vierzig Jahren – sie war damals fünfunddreißig – an einer akuten Polyarthritis erkrankt war. Sämtliche Gelenke waren verkrüppelt, und man glaubte, sie würde nie mehr gehen können. Die Krankheit galt als unheilbar, und eine Behandlung war damals sehr teuer.

Die Frau war sehr religiös und betete, daß sie ihrer Kinder wegen gesund werden dürfe. Sie versprach, sie werde Gott zeitlebens dankbar sein. Einige Monate später war sie in der Lage, zwar noch immer sehr geschwächt, aber ohne fremde Hilfe in die Kirche zu gehen. Dort kam ihr plötzlich die Eingebung, Gott sei ihr böse, da sie ihrem Mann vor Beginn ihrer Krankheit einen Seitensprung nicht verziehen habe. Plötzlich erkannte sie ihre bis dahin unbewußte Wut auf ihren Mann.

Von jenem Tag an erholte sie sich, und innerhalb von zwei bis drei Jahren genas sie fast vollständig. Mit fast achtzig Jahren war sie körperlich gesund und geistig rege und lebte noch immer mit ihrem ehemals untreuen Mann zusammen. Es war ihre innere Wut gewesen, die ihre Gelenke angegriffen hatte.

Auch Hautkrankheiten können den Feuerarchetyp ausdrükken.[65] Hinuntergeschluckte Wut wirkt sich, wie ich schon erwähnte, auf die verschiedensten Organe aus. Das körperliche Ausdrucksorgan par excellence der Psyche ist jedoch die Haut. Lernt man die Hauterkrankungen als Spiegelbilder der Seele zu«lesen», findet die zugrundeliegende psychische Unausgeglichenheit meist ohne große Schwierigkeiten den Weg ins Bewußtsein.

Im folgenden möchte ich zeigen, wie der Archetyp des Feuers, einer der zwei dominanten Archetypen bei Hautkrankheiten – der andere ist der Archetyp der Schlange –, bei verdrängter Wut aktiviert wird. Zuerst zeigt sich der Archetyp als Hauterkrankung, die gleichzeitig ein Zeichen des gestörten psychischen Gleichgewichts ist, und danach wird er zum Heilmittel für den Leidenden. Der Feuerarchetyp versucht also, das Opfer über die Erkrankung zu einer höheren Bewußtseinsstufe zu führen, auf der psychische Probleme erkannt werden.

Dasselbe geschieht natürlich auch bei Entzündungen anderer Organe, doch ist dort der Vorgang von Auge nicht sichtbar. Außerdem kann nach meiner Erfahrung das Bewußtsein das psychische Problem im Falle einer Hautkrankheit leichter erfassen, als dies bei der Erkrankung von inneren Organen wie Nieren, Lungen und Herz möglich ist.

Der Feuerarchetyp bringt Erleuchtung durch Emotion. Das

heißt, es muß zuerst ein emotionales Interesse oder eine Erregung vorhanden sein, ehe Erhellung und Klärung eines psychischen Inhalts möglich sind. Der ganze entzündliche Krankheitsprozeß ist Ausdruck eines symbolischen «Feuermachens», dessen Ziel Bewußtsein und Wiederbelebung ist. Doch dies geschieht nicht ohne Leid und die in ihm verborgene Begleiterin – die Einsicht.

Das Sonnenwendefest[66]

Ein junger Mann von siebzehn Jahren wurde plötzlich schwerkrank. Vierundzwanzig Stunden zuvor war er vollkommen gesund gewesen, hatte dann leichtes Fieber bekommen und war ins Bett gegangen; am Morgen wurde entdeckt, daß sein ganzer Körper von Kopf bis Fuß mit Blasen bedeckt war. Während des folgenden Tages wurde er immer verwirrter und bekam hohes Fieber. Die Blasen bluteten später auch.

Er lebte auf dem Lande, und sein Hausarzt war sehr beunruhigt über den heftigen Ausschlag, das Fieber und den halb komatösen Zustand des Patienten. Seinerzeit gab es noch ein relativ hohes Pockenrisiko, man konnte sich auf Reisen oder im Labor bei Kontakt mit infiziertem Material angesteckt haben. Mit Hilfe eines dermatologischen Handbuchs stellte der Arzt die Diagnose «Pocken», obschon der Patient weder in einem Labor arbeitete noch ins Ausland gereist war. Als ich gebeten wurde, den Patienten zu untersuchen, neigte ich zunächst ebenfalls diesem Befund zu, aber zum Glück handelte es sich nicht um Pocken. Nach Einlieferung in eine Fachklinik wurde eine akut einsetzende *Dermatitis herpetiformis* festgestellt.

Der junge Mann war hochintelligent, gut aussehend und legte während des gesamten Krankheitsverlaufs viel Mut an den Tag. Ein hervorstechender Zug seiner Persönlichkeit war sein Gehorsam, eine bei schweren Krankheiten oftmals notwendige Tugend. Er befolgte alle Anweisungen und ertrug mutig die schmerzhaftesten und strapaziösesten Maßnahmen. Als sich abzeichnete, daß er nicht sterben würde, trat eine merkwürdige Stockung ein. Tagelang blieb seine Symptomatik auf genau dem gleichen Stand, auf einer Art Plateauphase. Nach drei Monaten gewannen seine Lebenskräfte langsam wieder die Oberhand, und es wurde klar, daß er genesen würde.

Bis zum Krankheitsausbruch war er sorglos und frohen Herzens gewesen. Gerade hatte er seine Zulassungsprüfungen zur Universität hinter sich gebracht und entschloß sich, mit einigen Freunden zur Feier der Mittsommernacht auf einen nahen Berg zu steigen und von dort am nächsten Morgen den Sonnenaufgang zu beobachten. Der Patient begleitete eine Gruppe Jungen und Mädchen und verbrachte die Nacht in ihrer Gesellschaft. Zum Frühstück kehrte er heim und wurde von seiner Mutter begrüßt, die die ganze Nacht auf ihn gewartet hatte, auf einem Stuhl sitzend, mit Blick auf die Tür. Sie war – wie der Junge in der Anamnese sagte – «außer sich vor Zorn». Erklärungen des Jungen fruchteten nichts, sie hörte nicht zu und war völlig festgefressen in ihrem Zorn. Drei Tage später wachte er auf und hatte den Blasenausschlag.

Zwischen dem Jungen und mir entwickelte sich eine gute Beziehung, und mit der Zeit vermochte ich mir ein Bild von der Situation zu machen. Seine Eltern waren beide in der Stadt geboren, wo sie heute noch lebten, waren gutbürgerlich und angesehen. Sein Vater war ein kleiner Geschäftsmann, die Mutter kümmerte sich um das Haus und die drei Söhne. Zweifellos war sie die treibende Kraft in der Familie. Die ihr vorschwebenden Bildungsziele wurden von allen drei Kindern in der Schule gut erfüllt, die beiden älteren studierten schon auf der Universität. Der Patient, der jüngste der drei, war ihr Lieblingskind.

Etwa zu der Zeit, da ich den Hintergrund des Falles zu untersuchen begann, unterrichtete mich die Stationsschwester, daß die Mutter eine schwere Anschuldigung gegen das Pflegepersonal vorgebracht hatte. Sie warf einer Schwester vor, dem

Jungen pornographische Lektüre gegeben zu haben. Die Mutter – so stellte sich heraus – hatte ihn besucht und ihn beim Lesen eines Buches angetroffen, das sie für erotisch hielt. Das Buch war einfach ein moderner, etwas gewagter Roman. Nun kam jedoch ans Licht, daß die Mutter ihm selbst das Buch in einem Packen Lesestoff mitgebracht hatte. Zweifellos hatte sie es schon gelesen! Diese erhellende Information führte den Jungen und mich dazu, nach dem Motiv der mütterlichen Anschuldigungen zu fragen. Am Ende unseres Gesprächs sagte mein Patient: «Aber so ist sie doch immer.» Dies war ein Wendepunkt.

Er blieb noch weitere vier Monate im Krankenhaus. In den nächsten drei Jahren, während seines Universitätsstudiums, kam er in Abständen immer wieder zu mir. Er nahm seine Medikamente regelmäßig und erreichte einen sehr präsentablen Hautzustand. In seinem letzten Jahr auf der Universität wurde er von einem Freund zu einem Besuch im Ausland eingeladen. Später erzählte er mir, daß die Dermatitis verschwunden sei, sobald er im Ausland angekommen sei, und während seines sechswöchigen Aufenthaltes habe er nicht den leisesten Rückschlag gehabt. Bei der Rückkehr ins Heimatland kam auch der Ausschlag wieder, aber nie so stark wie anfangs. In dem anderen Land habe er das Gefühl gehabt, als sei das Band, das ihn mit seiner Familie verband, zerschnitten. Ich fragte ihn nun, ob er seine Mutter liebe. Die Frage traf ihn überraschend, und er sagte: «Sie ist eine gute Frau und meint es sehr gut, aber ich kann sie nicht lieben, sie engt mich so ein.»

Ein paar Jahre später trat er eine Arbeitsstelle im Ausland an, und die Dermatitis verschwand und kam nie wieder. Er heiratete und wurde ein recht erfolgreicher Geschäftsmann.

Bei dem jungen Mann äußerte sich in der Krankheit ein monumentaler innerer Konflikt. Er war ein rationaler, extravertierter Mensch, seine starke Funktion war das Denken. Er hatte eine hochentwickelte praktische Seite, dafür war die Gefühlsseite unterentwickelt. In einer kleinen Provinzstadt hatte er ein enges, spießbürgerliches Leben geführt. Seine Familie gehörte einer strengen protestantischen Sekte an und nahm intensiv am Gemeindeleben teil, alle Mitglieder waren regelmäßige Kirchgänger. Die Kirche war Mittelpunkt ihres Lebens. Die Mutter galt bei Familie und Freunden als gute, tugendhafte Frau. Nie erhob sie die Stimme, und bei den Anlässen, wo ich sie sah, zeigte sie äußerlich keinerlei Gefühlsregung, nicht einmal, als am Anfang der Krankheit Lebensgefahr für ihren Sohn zu bestehen schien. Zweifellos war sie, wie wir gesehen haben, extremer Zornwallungen fähig, sie zeigte aber ein kühldistanziertes Äußeres, was insgesamt einen sehr abstoßenden Eindruck machte. Nach außen präsentierte sie eine Schale eisiger Beherrschtheit und Reserviertheit. Dahinter spürte man jedoch im Gespräch eine drängende, hart mit den Ellbogen stoßende männliche Kraft. Das war ihr Animus.

Aus den Ausführungen ist ersichtlich, wie bedrohlich es für die Frau war, daß ihr teuerster Besitz – ihr dritter Sohn – ihr entglitt, sich ihrem Griff entzog und zum Mann wurde. Ich hatte den Eindruck, daß hinter ihrer eisigen Beherrschtheit seelische Ströme von außerordentlicher Tiefe flossen. Wehe, wenn diese emotionale Schale einmal platzte; dann wüteten die Furien gewiß um so schrecklicher. Diese Frau hatte einen sehr dunklen Schatten, dessen sie sich vollkommen unbewußt war.

Die Krankheit des jungen Mannes war ein Initiationsschub, durch den ihm das Finstere an seiner Mutter zum Bewußtsein kam, und diese Erkenntnis war es, die es ihm gestattete, mannbar zu werden im vollen Sinn des Wortes. Seine maskulinen Eigenschaften – Ausdauer, Mut nebst dem zweifellos durch lange leidvolle Erfahrung mit seiner Mutter erlernten Gehorsam – ermöglichten es ihm, das Ziel «Gesundheit» anzustreben, das mit seiner Ganzwerdung kam, und sich von der Welt seiner Mutter zu lösen.

Als Schlüsselfaktor der Geschichte entpuppt sich ein zunächst vielleicht nebensächlich erscheinender Umstand, nämlich der Ort und die Zeit des Prologs zum Drama: der Berg und die Mittsommernacht.

Seit urdenklichen Zeiten hat in ganz Westeuropa die Sommersonnenwende für unsere Vorfahren eine zentrale, tiefgreifende Bedeutung gehabt. Der moderne Mensch kann gar nicht mehr ermessen, wie wichtig die dabei gefeierten Feuerfeste waren und welch weite Verbreitung sie hatten. Unsere Kenntnis ist lückenhaft, aber es scheint, daß die Mittsommernacht ursprünglich am Vorabend des Solstitiums, am 21. Juni, begangen wurde, und daß sie sich später auf den heutigen Termin, den 23. Juni, verschob. Die Sonnenwende, ein altes Druidenfest, erfuhr in christlicher Zeit eine Umdeutung zum Geburtsfest Johannes' des Täufers, und heute wird am 23. Juni die sogenannte «Johannisnacht» gefeiert. Früher trafen sich in dieser Nacht die Dorfbewohner, später auch Stadtbewohner, und entzündeten auf Bergeshöhen Sonnwend- oder Johannisfeuer. Diese Feuer spielten eine bedeutende Rolle: Vieh, das man hindurchtrieb, wurde gesund, Tänze und Gebete am Feuer brachten gute Ernten und Regen. Auch romantische Elemente spielten hinein, Liebesverbindungen wurden geschlossen: Bei diesen Festen würde sich zeigen, welcher der jungen Männer treu war, welcher die Ehe antragen würde. Vor allem aber dienten die Feuer der Abkehr von Hexen, die durch ihren Zauber den Kühen die Milch nahmen. In manchen Gegenden Deutschlands gingen junge Männer, die die Feuer angezündet hatten, von Haus zu Haus und empfingen Krüge voll Milch. Brauch war es auch, einen brennenden Ast vom Feuer heimzunehmen und das Herdfeuer damit anzuzünden.

Diese Feste waren im Grunde ein Versprechen an den Gott oder Geist des Feuers, an seinen schöpferischen Aspekt. Man versuchte, seine zerstörerische Seite zu neutralisieren. Das Feuer wie auch die Sonnen haben beide Seiten, die zerstörerische und die schöpferische, wie wir gesehen haben.

Welche Saiten wurden in den tiefen Seelenschichten des Jungen in dieser Nacht angeschlagen? Er war bei einem Ritus anwesend, an dem ungezählte Millionen seiner Vorfahren teilgenommen hatten, denen die Sonne, die Berge und die Morgendämmerung als Verkörperung der Allmacht der Natur in ihrer unendlichen Majestät erschienen waren. Ein Nachhall dieser Urerfahrungen klang gewiß in seiner Seele nach, als er vom Berg herabstieg, in Fühlung mit seinem instinkthaften Sein. Plötzlich, als er der kalten inneren Wut der Mutter gegenüberstand, zerschellte dies alles.

Diese Konfrontation mit ihrem eisigen Gesicht nach der Rückkehr vom Sonnenwendefest wurde zum zentralen «Augenblick der Wahrheit» in seinem Leben. Er wurde gewogen und zu leicht befunden: unfähig, sich zu behaupten, sich zu äußern, sich zu wehren gegen diese Mutter, die siebzehn Jahre lang ihre ganze Zuneigung und wohl auch ihre Erotik auf ihn verschwendet hatte. Dies war die Konfrontation mit dem archaischen Bild des Mutterarchetyps in seiner negativen Form. Ein Bild, das auch mit Worten zu beschreiben ist, wie wir sie aus früheren Zeiten kennen: Hexe, Teufelin, Dämonin, böse Fee. Drei Tage später setzte der Hautausschlag ein, der ihn fast das Leben kostete. Er hing klar mit den Ereignissen der Mittsommernacht zusammen. In der Folge erkannte er den hexenhaften destruktiven und unbewußten Schatten seiner Mutter.

Wenn man einen Finger ins Feuer hält oder in kochendes Wasser steckt, ist das Ergebnis eine Blase. Untersucht man einen Patienten mit einer Vielzahl prall gefüllter Blasen, so hat man das Bild eines Menschen vor sich, der ins Feuer oder ins kochende Wasser gesprungen sein könnte. Er ist metaphorisch verbrannt worden; das Feuer jedoch ist ein inneres.

Am Morgen seiner Heimkehr hat in der Seele des jungen Mannes wahrscheinlich ein geradezu vulkanischer Wutausbruch stattgefunden. Seine rationale Beherrschtheit, verbunden mit der Angst vor seiner Mutter, ließ jedoch nicht zu, daß die Wut ihm ins Bewußtsein drang. Das Feuer blieb im Innern eingeschlossen, brannte dort weiter und ließ erst Jahre später nach, als es ihm gelungen war, in eine neue Welt zu gelangen, neu in jeder Hinsicht. Das Unbewußte «ließ nicht locker», bis er aus der Domäne seiner Mutter, aus ihrer ambivalenten Liebesumarmung, ausgebrochen war.

Das Mittsommernachtsfeuer und der Sonnenaufgang symbolisierten Erleuchtung und Einsicht sowohl in seine eigene Persönlichkeit als auch in die seiner Mutter. Die Krankheit war ein Initiationsritus, eine Feuerprobe im Wortsinn, eine Prüfung seines Heroismus, die es ihm ermöglichte, Finsternis und Tod zu überwinden. Gestochen scharf trat dabei die dunkle Seite seiner Mutter hervor, deren er sich nur ganz vage bewußt gewesen war. So war die Krankheit auch ein wichtiger Schritt in seinem Individuationsprozeß, denn nur durch Bewußtwerdung kann die Persönlichkeit in ihrer Individuation fortschreiten. Aus der Rückschau stellte die Krankheit dabei einen entscheidenden Wendepunkt dar. Sie illustriert auf wunderbare Weise den langen Prozeß der Assimilation unbewußter Wut.

3. Eifersucht

Invidia

Einstimmung

Eifersucht findet sich überall. Menschen jeden Alters, von der Wiege bis zum Grab, sind von ihr betroffen, doch wird selten darüber gesprochen, mit Ausnahme vielleicht im oberflächlichen Geplapper von Kindern, jungen Mädchen und halbwüchsigen Knaben. Thematisiert wird die Eifersucht in der Psychotherapie und, etwas weniger häufig vielleicht, in der seelsorgerlichen Beratung. Zwar geben wir zu, daß Eifersucht ein Problem ist; wir sehen sie deutlich und eifrig in andern, selten jedoch in unserer eigenen Persönlichkeit. Jedenfalls bekennen wir uns selbst selten dazu. Kommt das Thema je zur Sprache, leugnen wir sie meist oder sprechen nur widerwillig darüber. Eifersucht wird also oft unterdrückt oder verdrängt und bleibt daher meist unbewußt. Viele Menschen gestehen zwar, in der Vergangenheit eifersüchtig gewesen zu sein, doch wenige geben gegenwärtige Eifersuchtsgefühle zu.

Eifersucht und Neid fließen wie unterirdische Ströme in den weiten Höhlen der unbewußten Psyche. Kommen sie in einer Analyse zum Vorschein, ist es wesentlich, dem Analysanden zu helfen, sie zu erkennen. Als Psychotherapeut ist man verpflichtet, danach zu suchen und sie ans Licht zu bringen – ein äußerst schwieriges und zeitraubendes Unterfangen, denn man braucht «Beweise», um dem Analysanden genau zu zeigen, wo sie zu finden sind. Bleiben sie unbewußt, können sie schwere Folgen haben, und ihre Zerstörungskraft kann sogar zur Vernichtung nicht nur des Objektes der Eifersucht, sondern auch des Eifersüchtigen selbst führen.

Um Eifersucht zu erkennen, muß man der Schande ins Gesicht sehen. Kaum eine andere Emotion ist so beschämend wie sie. Sie hat einen verachtenswerten Aspekt, der die Struktur der Persönlichkeit bedroht. Eifersucht ist eine Emotion, die die Persönlichkeit spalten und zu einer Dissoziation führen kann.

Eifersucht hat zahllose Objekte. Sie kann sich gegen jemanden richten, der anscheinend schöner, erfolgreicher und klüger ist. Viele Menschen sind auf jene eifersüchtig, die eine bessere Ausbildung haben, reicher sind oder einer sozial höheren Schicht angehören. Gewisse Frauen sind auf jüngere eifersüchtig, ältere Frauen auf die Freunde oder Liebhaber ihrer Kinder.

Das Hauptziel der Eifersucht ist die Erniedrigung oder Beseitigung des Objekts der Eifersucht. Somit ist das Wesen der Eifersucht die Vernichtung des andern, und deshalb hat unbewußte, das heißt vom Ichbewußtsein nicht anerkannte Eifersucht für den Eifersüchtigen eine solch zerstörerische Wirkung. Sie ist der Kern der Schadenfreude und des bösartigen Vergnügens an der Demütigung eines andern Menschen.

Eifersucht ist eine der häufigsten menschlichen Emotionen. Irgendwann ist jeder einmal eifersüchtig, sei es auf die Eltern, Geschwister, den Ehemann, die Kinder oder Freunde. Weil sie aber gesellschaftlich verpönt ist, ist sie so oft verborgen oder verschleiert. Sie ist aber in jedem Fall ein ernstzunehmendes Phänomen. Es ist von äußerster Wichtigkeit für alle Betroffenen, daß sie bewußtgemacht wird.

Eifersucht kommt oft auf seltsame Weise zum Ausdruck und verbirgt sich zum Teil hinter Bewunderung oder Liebe. Jahrelang kann sie in einer Beziehung scheinbar fehlen, nur um eines Tages ganz unerwartet mit der grausamen, verheerenden und vielleicht tödlichen Wirkung eines Vulkans hervorzubrechen. Darum fürchtet man sich zu Recht, eine lang verdrängte Eifersucht hochkommen zu lassen. Es ist wie bei einer Feuersbrunst: Werden bei einem brennenden Haus die Türen und Fenster aufgerissen, kann die Feuersbrunst durch die Zugluft das Haus innert kürzester Zeit total zerstören. Eine ähnliche Gefahr droht der Persönlichkeit des Eifersüchtigen, wenn ihn die Eifersucht überwältigt. Vielleicht ist das ein Grund für das Tabu, über Eifersucht zu sprechen, auf das man so oft stößt.

Selbst in der Fachliteratur scheint dieses Tabu zu gelten. Studiert man, wie ich es getan habe, Hunderte von psychoanalytischen Schriften, findet man verhältnismäßig wenige Studien, die bei der Untersuchung dieses Problems in die Tiefe gehen. Sokoloff[67] hat die Eifersucht eingehend untersucht, ihm entnehme ich das folgende, treffende Beispiel.

Der eifersüchtige Nietzsche

Die gravierendste, vernichtendste und brutalste aller Kritiken über Richard Wagner kam von seiten von Friedrich Nietzsche in *Nietzsche contra Wagner*, einer Montage aus seinen eigenen Schriften, der die Veröffentlichung einer scharfen Polemik unter dem Titel *Der Fall Wagner* vorangegangen war, die sein Zerwürfnis mit Wagner aus weltanschaulichen Gründen erklärte.

Ursprünglich war Nietzsche von Wagner begeistert gewesen. In seiner ersten Vorlesung – im Alter von fünfundzwanzig Jahren –, in der er über die Beziehung der Musik zur Tragödie sprach, erklärte er, es gäbe nur einen Mann, der diese Beziehung vollständig verstehe, und dieser Mann sei der deutsche Komponist Richard Wagner. Er lobte damals dessen Genialität, und seine Vorlesung fand großen Anklang.

Dank dieser Vorlesung, so hieß es, wurde Nietzsche zu einem Besuch im Hause Wagners in Triebschen in der Nähe von Luzern eingeladen. Als er in der einsamen Villa am Fuße des Pilatus eintraf, empfing ihn Cosima von Bulow, die Tochter von Franz Liszt, der selbst ein Zeitgenosse Wagners war. Cosima von Bulow, die damals mit Wagner zusammenlebte, begrüßte Nietzsche anscheinend sehr warm, worauf er sich sofort in sie verliebte. So begann eine Liebe voller Eifersucht.

Fünfundzwanzig Jahre lang liebte Nietzsche keine andere

Frau. Seine Gefühle wurden von Cosima nie erwidert, und sie heiratete Wagner. Die Zeit verging, doch die Liebe, die Nietzsche dieser Frau entgegenbrachte, blieb unverändert. Bevor die Geisteskrankheit, die seine letzten Lebensjahre beherrschte, von ihm Besitz ergriff, pflegte er zu sagen: «Wo ist meine Frau Cosima?» In Wirklichkeit war sie jedoch weder seine Frau noch seine Geliebte, obwohl er es sich einbildete. Hand in Hand mit dieser verheerenden platonischen Liebe entwickelte Nietzsche eine maßlose Eifersucht und einen überwältigenden Haß auf Richard Wagner, den er ursprünglich abgöttisch verehrt hatte.

Seine Eifersucht erreichte den Höhepunkt in dem erwähnten Buch. Nirgendwo in seinem reichhaltigen Werk erwähnte Nietzsche seine Eifersucht auf den Komponisten, er begründete seine Ablehnung weltanschaulich. Doch er war krankhaft eifersüchtig, und hinter seiner Schrift *Nietzsche contra Wagner* verbarg sich eine mörderische Absicht: Er schrieb das Buch, um Wagner «zu töten». Er selbst war sich der Eifersucht seiner Schattenpersönlichkeit total unbewußt.

Bedeutung und Etymologie

Das Substantiv Eifersucht bedeutet «Angst vor Zurücksetzung in der Liebe» oder auch «Streben nach Alleinbesitz, Argwohn».[68] Die Eigenschaft «eifersüchtig sein» bezeichnet ein Gefühl der Unsicherheit aus der Befürchtung heraus, daß uns ein anderer vorgezogen wird. Eifersucht in der Liebe bedeutet Mißtrauen, Furcht vor dem Rivalen; wir sind ängstlich und übermäßig vorsichtig und zeigen uns besorgt um andere.

Das Wort Eifer bedeutet «ernsthaftes Bemühen, leidenschaftliches Verfolgen eines Ziels». Zur gleichen Wortfamilie gehört «Eiferer» (spätmittelhochdeutsch *eifroer*), «wer eifersüchtig ist». Vermutet wird ein Zusammenhang mit dem althochdeutschen Substantiv *eivar* «Bitteres, Erbitterung» und mit altenglisch *afor* «bitter, herb, heftig». Das Wort *Eifer* in der Form von

«Eifersucht» findet Eingang in die neuhochdeutsche Sprache durch Luthers Bibelübersetzung. Er verwendet es in der Bedeutung «aus Sorge und liebevoller Anteilnahme erwachsende zornige Erregung» zur Wiedergabe des griechisch-lateinischen *zelus*. Das Verb *eifern* «heftig und mit blinder Leidenschaft für oder gegen etwas sprechen» (frühneuhochdeutsch «eifersüchtig sein») hat einen tadelnden Beiklang, ebenso wie das moderne Verb *sich ereifern* «in Eifer geraten, sich erregen». Der zusammengesetzte Begriff Eifersucht tritt im 16. Jahrhundert an die Stelle von Eifer. Insbesondere seit dem 17. Jahrhundert hat der Begriff Eifersucht die Mitbedeutungen von Heftigkeit, Leidenschaft, Gewalt, Zorn, Wut, Ungestüm oder Streben.

Ebenfalls auf griechisch-lateinischen Ursprung zurück gehen das englische jealousy (Eifersucht, Neid, Mißgunst, manchmal auch verwendet im Sinne von Argwohn, Mißtrauen und Besorgnis) und das französische *jalousie*, das ebenfalls mit Eifersucht, Neid und Mißgunst übersetzt wird. Der französische Begriff hat eine Doppelbedeutung. *Jalousie* heißt Eifersucht, ist aber auch die Bezeichnung für Rolladen, einen aus Holz- oder Kunststofflatten bestehenden Fensterschutz, der Luft, aber nur wenig Licht durchdringen läßt. Dickes, geripptes oder undurchlässiges Glas nannte man *jalous*. Beides behindert das Sehen. Auch ein eifersüchtiger Mensch sieht nicht klar!

Das englische *envy* bedeutet schwerpunktmäßig Neid, aber auch Eifersucht und Mißgunst. Es leitet sich ab vom lateinischen Wort *invidia*, das Neid, Mißgunst, Eifersucht, aber auch Haß und Erbitterung bedeutet, und ist mit dem lateinischen *invidere* verwandt, das «durch den bösen Blick Unheil bringen» bedeutet. Das Wort Neid stammt vom althochdeutschen *nid* (mittelhochdeutsch nit) «feindselige Stimmung, Kampfesgrimm, Groll, Eifer, Arg», auch «Haß, Ingrimm».

Das Wort Eifersucht hat zudem die Bedeutung von Wachsamkeit: man hütet etwas eifersüchtig. Auch hier finden wir die Eigenschaft des Exzesses im Hintergrund. Übertriebene Wachsamkeit weist auf Mißtrauen oder Argwohn hin. Ist man mißtrauisch, dann erwartet man etwas Böses. Eifersucht ist mit Rivalität verbunden und drückt eine stillschweigende Angst vor dem «anderen» aus. Sie ist keineswegs ein einfaches Phänomen, sondern eine tiefgründige Emotion, deren Wurzeln bis tief in ihre primitiven Ursprünge reichen, in die untersten Schichten des kollektiven Unbewußten.

Wie wir aus den Ableitungen ersehen, werden Eifersucht und Neid nicht klar unterschieden, schon das lateinische *invidia* kann Neid wie auch Eifersucht bedeuten. Im allgemeinen Sprachgebrauch – und auch in diesem Buch – werden beide Begriffe oft synonym gebraucht. Prinzipiell kann man folgende Unterscheidung machen: Wir sind eifersüchtig auf jemanden oder etwas, was wir zu besitzen glauben, dessen Eigentumsanspruch wir aber als bedroht erleben. Wir beneiden jemanden um etwas, was wir selbst nicht haben, aber intensiv zu haben wünschen. Neid faßt also das ins Auge, was man nicht hat, jedoch haben möchte, wogegen Eifersucht sich auf das konzentriert, was man besitzt, aber nicht verlieren möchte.

Neid bedeutet auch «Mißgunst». Wir mißgönnen einem anderen Menschen einen scheinbaren oder wirklichen Vorteil, oder wir betrachten die wirkliche oder eingebildete höhere Natur eines andern mit Unbehagen. Wir möchten auf der gleichen Stufe stehen oder das besitzen, was er von Geburt her besitzt, was er erworben oder verdient hat. Das führt zu Gefühlen der Demütigung und Kränkung und zu einem Groll gegen den anderen. Es führt auch zum Wunsch, dem Betreffenden nachzueifern und es ihm gleichzutun. In letzterem versteckt sich die verborgene positive Seite von Neid und Eifersucht, denn das Streben kann eine Entwicklung im Leben bewirken. Doch oft ist man sich über den Ablauf der Ereignisse nicht bewußt, wenn man das erstrebt, was man am anderen beneidet. Daher ist die Veränderung nicht immer eine Wende zum Guten.

Der Neid der Öffentlichkeit richtet sich auf Menschen, die Erfolg haben. Die Bewunderung, die solche Menschen in der Allgemeinheit hervorrufen, verstärkt die Begeisterung und den

Wunsch, es ihnen gleichzutun. Dahinter jedoch verbirgt sich Neid, der Wunsch, so zu sein wie der scheinbar Überlegene. Es ist ein unbewußter Neid, der sich hinter der Maske der Bewunderung verbirgt. Die Ursache des Neids ist der unerkannte Schmerz und die Unzufriedenheit mit sich selbst.

Ein Zitat von Spinoza[69] soll die Nähe von Neid und Eifersucht illustrieren:

> «Dieser mit Neid verbundene Haß gegen das geliebte Ding wird Eifersucht genannt, die somit nichts anderes ist als ein Schwanken des Gemüts, entsprungen aus Liebe und Haß zugleich, begleitet von der Idee eines anderen, den man beneidet. Außerdem wird dieser Haß gegen das geliebte Ding in seiner Stärke der Freude entsprechen, von welcher der Eifersüchtige durch die Gegenwart des geliebten Dinges erregt zu werden pflegte, und auch dem Affekte, von welchem er gegen denjenigen erregt war, von dem er sich vorstellt, daß das geliebte Ding sich ihm verbindet.»

Es ist unsere Pflicht, unsere Eifersucht und unseren Neid zu erkennen. Sind wir uns ihrer nicht bewußt, dann leben sie als finstere Dämonen in teuflischer Majestät weiter hinter unserer Anpassung an die Eintönigkeit des Alltags. Bewußtes Erkennen von Neid und Eifersucht bringt diese Emotionen nicht zum Verschwinden, doch wenigstens verhindert das Bewußtsein, daß der Schatten sich mit solcher Leidenschaft darin verkrallt.

Das Wesen der Eifersucht

Eifersucht ist ein Rätsel. Sie ist die am wenigsten bekannte Emotion, über die man, wie schon erwähnt, auch am wenigsten spricht. Oberflächlich betrachtet ist sie einfach Habgier, Eitelkeit oder Ichbezogenheit. Zweifellos wird allgemein angenommen, Eifersucht sei leicht zu verstehen, da man wisse, was sie sei. Doch der Schein trügt, denn Eifersucht ist schwer zu definieren, sie entfaltet sich meist im Zusammenhang mit Beziehungen, und alle Beziehungen sind komplex, nichts ist, wie es scheint, besonders im Bereich der Partnerschaft und der Liebesbeziehungen.

Wie kommt es, daß so viel Beschämendes mit der Emotion Eifersucht verbunden ist, und weswegen versuchen wir, sie vor uns selbst zu verbergen? In seiner psychologischen Studie über Eifersucht sagt Sokoloff[70]: «Weder Zorn noch Furcht erregen die Art Beschämung, die mit Eifersucht verbunden ist, oder erwecken einen derartigen Protest.» Anscheinend bedroht diese Emotion die Integrität des Subjekts mehr als alle andern. Sie ist immer mit großer Gefahr verbunden, einerseits, weil sie versteckt und verleugnet wird, aber auch der Wirkung wegen, die sie auf den Eifersüchtigen und das Objekt hat.

Sokoloff[71] fragt: «Gehört Eifersucht zur Liebe?» Er behauptet, die Franzosen seien von Natur aus sehr eifersüchtig und glaubten, «daß Eifersucht der Liebe folge wie ein Schatten dem Menschen». Er zitiert auch Montaigne, der den Ursprung der Eifersucht in der Sexualität sah. Molière behauptet: «Nur wer ohne Leidenschaft liebt, ist nicht eifersüchtig.» La Rochefoucauld andererseits hielt Eigenliebe und Eitelkeit für die eigentlichen Ursprünge der Eifersucht.

Proust[72] beschreibt die Eifersucht so differenziert, daß ich ihn ausführlich zitieren möchte :

> «Eifersucht ist eine dieser periodisch auftretenden Krankheiten, deren Ursache kapriziös und unumgänglich ist, immer dieselbe im gleichen Patienten, und manchmal komplett anders in einem andern.» [Indirekt sagt er damit, daß Eifersucht eine Krankheit ist und der Eifersüchtige ein Kranker.] «Es gibt selten einen eifersüchtigen Mann, dessen Eifersucht nicht gewisse Zugeständnisse erlaubt. Der eine akzeptiert Untreue, solange er davon weiß, ein anderer nur dann, wenn man sie vor ihm verbirgt; in dem Punkt scheinen sie beide gleich absurd zu sein. Während der letztere sich wortwörtlich hintergehen läßt, insofern als er die Wahrheit nicht kennt, verlangt

der erstere gerade nach der Wahrheit, die sein Leid nährt, vertieft und erneuert.»

Weiter führt er aus:

> «Eifersucht ist scheinbar endlos, denn selbst wenn das geliebte Objekt die Eifersucht nicht länger durch Taten provozieren kann, zum Beispiel, weil die Geliebte gestorben ist, kann es geschehen, daß die nach dem Tode fortlebenden Erinnerungen lange nach dem Ereignis in unserem Geist plötzlich Form annehmen, als seien sie selbst Ereignisse. Die Erinnerungen, die wir bis anhin nie genau untersucht haben, die uns unwichtig erschienen, erhalten nun allein durch unser Nachdenken, ohne äußere Tat, eine neue und schreckliche Bedeutung. ... Eifersucht ist zudem ein Dämon, der nicht ausgetrieben werden kann, der immer wieder zurückkehrt und in neuen Inkarnationen erscheint. Selbst wenn es uns gelänge, sie alle auszurotten, die Geliebte für immer zu behalten, würde das spirituelle Böse eine andere Form annehmen, eine noch traurigere, nämlich Verzweiflung darüber, daß man Treue durch Gewalt erreicht hat – Verzweiflung darüber, daß man nicht geliebt wird.»

Diese Beschreibung bringt eine Erweiterung der Definition der Eifersucht, geht aber nicht auf die typische egoistische Boshaftigkeit ein, deren geheimes Ziel es ist, denjenigen, der uns nicht liebt oder nicht genügend liebt, zu erniedrigen, ihm Schaden zuzufügen oder ihn zu zerstören.

Sokoloff[73] übernimmt die Definition der Eifersucht von Descartes, der schreibt, sie sei «eine Art Angst, verbunden mit dem Wunsch, ein Besitztum zu behalten».

Die Eifersucht bei Tieren

In der Pflanzenwelt kann man beobachten, wie die eine Pflanze eine benachbarte überschattet oder verdrängt, um zum Sonnenlicht zu gelangen. In einem Wurf neugeborener Tiere sieht man dasselbe Phänomen, wenn es um die Nahrung geht. Zweifellos besteht ein Zusammenhang zwischen der Macht des Überlebenswillens, der der Natur eigen ist, und dem eifersüchtigen Wesen des Menschen. Die Suche nach den Mitteln, die das Überleben sichern, ist eine uralte, angeborene Prädisposition.

Vor vielen Jahren besuchte uns eine Freundin meiner Mutter mit ihrem neugeborenen Kind. Sie legte es auf einen Stuhl, auf dem normalerweise die Katze meiner Mutter lag, eine würdevolle goldfarbene Perserkatze. Im selben Moment, in dem die Mutter das Kind auf den Stuhl legte, stolzierte der Kater ins Zimmer. Er starrte auf das Kind, legte seine Ohren flach nach hinten und pirschte es an, gleich wie er es mit Vögeln oder Mäusen tat. Der Blick des Katers war hypnotisierend – er hypnotisierte mich. Dann begann er am ganzen Körper zu zittern und stieß einen wilden, furchteinflößenden Schrei aus. Nur eine unmittelbare menschliche Reflexhandlung bewahrte das Kind vor ernstem Schaden. Normalerweise war der Kater sehr friedlich, doch das Kind hatte ihm seinen rechtmäßigen Platz weggenommen.

Ich mußte an einen Fremdenführer denken, dem ich bei den Mayas in Mexiko begegnet war. Er sagte mir, man finde kaum einen Indianer, der von einer Klapperschlange gebissen worden sei. Ein Indianer wisse, wohin er seinen Fuß setzen dürfe, er würde nie «ins Haus seines Bruders» (der Klapperschlange) treten, das vom Bewohner eifersüchtig gehütet werde.

Die Eifersucht der Katze war auf das gefährdete Territorium gerichtet. Die Eifersucht von Hunden dagegen scheint durch den Entzug menschlicher Anteilnahme oder Verbundenheit geweckt zu werden.

Ein Freund von mir hatte einen wunderschönen Chow-Chow. Obwohl dieser als sehr unabhängig galt, war er seinem Meister, der in meiner Nähe wohnte, absolut ergeben. Eines Tages brachte der (weiß Gott, warum!) ein junges Chow-Chow-Männchen nach Hause als Gefährten für den älteren Hund. Zuerst schienen sich die beiden gut zu vertragen. Ich konnte den Neuling jedoch von Anfang an nicht leiden. Er machte mir einen eigenartig böswilligen Eindruck und schien sich über die Gegenwart des älteren Hundes zu ärgern, vor allem wenn sein Meister jenen zuerst begrüßte. Es dauerte nicht lange, da begann Chang, der ältere Hund, sich zu kratzen, und innert kurzer Zeit entwickelte er ein Ekzem. Der Tierarzt gab ihm die übliche Medizin, doch nützte sie nichts. Schließlich brachte man den Hund zu mir. Ich sagte zu seinem Meister, ich hätte das Gefühl, Chang sei unglücklich über den neuen Hund, doch mein Bekannter, ein wahrer Rationalist, glaubte mir nicht. Dann geschah etwas Eigenartiges: Als ich eines Abends nach Hause kam, wartete Chang neben dem Gartentor auf mich. Er kam zu mir ins Haus und blieb dort, bis ich seinem Meister telefonierte, daß er ihn hole. Diesem ging endlich ein Licht auf, und er verstand, daß Chang bei mir die uneingeschränkte Zuwendung suchte, die er verloren hatte, und er gab den jungen Hund weg. Changs Ekzem verschwand, und er wartete abends nicht länger auf mich. Wir blieben jedoch sehr gute Freunde bis zu seinem Tod einige Jahre später.

Dieser Fall zeigt die Eifersucht zwischen zwei Hunden auf die Liebe ihres Meisters. Der ältere Hund litt stärker darunter, und erst das psychisch bedingte Ekzem brachte das Problem ins Bewußtsein von uns Menschen und führte zur Lösung des Konfliktes.

Die Eifersucht des kleinen Jungen auf sein Schwesterchen

Bei den Menschen, besonders in Familienbeziehungen, gelten die gleichen Regeln. Häufig verschließen sich Eltern von vornherein allen Anzeichen, daß ihre Kinder untereinander oder auf die Eltern eifersüchtig sind.

Eine Frau hatte einen siebzehn Monate alten Sohn, der ein leichtes Ekzem entwickelte. Als ich ihn auf Bitten der Mutter untersuchte, schlief im gleichen Zimmer ein einmonatiges

Mädchen in seinem Bettchen. Der Junge bemühte sich eifrig zu erklären, daß dies seine kleine Schwester sei. Seine Besorgtheit war übertrieben und hatte etwas Verzweifeltes an sich. Ich fragte die Mutter, ob er wohl eifersüchtig auf das Baby sei, was ganz natürlich gewesen wäre. Sie wies diesen Gedanken sofort mit solcher Entschiedenheit zurück, daß ich mich wunderte, ob sie wohl etwas verbarg. Ich beobachtete den Jungen, wie er über die Stühle zu klettern begann, auf dem Sofa herumhüpfte und alles herunterwarf. Er war ziemlich wild und undiszipliniert.

Nachdem ich seine Haut untersucht hatte, verließ die Mutter für einen Moment das Zimmer. Der Junge ging sofort zum Bett seines Schwesterchens und zog ganz präzise und sorgfältig die Decke über ihr Gesicht. Dann schaute er mich an und sagte deutlich, damit ich es auch verstehe: «Ganz weg!» Er war erst siebzehn Monate alt, doch war er zweifellos in einer starken Emotion gefangen und ganz außer sich. Ich machte die Mutter darauf aufmerksam, als sie zurückkam, doch sie amüsierte sich darüber. Sie war sich ganz und gar nicht bewußt, daß ihr Kind äußerst eifersüchtig war, was auch sein wildes Benehmen erklärte.

Die Eifersucht des Knaben war verständlich. Während seine Mutter mit ihm schwanger war, erkrankte sie an einer Lungeninfektion und lag vor seiner Geburt viele Monate im Krankenhaus. Nach der Entbindung verbrachte der Junge die ersten sechs Monate seines Lebens in einem Kinderheim, wo er von fremden Menschen gepflegt wurde. Erst mit sieben Monaten lag er zum ersten Mal in den Armen seiner Mutter. Ein knappes Jahr später kam seine Schwester zur Welt und zerschlug die zerbrechliche Sicherheit, die er dank der persönlichen Aufmerksamkeit und fortwährenden Pflege durch ein und denselben Menschen entwickelt hatte.

Nach der Geburt seiner Schwester wurde er auf die Seite geschoben, während sie in den Mittelpunkt des Lebens seiner Mutter rückte, einer Mutter, die ihrer Krankheit wegen für ihn eine «abwesende Mutter» gewesen war. Zudem muß offenbleiben, ob die Mutter vielleicht während ihres langen Krankenhausaufenthalts nicht auch negative Gefühle gegenüber ihrem Kind empfunden hatte. Die Mutter kannte den Jungen nur in der Zeit vor der Geburt und als er schon einige Monate alt war. Somit war das kleine Mädchen das erste Kind, das sie in den kritischen ersten Monaten stillen konnte. Zweifellos war sie unerfahren, und dies mag ebenfalls zur Angst und Panik beigetragen haben, die der ältere Junge entwickelt hatte und in meiner Gegenwart so vehement ausdrückte.

Damals wurde mir klar, daß das Bewußtsein dieser heftigsten aller elementaren Leidenschaften innerhalb der Familie fehlte. Ich war Zeugin einer einfachen eifersüchtigen Reaktion und zugleich der beginnenden Entwicklung eines Eifersuchtskomplexes, der sich in den folgenden Jahren entfaltete.

Ist jemand eifersüchtig, so glaubt oder befürchtet er, daß das Gute, das er sich wünscht und für sich selbst behalten will, einem andern zukommen könnte. Man möge mir verzeihen, daß ich immer wieder darauf zurückkomme, daß ein eifersüchtiger Mensch das Potential hat, einem andern Schaden zuzufügen oder ihn sogar zu töten.

Eifersucht ist, wie es scheint, schon von Geburt an vorhanden. Sie ist Teil des menschlichen Wesens und kommt auch, wie ich schon aufgezeigt habe, in der Tierwelt vor, wo sie noch eng mit dem Überlebenstrieb verbunden ist. Wird Eifersucht geweckt, bewirkt sie eine instinktive Reaktion, einen Widerhall aus den dunkelsten vorgeschichtlichen Zeiten. Eifersucht wird daher auch als «atavistischer Reflex» bezeichnet. Wir alle sind fähig, Eifersucht jeder Art, von der einfachen Reaktion bis zu einem schweren pathologischen Zustand, zu fühlen und darunter zu leiden. Die meisten von uns können die eifersüchtige Reaktion in Schach halten. Wenn wir sie wahrnehmen und bewußt empfinden, richtet sie normalerweise keinen großen Schaden an. Ist die Eifersucht nicht nur eine einfache Reaktion, die schnell verfliegt, sondern bleibt sie während längerer Zeit wirksam, dann spricht man von einem Eifersuchtsgefühl. Ein solches Gefühl läßt sich nicht so leicht unter Kontrolle bringen, selbst wenn es verdrängt wird, denn es lebt weiter als aktiver, zum Teil (manchmal auch ganz) vom Bewußtsein getrennter Inhalt.

Die Unterdrückung eines Eifersuchtsgefühls begünstigt die Bildung eines Komplexes. Man kann es vielleicht so sagen: Der Eifersuchtskomplex ist die häufigste Manifestation offener Eifersucht. Ein Eifersuchtskomplex kann schließlich zur Besessenheit führen. Als Beispiel diene hier ein Fall, den Jung beschreibt.

Ein Mann, der mit einem Freund in der Gegend eines kleinen Dorfes auf dem Land spazierte, wurde ärgerlich, als die Kirchenglocken zu läuten begannen. Sein Freund war überrascht, da er selbst den Klang sehr harmonisch fand, und fragte ihn nach dem Grund seines Mißmuts. Da sagte ihm der Mann, der Pfarrer der Kirche schreibe schlechte Gedichte. Der Komplexzusammenhang war offensichtlich, denn er war ebenfalls Dichter, und sein Werk war in einer kürzlichen Rezension mit dem des Pfarrers verglichen und dabei weniger vorteilhaft beurteilt worden. Die Eifersucht galt hier einem erfolgreicheren Rivalen. Da der Mann sie nicht zugeben wollte, bildete seine verdrängte Emotion einen Komplex, der ihm unbewußt blieb und sich deshalb als Ärger äußerte, scheinbar verursacht durch die Kirchenglocken.

Eifersucht ist offensichtlich nicht nur eine einfache Reaktion, sondern auch eine universelle subjektive Emotion, die jeden Aspekt einer zwischenmenschlichen Beziehung beeinflußt. Sie ist uralt, und ihr primitivster Aspekt blieb unbeeinflußt von den Bräuchen der Zivilisation, da sie so eng mit dem Überlebenswillen verbunden ist. Und gerade deshalb ist sie so gefährlich, denn weder ihr Wesen noch ihre Intensität lassen sich von sozialen Faktoren beeinflussen. Die Umstände entscheiden, ob die eifersüchtige Reaktion eines Kindes (oder eines Tiers) sich in ein wiederkehrendes Gefühl weiterentwickelt und schließlich einen Komplex bildet.

Die Rolle des Bewußtseins kann bei der Auseinandersetzung mit der Eifersucht nicht stark genug betont werden; sie ist von höchster Bedeutung. Die leidenschaftliche Heftigkeit, die der ursprünglichsten Funktion der Eifersucht unterliegt und sich als instinktiver, autonomer Trieb zum Töten ausdrückt, bringt die zusätzliche Gefahr einer Zwangsneurose (durch die Abwehr) oder sogar einer Geisteskrankheit (ein Wahn als Grundlage des Handelns), von Besessenheit (wenn sie den Betroffenen überwältigt), von daraus resultierenden Gewalttätigkeiten und Sadismus mit sich. Aus diesem Grund ist die Eifersucht von vielen immer schon als tödlichste aller Todsünden betrachtet worden, und deshalb wird sie auch von sogenannten primitiven Völkern so gefürchtet.

Die vereinsamte Mörderin

In *Erinnerungen, Träume, Gedanken* erzählt Jung[74] von einem Fall, den er nie vergaß: Eine Frau kam zur Konsultation. Sie weigerte sich, ihren Namen zu nennen; er tue nichts zur Sache, sagte sie. Sie sei Ärztin, bemerkte sie, worauf er erwiderte, man sehe, daß sie zu den höheren Gesellschaftsschichten gehöre. Sie kam zu Jung, um ein Geständnis abzulegen. Zwanzig Jahre vorher hatte sie aus Eifersucht einen Mord verübt. Sie hatte ihre beste Freundin vergiftet, da sie sie um ihren Ehemann beneidete und ihn für sich gewinnen und heiraten wollte. Sie hatte geglaubt, daß sie der Mord, wenn er unentdeckt blieb, nicht stören würde. Sie hatte geglaubt, daß bei ihr moralische Bedenken keine Rolle spielten.

«Und nachher? Sie hat zwar den Mann geheiratet, aber er ist sehr bald, ziemlich jung, gestorben. In den folgenden Jahren ereigneten sich seltsame Dinge: Die Tochter aus dieser Ehe strebte, sobald sie erwachsen war, von der Mutter weg. Sie heiratete jung und zog sich immer mehr zurück. Schließlich verschwand sie aus ihrem Gesichtskreis, und die Mutter verlor jeden Kontakt zu ihr.

Die Frau war eine leidenschaftliche Reiterin und besaß mehrere Reitpferde, die ihr Interesse in Anspruch nahmen. Eines Tages entdeckte sie, daß die Pferde anfingen, unter ihr nervös zu werden. Sogar ihr Lieblingspferd scheute und warf sie ab. Schließlich mußte sie das Reiten aufgeben. Sie hielt sich nunmehr an ihre Hunde. Sie besaß einen besonders schönen Wolfshund, an dem sie sehr hing. Der «Zufall» wollte es, daß gerade dieser Hund von einer Lähmung befallen wurde. Da war das Maß voll, und sie fühlte sich ‹moralisch erledigt›. Sie mußte beichten, und aus diesem Grund kam sie zu mir. Sie war eine Mörderin, aber darüber hinaus hatte sie sich auch selbst gemordet. Denn wer ein solches Verbrechen begeht, zerstört seine Seele. Wer mordet, ist schon selbst gerichtet. Hat jemand ein Verbrechen begangen und wird gefaßt, so erreicht ihn die gerichtliche Strafe. Hat er es im Geheimen getan, ohne moralische Bewußtheit, und bleibt unentdeckt, so kann ihn die Strafe trotzdem erreichen, wie unser Fall zeigt. Es kommt doch an den Tag. Mitunter sieht es so aus, als ob auch die Tiere und Pflanzen es ‹wüßten›.»

Soviel ich weiß, hat Dr. Jung die Frau nie mehr gesehen. Als Folge ihres Verbrechens war sie in eine unerträgliche Einsamkeit gesunken. Sie war sogar den Tieren fremd geworden. Um die Einsamkeit loszuwerden, sagt Jung, sei sie zu ihm gekommen. Sie mußte ihr Geheimnis jemandem anvertrauen, der ihre Beichte ohne Vorurteile akzeptieren konnte, denn damit hoffte sie gewissermaßen, wieder eine Beziehung zur Menschheit zu gewinnen. Sie hatte erlebt, daß sich Menschen und Tiere von ihr abwandten und war von diesem stummen Urteil so betroffen, daß sie keine weitere Verdammung hätte ertragen können. Jung konnte sich nicht vorstellen, wie es ihr in dieser äußersten Einsamkeit möglich gewesen wäre weiterzuleben. Er nahm an, daß sie schließlich durch die Folgen ihrer Tat zum Selbstmord getrieben worden sei.

Bei dieser Frau war zuerst Neid da, der sich dann in Eifersucht wandelte und schließlich zum Mord führte. Sie wollte den Geliebten heiraten und für sich selbst haben, was ihr auch gelang, doch zu welchem Preis!

Liebe, die zurückgewiesen, verspottet, verschmäht, herabgesetzt, mißgönnt oder einfach entzogen wird, erweckt Eifersucht. Ist Eifersucht aufgekommen, dann ist es wohl so, daß die Liebe nicht länger existiert – oder vielleicht war sie a priori nie vorhanden gewesen. Liebe hat viel mit Güte zu tun, Eifersucht jedoch ganz und gar nicht. In der Eifersucht gefangen oder von ihr besessen zu sein, ist unangenehm und entwürdigend. Ihre impulsive Natur ist jedoch schuld daran, daß man sich nur schwer von ihrem allgegenwärtigen Griff lösen kann.

Sigmund Freud[75] betrachtete Eifersucht als einen von einem verletzten Selbstgefühl begleiteten Haß, dem Trauer folgt. Die ersten Wirkungen sind Zorn, Trauer und das Gefühl, verraten worden zu sein, sie führen zur Isolation, da man ein Geheimnis in sich trägt. Aufgrund seiner Arbeit mit dem Unbewußten – Traumanalysen – gelang es ihm, den unterirdischen Strom unbewußter Spannungen in Familiensituationen zu verfolgen und die Macht, die Eifersucht in der Kindheit ausübt, nachzuweisen.

Freud glaubte, daß alle Menschen eine «normale» Eifersucht in sich tragen, die, wenn nicht offen gezeigt, verdrängt wird. Er beschrieb zwei weitere Arten von Eifersucht, die neurotische und die pathologische. Von der ersteren sagte er, sie basiere auf Überempfindlichkeit, Schuldgefühlen und Projektion, da sie keinen äußeren Anlaß habe. Die pathologische Eifersucht beruht nach ihm auf Wahnvorstellungen, die durch unbewußte Projektionen entstehen. In Jungscher Terminologie würde man dies als Projektion des unbewußten Schattens der Ichpersönlichkeit bezeichnen.

Der Schatten und sein Zusammenhang mit der Eifersucht

Der Schatten ist der Teil der Persönlichkeit, der zugunsten des Ichideals unterdrückt wird. Das heißt, wir haben eine Vorstellung von dem, was wir sein möchten, und alles, was nicht dazupaßt, wird ins Unbewußte abgeschoben, verdrängt. Da aber alles Unbewußte projiziert wird, treffen wir den Schatten in Projektionen an; in dem, was wir im «andern» sehen, können wir unseren eigenen Schatten erkennen. Meist sind wir aber davon überzeugt, daß der andere wirklich so ist, wie wir ihn sehen, denn es ist einfacher, unangenehme Eigenschaften am anderen zu kritisieren, als sich selbst an der Nase zu nehmen.

Der Schatten beinhaltet alle nicht akzeptierten dunklen und minderwertigen Seiten der Persönlichkeit, die verdrängt wurden und daher unbewußt sind. In Träumen erscheint der Schatten nach Jung meist als gleichgeschlechtliche Figur. Er ist das Tor zu allen tieferen, überpersönlichen Erfahrungen, daher ist es in der Analyse notwendig, als erstes den Schatten bewußtzumachen, was keine leichte Aufgabe ist.

Von Franz schreibt[76], es wimmle von «Projektionen, welche die objektive Sicht auf den andern Menschen verdunkeln und die Möglichkeit echter menschlicher Beziehung verhindern». Erkennen wir den Neid oder die Eifersucht, heißt das zwar nicht, daß sie verschwinden, doch können wir verhindern, daß wir dem andern Menschen Schaden zufügen, und vielleicht gelingt es uns, objektiv zu werden und die wahre Realität des andern zu sehen. Von Franz[77] fährt weiter:

> «Der Schatten stellt immer die ‹andere Seite› des Ich dar und verkörpert meistens gerade diejenigen Eigenschaften, die man an anderen Leuten am meisten haßt. Es wäre verhältnismäßig einfach, wenn der Schatten durch ehrliche Bemühung zur Einsicht bewußt gemacht und in das bisherige Leben eingebaut werden könnte – oft aber ‹nützt› der Versuch zur Einsicht nichts, das heißt, es ist eine so

starke Leidenschaft und Getriebenheit mit dem Schatten verbunden, daß die Vernunft nicht damit fertig wird. Bisweilen hilft dann nur eine bittere Erfahrung von außen, das heißt, es muß einem zuerst ein Ziegelstein auf den Kopf fallen, bis man eine Schattengetriebenheit ‹abstellt›, oder es braucht einen heroischen Entschluß, der einem durch den ‹größeren Menschen› ermöglicht wird.»

Jeder von uns weiß aus eigener Erfahrung, wie schwierig es ist, mit Eifersuchtsgefühlen fertigzuwerden. Wir mögen uns noch so viel Mühe geben, manchmal braucht es ein äußeres Ereignis, das sich den Impulsen des Schattens in den Weg stellt oder sie abbremst. Manchmal gelingt dies auch durch einen Entschluß, aber nur, wenn der ‹Große Mann› im Innern, das Selbst[78], uns dabei unterstützt.

Werden wir uns des Schattens nicht bewußt, dann kann er in der Gestalt einer zwangshaften und negativen Projektion Macht über uns gewinnen. In Träumen erscheint der Schatten meistens als minderwertige Persönlichkeit, doch kann er auch positiv sein, nämlich dann, wenn wir uns mit unseren negativen Eigenschaften identifizieren und unsere «gute» oder bessere Seite nicht kennen. In diesem Fall werden diese positiven Seiten verdrängt und verbleiben im Unbewußten. Das Ich setzt sich dann nur aus unseren minderwertigen Eigenschaften zusammen; das positive Potential wird nicht integriert und nimmt die Eigenschaften des Schattens an, das heißt unsere positiven Seiten werden projiziert (sei es auf andere Menschen, sei es auf Traumfiguren). In solchen Fällen leben wir unter unserem Niveau.

Eine junge, intelligente Frau träumte ständig von ihrer älteren Schwester, von der sie glaubte, sie sei gescheiter, praktischer und in jeder Hinsicht besser als sie. In ihren Träumen fühlte sie sich in der Gegenwart ihrer Schwester immer als minderwertig, als kleiner, unbedeutender Wurm. Sie identifizierte sich mit ihren eigenen wenig entwickelten Eigenschaften und hatte sehr negative Gefühle sich selbst gegenüber. Im Verlaufe einer langen

Analyse, in der sie sich sehr mit ihren Träumen auseinandersetzte, erkannte die junge Frau, daß sie all die guten Qualitäten, die sie ihrer Schwester zuschrieb, selbst besaß. Da sie aber unbewußt waren, hatte sie sie projiziert. Sie mußte die Projektion zurücknehmen und den projizierten Inhalt ins Ichbewußtsein integrieren. Erst dann vermochte sie zu erkennen, wie sie mir sagte, daß sie stark eifersüchtig auf jene Schwester gewesen war, von der sie vorher behauptet hatte, sie bewundere und liebe sie abgöttisch.

Von Franz[79] betont:

> «Die Projektion des Schattens führt zu einem weitern Nachteil. Identifizieren wir unseren eigenen Schatten mit dem andern, mit dem Kapitalisten oder Kommunisten, bleibt ein Teil unserer Persönlichkeit auf der Gegenseite. Die Folge ist, daß wir gewissermaßen ständig (jedoch unfreiwillig) hinter unserem eigenen Rücken jene andere Seite begünstigen und damit, ohne es zu wollen, unserem Feind helfen. Erkennen wir jedoch die Projektion und gelingt es uns, die Angelegenheit mit der anderen Person vernünftig und ohne Furcht oder Feindseligkeit zu besprechen, dann besteht die Hoffnung auf ein gegenseitiges Verständnis oder wenigstens auf einen Waffenstillstand.»

Was heutzutage in den Medien verbreitet wird, steht in enger Beziehung zum Schatten. Denken wir nur an die erstaunliche Beliebtheit solch langweiliger und banaler Fernsehserien wie «Coronation Street» und «East Enders» im britischen Fernsehen oder an die ebenso langweiligen, aber etwas raffinierteren und materialistischeren populären amerikanischen Fernsehserien. Hier zeigt sich mit aller Deutlichkeit, welch wichtige Rolle der Schatten in all den endlosen menschlichen Konflikten spielt. Bösartiges Geschwätz und Beschimpfungen sind der Nährboden, auf dem die Projektionen gedeihen, denn wir projizieren unsere Fehler, unseren Neid, unsere Eifersucht und andere Leidenschaften lieber nach außen, statt uns mit ihnen auseinanderzusetzen.

Auch erschreckendste Persönlichkeitskulte können wir in der populären Presse und in den Medien beobachten. Dahinter verbergen sich jedoch oft Neid und Eifersucht, und wenn die Kultfigur sich scheinbar etwas zuschulden kommen läßt, einen Fehler macht, einen Dienst nicht erweist oder den Reportern oder Medienkommentatoren mißfallen sollte, dann ist er (oder sie) dem scheußlichsten Zerstörungsprozeß ausgeliefert. Manche wehren sich dagegen und werden durch eine wahre Hexenverfolgung ruiniert, andere geraten in einen Geisteszustand, der sie nach und nach in den Ruin oder sogar in den Tod treibt.

Der Neid der Götter – die göttliche Eifersucht

Im Griechischen gibt es den Begriff «Phthonos Theōn», der «Neid der Götter» bedeutet. Dieser ist «der legitime Unwille der Götter über Menschen, deren Glück die dem Menschen angemessene Größe und Dauer zu überschreiten droht, so daß ihnen in Erinnerung gerufen werden muß, daß die Götter in jedem Falle die Mächtigeren bleiben».[80] Darauf, daß die Menschen menschliches Maß nicht überschreiten sollen, weil die «Götter» Hybris nicht dulden, habe ich schon im Kapitel über den Stolz hingewiesen. Hier möchte ich auf die Eifersucht der Götter und die Eifersucht Jahwes eingehen.

Sumerer

Während mehrerer Jahrtausende wurden die sumerischen Götter – die weitgehend von den Babyloniern übernommen wurden – verehrt. Die Religion spielte eine bedeutende Rolle im öffentlichen und privaten Leben der Mesopotamier und hatte einen großen Einfluß auf ihre Institutionen, ihre Literatur und all ihre Tätigkeiten. «In keiner anderen Gesellschaft der Antike nahm die Religion einen so wichtigen Platz ein, weil in keiner anderen

Gesellschaft der Mensch sich so gänzlich vom Willen der Götter abhängig fühlte.»[81] Das Leben der Sumerer zentrierte sich um den Tempel und stützte sich auf eine Theokratie, die dem Staat Dauer und Stabilität verlieh. Theoretisch gehörte das Land den Göttern, und die mächtigen Monarchen von Assyrien waren nur ihre demütigen Diener.

Anu, dessen Name «Hoch» oder «Himmel» bedeutet, war ein Himmelsgott, der eine ähnliche Stellung einnahm wie der griechische Vatergott Zeus. Von Anu stammte offenbar der Wassergott Enki ab, der «Gott des Hauses des Wassers» (später Ea genannt). Er war der Schöpfer der Menschheit und trug den Titel «Schöpfer der menschlichen Form».[82] Jeder Gott des sumerischen Pantheons hatte eine bestimmte Verantwortung oder Aufgabe. Anu hatte die Herrschaft über den Himmel, während Ea alle Gewässer der Erde verwaltete. Bescheidenere Gottheiten beaufsichtigten zum Beispiel den Pflug, den Feuerstein oder die Hacke. Die Sumerer glaubten, daß jedes Element und jede Kategorie von Gegenständen von einer spezifischen Kraft beseelt werde und einen eigenen Willen habe. Es waren diese der Natur innewohnenden Kräfte, die die Götter verkörperten.

> «Wie die griechischen Götter hatten auch diese Gottheiten die körperlichen Eigenschaften sowie alle Stärken und Schwächen der Menschen; sie waren intelligent, wußten manchmal jedoch auch nicht mehr weiter, sie waren anständig und waren zugleich böser Gedanken und Taten fähig. Sie fühlten Liebe, Haß, Zorn, Eifersucht und andere menschliche Leidenschaften, sie betranken sich, stritten und kämpften. Sie litten, und einige starben, das heißt, sie gingen in die Unterwelt. Es scheint, daß die Götter das Beste und das Schlechteste der menschlichen Natur auf einer übernatürlichen Ebene verkörperten.»[83]

Gemäß Roux[84] besaß Ea (oder Enki-Ea) alle Eigenschaften des Wassers, dieser lebensspendenden Flüssigkeit. Sein Name bedeutet, wie schon erwähnt, Haus (oder Tempel) des Wassers.

Ea wirkte reinigend und befruchtend, er war flüssig, durchsichtig und allgegenwärtig. Wie Wasser besaß er eine trügerische Beweglichkeit und einen verräterischen Charme. Er war auch der Gott der Weisheit und Intelligenz und wurde manchmal «Der mit den breiten Ohren, der alles, was einen Namen hat, kennt» genannt. In seiner Funktion als Initiator, Großer Lehrer und Schutzgott der Magier wurde er als der Große Verwalter betrachtet, der die Oberaufsicht über die Welt übernahm, nachdem er sie eingerichtet hatte.

Die Eifersucht der Götter auf die Menschen sowie die Intervention des Wassergottes zugunsten der Menschen sind häufig auftretende Themen der sumerisch-babylonischen Mythologie. Das kommt beispielsweise in einem Gedicht zum Ausdruck, das auf assyrisch «ala isitu», «die Stadt, die sie haßten»[85], heißt: «Am Anfang, als die Menschen sich vermehrten, wurden sie von den Göttern des Himmels [den Igigi] gehaßt. Es waren die Götter des unteren Meers [Ea und sein Pantheon], die die Menschen in einer geordneten Gesellschaft vereinigen wollten.»

Obwohl Ea zweifellos immer als Schutzherr und Retter der Menschheit galt, wird auch von seiner Eifersucht auf die Menschen erzählt. Diese soll der Grund gewesen sein, warum die Menschheit das ewige Leben verlor. Das kommt im Mythos von Adapa zum Ausdruck.

Der Mythos von Adapa[86]

Ea schuf Adapa als das «Vorbild der Menschen». Ea hatte ihm große Weisheit gegeben und große Besonnenheit. Nur die Unsterblichkeit hatte er nicht erhalten, die blieb den Göttern vorbehalten. Eines Tages, als er auf dem großen Meer beim Fischen war, wehte der Südwind plötzlich mit solcher Gewalt, daß sein Boot kenterte und er beinahe ertrank. In seinem Zorn stieß Adapa einen Fluch aus, worauf die Flügel des Südwinds, des großen Dämonenvogels, brachen. Und so blies der Südwind lange Zeit nicht über das Land.

Als der große Gott Anu hörte, was diesem wichtigen Wind, der den Regen brachte, zugestoßen war, wurde er zornig und befahl Adapa, vor ihm zu erscheinen. Ea kam Adapa zu Hilfe und sagte ihm, er werde vor dem Himmelstor die zwei Götter der Pflanzenwelt, Dumuzi und Ningishzida, antreffen (die Adapa anscheinend durch seine Unterdrückung des Südwindes indirekt «getötet» hatte), und forderte Adapa auf, in Trauerkleidung zu erscheinen und Trauer und Reue zu zeigen, damit die beiden Götter sich beruhigten. Dann würden sie «lächeln» und sich sogar bei Anu für Adapa einsetzen. Anu werde dann Adapa nicht länger als Verbrecher, sondern als Gast behandeln, ihm nach orientalischem Brauch Essen, Wasser und Kleider geben und ihm Öl anbieten, damit er sich einsalben könne. Kleider und Öl dürfe er annehmen, sagte Ea, doch er warnte ihn:

> «Wenn sie dir das Brot des Todes anbieten
> sollst du es nicht essen. Wenn sie dir
> das Wasser des Todes geben,
> dann sollst du es nicht trinken ...
> Verschmähe nicht diesen Rat,
> den ich dir gebe, erinnere dich der Worte,
> die ich gesprochen habe.»

Alles geschah, wie Ea es vorausgesagt hatte. Anu jedoch, zweifellos gerührt von Adapas ehrlich gemeinter Beichte, bot ihm statt des «Essens und Trinkens des Todes» das «Brot und das Wasser des Lebens» an. Das wußte Adapa nicht. Er befolgte gehorsam den Rat Eas und lehnte die Geschenke, die ihn unsterblich gemacht hätten, ab. Daraufhin sandte ihn Anu weg mit den einfachen Worten: «Nehmt ihn, und bringt ihn zur Erde zurück.»

Adapa verlor seines blinden Gehorsams wegen seine Unsterblichkeit und mit ihm die ganze Menschheit. Was war aber mit Ea los, diesem weisen, großen Initiator? Es scheint, daß er eifersüchtig war auf die Unsterblichkeit, die sich die Menschheit wünschte und die ihr angeboten wurde. – Hier zeigt sich die Doppelnatur des sonst den Menschen wohlgefälligen Gottes.

Eines Abends traf ich zufällig die Mutter eines meiner Patienten, der seiner bemerkenswerten Karriere wegen außerordentlich erfolgreich im Leben war. Ich gratulierte der Mutter zum Erfolg ihres Sohns. Die Mutter jedoch schaute mich kalt an und sagte: «Ich hätte nie ein solches Metier gewählt!» Auch sie, die dem Sohn zugetane Mutter, war, wie es bei Eltern – meist unbewußt – oft vorkommt, schrecklich eifersüchtig auf ihr Kind.

Die babylonisch-sumerischen Götter waren aber auch über das Unglück der Menschen besorgt, das sie ihrer Sterblichkeit wegen erleiden mußten. Sie gaben ihnen eine Göttin namens Gula, als Schutzgöttin der Medizin heilte sie Krankheiten und verlängerte das Leben. Gula war auch die Göttin der Geburt und Beschützerin und Verteidigerin des Heims. Sie wurde sozusagen das Gegengift der Eifersucht von Ea. Gula, die beschützte und vorbeugte, die eine göttliche Heilerin war, die die unaufhörliche Wachsamkeit und das Aufspüren aller dunklen Dinge in der Unterwelt symbolisierte, war zweifellos das treffende Gegenmittel zum Eifersuchtsdämon, der Ea ergriffen und der den Menschen die Sterblichkeit und damit die zahllosen Übel der Menschheit für immer aufgebürdet hatte.

Bei pathologischer Eifersucht kann nur das schützende Selbst, die größere Persönlichkeit, den intensiven und leidenschaftlichen Trieb im Schatten der menschlichen Persönlichkeit beruhigen.

Altes Testament

Im Alten Testament finden sich immer wieder Hinweise auf menschliche Eifersucht. So heißt es im dreiundsiebzigsten Psalm: «Lauter Güte ist Gott für Israel, für alle Menschen mit reinem Herzen. Ich aber – fast wären meine Füße gestrauchelt, beinahe wäre ich gefallen. Denn ich habe mich über die Prahler ereifert, als ich sah, daß es diesen Frevlern so gut ging. Sie leiden ja keine Qualen, ihr Leib ist gesund und wohlgenährt.»[87] Und in der Genesis steht: «Als Rahel sah, daß sie Jakob keine Kinder gebar, wurde sie eifersüchtig auf ihre Schwester. Sie sagte zu Jakob: Verschaff mir Söhne: Wenn nicht, sterbe ich.»[88]

Das Grundthema in der Geschichte von Josef und seinen Brüdern ist Eifersucht: «Israel liebte Josef unter allen seinen Söhnen am meisten, weil er ihm noch in hohem Alter geboren worden war. ... Als seine Brüder sahen, daß ihr Vater ihn mehr liebte als alle seine Brüder, haßten sie ihn und konnten mit ihm kein gutes Wort mehr reden.»[89] Hier haben wir nochmals einen Fall von Eifersucht unter Geschwistern. Eifersucht ist das Hinterland aller geschwisterlichen Feindseligkeit und Rivalitäten.

In den Sprüchen steht der geheimnisvolle Satz: «... wer aber besteht vor der Eifersucht?»[90] Hier kann man den ebenso kurzen Kommentar beifügen: «Wer wohl?»

Im Alten Testament finden sich aber auch Hinweise auf die Eifersucht Gottes. Betrachten wir den alten jüdischen Mythos, der den Glauben und das Verhalten der Menschheit während der letzten zweitausend Jahre stärker als jeder andere beeinflußt hat. Der Mythos findet sich im zweiten und dritten Kapitel der Genesis, in der Schöpfungsgeschichte. Er beginnt so:

> «Dann legte Gott, der Herr, in Eden, im Osten, einen Garten an und setzte dorthin den Menschen, den er geformt hatte. Gott der Herr, ließ aus dem Ackerboden allerlei Bäume wachsen, verlockend anzusehen und mit köstlichen Früchten, in der Mitte des Gartens aber den Baum des Lebens und den Baum der Erkenntnis von Gut und Böse.»[91]

Adam wurde verboten, von den Früchten dieses Baums zu essen:

«Von allen Bäumen des Gartens darfst du essen, doch vom Baum der Erkenntnis von Gut und Böse darfst du nicht essen; denn sobald du davon ißt, wirst du sterben.»[92]

Mit andern Worten, um glücklich zu sein, mußte sich Adam des Bösen gänzlich unbewußt bleiben, und damit auch des Guten, denn dieses hat ohne die Existenz des Bösen keine Bedeutung. Ohne seinen Gegensatz kann das Gute gar nicht erkannt werden.

Im sumerischen Mythos von Adapa versuchte Anu den Menschen in Unwissenheit über die Geheimnisse des Himmels und der Erde zu halten, und als er entdeckte, daß Adapa (der Mensch) sie von Ea, dem Wassergott, erfahren hatte, hatte er keine Wahl, als ihm das Brot und das Wasser des Lebens anzubieten. Jahwe hatte dieselbe Absicht in bezug auf Adam, den Gärtner von Eden. Er versetzte ihn in einen tiefen Schlaf, nahm eine seiner Rippen und machte aus ihr eine Frau.

Dann kam die Schlange ins Paradies. Die Einführung der Schlange stützt sich vermutlich auf dasselbe Motiv, nämlich die Eifersucht Gottes, der, da er allwissend war, von der Unsterblichkeit des Menschen wußte und ihn ins Verderben lockte. Jahwe sagte zu Adam, daß er an dem Tag, an dem er vom Baum der Erkenntnis esse, sterben werde, und tatsächlich lernte der Mensch den Tod kennen, als er vom Baum der Erkenntnis aß. Das ist die symbolische Bedeutung des Apfels. Die Menschen wurden wie Gott und wußten von nun an, wie die Schlange voraussagte, «was gut und böse ist»[93].

Steht man dem eigenen Bösen gegenüber, dann mag das wie der Tod sein. Doch wie der Tod, weist auch die Erfahrung der eigenen Abgründe über die persönliche Bedeutung hinaus. Jung erwähnt häufig, daß der ins Bewußtsein tretende Schatten das Mittel zur Wiedergeburt und zur Erneuerung des menschlichen Lebens ist. Der Schatten vermittelt uns den ersten Einblick in den unbewußten Teil unserer Persönlichkeit, und mit seiner Hilfe wird es uns möglich, unsere individuelle Natur zu verwirklichen. Nach Jung ist die Begegnung mit dem Schatten der einzige Weg zum Unbewußten und zu unserer eigenen Realität. Nur wenn wir diesen Teil von uns erfahren, können wir zu seinem Ursprung vordringen und die Grundlage, auf die er sich stützt, verstehen. Deshalb ist der Schatten der erste Schritt hin zur Begegnung mit dem Selbst, der größeren Persönlichkeit.

Von der Frau erfuhr die Schlange, daß Jahwe ihr und Adam erlaubt hatte, von den Früchten aller Bäume, die er für sie gepflanzt hatte, zu essen, mit Ausnahme des Baumes in der Mitte des Gartens. Wenn sie von jenem Baum äßen, würden sie sterben. Die Schlange behauptete das Gegenteil: Indem sie davon äßen, würden sie die Geheimnisse Gottes entdecken und durch das Wissen von Gut und Böse so werden wie Er. – Hier haben wir's! Die Schlange, die dunkle (unbewußte) oder göttliche Eifersucht, treibt die Menschen heimlich zu dem, was ihnen schadet, und verstärkt die negativen Aspekte: den Ungehorsam, die Machtgelüste, gefolgt oder begleitet von der Inflation. Schon hier zeigt sich aber auch im Ehepaar der angeborene Neid und der eifersüchtige Groll gegen Gott.

In einer Analyse ist kein Fortschritt möglich, ehe wir uns nicht eingehend mit dem Schatten befaßt haben. Es reicht nicht, wenn wir nur über ihn sprechen. Wir müssen uns so sehen, wie wir wirklich sind, und nicht so, wie wir zu sein glauben. Versuchen wir ehrlich, unsere wahre Realität zu sehen, unsere Dunkelheit zu erkennen und zu erleben, stoßen wir gewöhnlich auf das Problem der Eifersucht. Als Analytikerin habe ich immer ein sehr unangenehmes Gefühl, wenn Analysanden mir in der Anfangsphase der Analyse unschuldig sagen, sie seien nie eifersüchtig. Denn wir sind alle eifersüchtig, Eifersucht gehört zum menschlichen (und göttlichen) Wesen. Unsere Lebensaufgabe ist es jedoch, die finsteren Seiten zu erkennen und die tiefen, verborgenen und deshalb destruktiven Leidenschaften ins Bewußtsein zu bringen. Eifersucht muß bewußt erkannt werden; wir müssen sie für das halten, was sie wirklich ist. Dies ist harte Arbeit, bei der wir unsere Gedanken, Gefühle und Reaktionen und unser Verhalten ständig beobachten müssen. Natürlich ist es viel einfacher, sich gehen zu lassen und der Eifersucht zu erlauben, ihren gewundenen Pfad ungehindert fortzusetzen. Doch ist dies nicht der Weg, der zu unserem individuellen Sein führt.

Die richtige Einstellung: Das gottgewollte Glück des Polykrates

Oft hört man von Menschen, denen alles gelingt, denen das Glück und die schöpferischen Gaben wie Silberströme zufließen. Es gibt eine berühmte Geschichte aus dem alten Griechenland über Polykrates, dessen andauernder Wohlstand seinen Freund Amasis beunruhigte. Dieser schrieb ihm folgendes:

«Es ist erfreulich, vom Glück und Erfolg eines Freundes und Verbündeten zu hören. Doch gefällt mir Dein übertriebener Reichtum nicht, denn ich weiß, wie eifersüchtig der Gott ist! Was mich betrifft, so habe ich es lieber, wenn meine Geschäfte und die meiner Freunde manchmal gut und manchmal schlecht gehen, statt daß sie immer erfolgreich sind. Denn ich kann mich nicht erinnern, je von einem Mann gehört zu haben, der immer Glück hatte und nicht am Ende total ruiniert war. Ich rate Dir deshalb, folgendes zu tun: Überlege Dir, was Dir am meisten bedeutet und was Dich am meisten reuen würde, wenn es Dir abhanden käme; dann wirf es weg, auf daß kein Mensch es je wiedersehen möge. Wenn sich Glück und Unglück daraufhin nicht abwechseln, dann wiederhole das Heilmittel, das Du von mir hast.»[94]

Polykrates soll darauf einen wertvollen Ring ins Meer geworfen haben. Doch sein außergewöhnliches Glück wollte es, daß dieser im Bauch eines Fisches wieder auftauchte. Dies überzeugte Amasis, daß der Untergang seines Freundes unvermeidbar sei. Er sandte einen Boten nach Samos, um seine Freundschaft und alle freundschaftlichen Verpflichtungen aufzulösen.

Er wollte nicht, daß, «sollte Polykrates ein großes und furchtbares Unglück zustoßen, man ihn als seinen Freund bedauerte».

Das Glück des Polykrates war jedoch gottgewollt. Als Amasis ihm vorgeschlagen hatte, die Götter zu versöhnen, tat er es ohne zu zögern und warf seinen wertvollen Ring gehorsam ins Meer. Die Tatsache, daß der Ring von einem Fisch gerettet und Polykrates zurückgegeben wurde, zeigt, daß die Götter das Geschenk angenommen hatten; es war nicht, wie sein Freund glaubte, eine Provokation der Götter. Der Ring symbolisierte die Verbindung mit dem Selbst und war (gemäß Jungscher Denkweise) ein Geschenk des Selbst an Polykrates, daher konnte er ihn gar nicht verlieren, denn er gehörte ihm für immer.

Es gibt auch deshalb keinen Grund zur Annahme, daß ihm die Götter böse waren, weil Polykrates bei all seinem Reichtum bescheiden geblieben war. Was die Götter nicht ertragen, ist die Hybris der Menschen. Hinter Amasis' eifriger Sorge um seinen Freund verbirgt sich in Wirklichkeit unbewußte Eifersucht. Daß Polykrates abermals Glück hatte und den Ring zurückerhielt, ertrug Amasis nicht mehr, und er opferte seine Freundschaft, um nicht weiterhin leiden zu müssen. Man kann sich leicht vorstellen, daß es der Schmerz seines eigenen eifersüchtigen Schattens war, den er nicht ertragen konnte. Als er seinem Freund Polykrates schrieb, er wisse, wie eifersüchtig die Gottheit sei, hatte er wohl seinen eigenen eifersüchtigen Schatten auf den Gott projiziert. Es war Amasis selbst, der im geheimen wünschte, daß sein Freund erniedrigt werde.

Die Sünde der Hybris, des arroganten Stolzes, ist es, die die Eifersucht der Götter erregt. Sobald wir glauben, daß unser Glück und unser Reichtum gänzlich von unserer eigenen Macht abhängen, wird das Ichbewußtsein von Hybris ergriffen, und damit tun wir den ersten Schritt auf einem Weg voller Gefahren. Ein Mensch, der ununterbrochen von Ehre und Erfolg überschüttet wird, tut daher gut daran, einen Anteil seines Glücks den Göttern freiwillig zu opfern, um das richtige Verhältnis wiederherzustellen.

Der kollektive Neid

Das allgegenwärtige Problem der Eifersucht und des Neids beginnt, wenn das Auge mit Hilfe des Sehsinns einen Gegenstand wahrnimmt. Diese Tatsache liegt dem im ganzen Mittelmeerraum, vor allem im Nahen und Mittleren Osten, verbreitete Glaube an den bösen Blicks zugrunde. Der böse Blick ist der Blick des Eifersüchtigen und des Boshaften. Ein solcher Mensch soll die Macht haben, andere Menschen oder auch Tiere, auf die er seinen Blick richtet, zu verzaubern, zu verletzen oder zu töten.

Eine Ärztin polnischer Abstammung geriet zu Beginn des Zweiten Weltkrieges in russische Gefangenschaft und kam nach Sibirien in ein Lager, wo sie fünf Jahre lang lebte. Es war ein fürchterlicher, höllischer Ort, und ihr Aufenthalt dort hinterließ psychische Schäden, mit denen sie für den Rest ihres Lebens zu kämpfen hatte.

Eines Tages sah sie, wie ein Mann einen andern eines Reiskorns wegen tötete, das dieser auf seinem Blechteller übriggelassen hatte. In dem Moment, in dem das Opfer es mit den Fingern aufheben wollte, ergriff sein Nachbar, dessen starrer Blick auf das einsame Reiskorn gerichtet war, die Blechtasse und tötete den Mann mit einem einzigen Schlag. Dies ist ein außergewöhnliches Beispiel für den mörderischen Neid eines Individuums.

Die Ärztin erzählte, sie sei in jenen Lagern Zeugin einer Barbarei der primitivsten Art gewesen. Unter solchen Umständen entwickeln sich Männer (und Frauen) in einen wilden, gesetzlosen, instinktiven Zustand zurück, der von unbewußten Kräften beherrscht wird. Die Samen dieser Kräfte erkennt man noch in der Kindheit und Jugend. Unter dem Einfluß der Sozialisation verschwinden sie von der Bildoberfläche, können jedoch jederzeit wieder hervorbrechen, wenn die äußere Situation ihnen förderlich ist. Diese gesetzlosen Instinkthandlungen liegen kollektiven Ausschreitungen wie auch dem barbarischen Verhalten bei Streitigkeiten in der Familie zugrunde. Dazu Jung[95]:

> «Die Primitiven fürchten die konvergierenden Blickachsen des Europäers, die ihnen als malocchio erscheinen. Ein Pueblohäuptling vertraute mir seine Überzeugung an, daß alle Amerikaner (die einzigen Weißen, die er kannte) verrückt seien, und begründete seine Anschauung so, daß man darin ohne weiteres die Beschreibung von Besessenen erkennen konnte. [...] Seit unvordenklichen Zeiten war die Natur immer beseelt gewesen. Jetzt leben wir zum erstenmal in einer entseelten und entgötterten Natur. Niemand wird die bedeutende Rolle, welche die als «Götter» bezeichneten Potenzen der menschlichen Seele in der Vergangenheit gespielt haben, leugnen. Mit einem bloßen Aufklärungsakt sind zwar die Naturgeister ungültig geworden, nicht aber die entsprechenden psychischen Faktoren, wie zum Beispiel die Suggestibilität, die Kritiklosigkeit, die Ängstlichkeit, die Neigung zu Aberglauben und Vorurteil, kurz alle jene bekannten Eigenschaften, welche die Besessenheit ermöglichen. Wenn schon die Natur entseelt ist, so sind die psychischen Bedingungen, welche Dämonen erzeugen, so aktiv wie nur je am Werke. Die Dämonen sind eben nicht wirklich verschwunden, sondern haben nur die Gestalt geändert. Sie sind jetzt unbewußte psychische Potenzen geworden. Mit diesem Resorptionsprozeß ging Hand in Hand eine zunehmende Inflation des Ichs, was sich etwa seit dem 16. Jahrhundert deutlich genug bemerkbar macht.»

Die Besessenheit ist überall zu sehen und überdeckt gleich einem riesigen Atompilz unser Jahrhundert und unsere Welt. Wir erlebten das Ende einer Epoche, als der Erste Weltkrieg 1914 alle alten Werte zerstörte. Deutschland wurde von einer Raserei ergriffen, die zum Zweiten Weltkrieg führte. Rußland war viele Jahrzehnte lang in einer beängstigenden Versklavung gefangen. Der neidische, lüsterne Blick der Herrschenden war auf Weltdomination gerichtet. Ein solches Streben ist ein Glaubensbekenntnis des Neids. Der Fall der Berliner Mauer und der Zusammenbruch des Kommunismus in der Sowjetunion hat am Prinzip nichts geändert. Das Ziel besteht weiter, nur unter anderen Namen.

In den letzten vierzig bis fünfzig Jahren hat sich der «neidische Blick» auf den Mond und die Sterne gerichtet. Das neue Ziel des Menschen ist nun die Eroberung und Domination der Planeten – der «Augen Gottes». Eines der Instrumente in diesem Unterfangen hat sogar den Namen «Challenger» (Herausforderer). Wen oder was fordern wir hier heraus? Die Welt Gottes oder Gott selbst?

In weiser Voraussicht erkannte Jung unsere zukünftigen berauschenden Gedanken und Zwangsvorstellungen, die zur unbewußten Hybris führen und uns von der inneren, instinktiven Welt abschneiden. Die Besessenen der heutigen Zeit sind wie ewige Wanderer auf der Suche nach einer verlockenden Illusion. Ihr Verlangen kann jedoch nur durch Aneignung des Objekt des Neides, auf das ihr neidischer Blick gefallen ist, durch seine totale Assimilation und damit durch seine Zerstörung befriedigt werden. Das ist die Natur des kollektiven Neides, der großen Gefahr für den modernen Menschen.

Pathologische Eifersucht

Die pathologische Eifersucht hat paranoide und zwangshafte Züge. Sommers[96] beschreibt ihr Auftreten «in jenen Menschen, die spionieren, beschatten, schnüffeln, Szenen machen, bösartige Briefe schreiben, Steine werfen, andern eine Beichte entlocken, ihre Partner in der Bewegungsfreiheit einschränken, die Vaterschaft ihrer Kinder leugnen und schließlich Menschen erstechen oder strangulieren».

Sehr eifersüchtige Leute bringen ihre Mitmenschen häufig zur Verzweiflung und verursachen eine solche Verwirrung, daß oft schwer festzustellen ist, wer nun das wirkliche Opfer ist. Entwickelt jemand Wahnvorstellungen über die Untreue des Partners, so besteht die Gefahr eines Mords, da wahnhafte Vorstellungen der rationalen Überprüfung nicht zugänglich sind. In einer von Mowat[97] geleiteten Umfrage im englischen Broadmoor-Gefängnis für geistesgestörte Verbrecher zeigte sich, daß die Hälfte der untersuchten männlichen Patienten und vier der Frauen Opfer eines wahnhaften Glaubens an die Untreue ihrer Partner waren. Von den zweiundsechzig untersuchten Kriminellen, die wegen eines Eifersuchtsmordes verurteilt worden waren, fanden sich nur fünfzehn, die anscheinend nicht in einem solchen Irrglauben gefangen waren.

Man darf nie vergessen, «daß eine Person, die an einer Wahnvorstellung leidet, sonst in jeder Hinsicht intellektuell fähig ist, so daß niemand vermuten würde, daß das, was sie über ihren Partner erzählt, nicht wahr ist»[98]. In der Analyse bereitet das manchmal große Schwierigkeiten. Es ist Aufgabe des Analytikers herausfinden, ob der Eifersuchtskomplex im persönlichen Schatten liegt oder tieferen Schichten entstammt.

Eine meiner früheren Analysandinnen war eine Frau von scheinbar einwandfreiem Charakter. Sie kam zu mir, weil sie ein höchst beängstigendes Problem mit ihrer jungen Tochter hatte, die sie, wie sie mir versicherte, sehr liebte. Im Verlaufe der Analyse wurde es klar, daß sie in Wahrheit krankhaft eifersüchtig auf das heranwachsende Mädchen war.

In der Analyse kamen einige Jahre während der Pubertät dieser Frau ans Licht, die nicht zum Bild der wohlanständigen Frau paßten. Damals befand sie sich auf einem Weg zunehmender Sittenlosigkeit. Ich hatte anfangs Mühe, diese anständige Matrone in den mittleren Jahren als das amoralische Mädchen ihrer Vergangenheit zu sehen, das, obschon es mit aller Kraft verdrängt wurde, noch immer ein dynamisches Leben in der Psyche der Frau führte. Von Zeit zu Zeit brach es in ihr Leben ein und führte zu Perioden der Untreue und zu gravierenden Diebstählen.

Die Frau brachte einen Traum in die Analyse, in dem sie als junges Mädchen zusammen mit einem unbekannten Mann in einem Bett im Krankenhaus lag. Er war alt, häßlich, deformiert, gefährlich und zudem ein Mörder. Nach diesem Traum kam die Analyse zu einem abrupten Ende. Ich sah die Frau nicht wieder, doch der Traum und die Art, wie sie ihn erzählte, beunruhigten mich noch lange. Er erklärte auch, weswegen ihre junge Tochter die Mutter nicht tolerieren konnte. Zweifellos spürte sie die Gegenwart des unbewußten Mörders, im Traum symbolisch durch ein Bild des archetypischen Bösen dargestellt. Sie fühlte, daß ihre Mutter eine Verbrecherin war.

Krankhafte Eifersucht scheint gefährlicher zu sein als die meisten Geisteskrankheiten. In seinem Buch über sexuelle Eifersucht schreibt Sommers: «Untersuchungen der Fälle, in denen irrationale und extreme Eifersucht das hauptsächliche Symptom ist, haben ergeben, daß sie etwa zwei bis fünf Prozent der klinischen Fälle ausmachen.» Doch ist bei den geisteskranken Kriminellen der proportionale Anteil jener, die ein Gewaltverbrechen unter dem Einfluß irrationaler Eifersucht begehen, höher. Mowat kam in seinem Bericht über wegen Mordes oder Mordversuchen in Broadmoor Einsitzende zu einem Anteil von 12 bis 15 Prozent; das ist drei- bis viermal soviel wie bei Patienten in den Kliniken und Krankenhäusern.

Pathologisch eifersüchtige Menschen, die feindselig und gewalttätig sind, haben zur Zeit ihrer Reaktion anscheinend keinerlei Gewissensbisse. Ein solcher Zustand abnormer Eifersucht führt zur teilweisen oder totalen Besessenheit des Ichbewußtseins von sadistischen, brutalen und barbarischen unbewußten Impulsen oder zur Auflösung des Ichbewußtseins in der Psychose.

Die Kreutzersonate

Eines der wertvollsten literarischen Werke über pathologische Eifersucht ist die *Kreutzersonate* des im vorigen Jahrhundert lebenden russischen Dichters Leo Tolstoi[99]. Die *Kreutzersonate* ist die grauenerregende Erzählung einer krankhaften Eifersucht, die zu einem Mord führt.

Die großen russischen Gutsbetriebe jener Zeit waren eine in sich geschlossene Welt mit strikten Hierarchievorschriften. Natürlich wurden Menschen aus allen Gesellschaftsschichten akzeptiert, doch von den Adeligen wurde erwartet, daß sie innerhalb ihrer eigenen Klasse heirateten. Der Graf Leo Tolstoi jedoch heiratete eine Frau aus einer niedrigeren Gesellschaftsschicht, Sonya, die Tochter eines Arztes.

Zweifellos kannte der Adel das Problem der vor- und außerehelichen Beziehungen, und obwohl den Ehefrauen die Situation vielleicht nicht angenehm war, waren sie doch dazu erzogen worden, sie wenigstens zu akzeptieren. Das Problem existierte in den meisten europäischen Familien jener Zeit.

Tolstoi selbst führte vor seiner Heirat mit Sonya ein ausschweifendes Leben als Spieler und Verführer. Von Sonya fühlte er sich außerordentlich angezogen, stärker als von ihrer älteren Schwester, die versucht hatte, Tolstoi für sich zu gewinnen, und der er zunächst den Hof gemacht hatte. Zu der Zeit hatte Sonya anscheinend eine Geschichte über einen ihrer Verehrer verfaßt, in der sie zugab, sich zu Tolstoi hingezogen zu fühlen, in der sie aber auch schrieb, daß er für sie körperlich nicht attraktiv sei. Sie ließ die Geschichte an einem Ort liegen, wo Tolstoi sie fand und las. Vielleicht wollte Sonya Tolstoi dafür bestrafen, daß er früher ihre Schwester vorgezogen hatte. Es schmerzte Tolstoi natürlich, daß Sonya ihn körperlich nicht attraktiv fand, doch war er überzeugt, daß seine Liebe über Sonyas Ambivalenz siegen würde. Vermutlich war dies der erste Samen der Eifersucht in der Beziehung von Tolstoi und Sonya. Zusätzlich gab es noch die geschwisterliche Eifersucht zwischen Sonya und deren älterer Schwester – und von deren Seite wohl auch die Eifersucht der verschmähten Frau.

Eine Woche vor der Heirat gab Tolstoi seiner zukünftigen, damals achtzehnjährigen Braut seine Tagebücher zum Lesen. Offenbar hatte er darin all seine bisherigen Tätigkeiten und sein langjähriges zerstörerisches Geldspiel beschrieben. Er erzählte darin auch sehr offen von seinen Eskapaden mit allen möglichen Frauen, mit Zigeunerinnen, Prostituierten, Frauen im Kreise von Sonyas Mutter und mit seinen Leibeigenen. Die brutale Art, mit der Tolstoi seiner zukünftigen Frau seine Affären bekanntgab, zeigt seinen kalten und brutalen Schatten.

Durch das Tagebuch erfuhr Sonya von Axinia, einer Bäuerin und Leibeigenen Tolstois, mit der er eine sexuelle Beziehung gehabt und die ihm einen unehelichen Sohn geboren hatte. Das Kind war zur Zeit von Sonyas und Tolstois Heirat vier Jahre alt. In der kurzen Zeit zwischen der Lektüre der Tagebücher und der Hochzeit befand sich Sonya in einem Zustand des Entsetzens und der Abscheu, die sie in ihren eigenen Tagebüchern beschrieb.

Doch war dies nichts im Vergleich zu dem, was einige Wochen nach der Hochzeit geschah, als sie das Haus betrat und ganz unerwartet einer starken Bäuerin begegnete, die auf Händen und Knien den Boden fegte. Es war die Leibeigene Axinia. Die Wirkung der Begegnung zwischen der Frau des Hauses und der Dienstmagd war unbeschreiblich. Sobald Sonya die Frau erkannte, rannte sie aus dem Haus. Während der ganze Haushalt stundenlang nach ihr suchte, verbarg sie sich zusammen mit ihrem Hund unter einem Haufen alter Kleider in einem Hintergebäude des Guts. Danach verhielt sie sich wochenlang hysterisch.

Der Satz in Tolstois Tagebuch, mit dem er seine Liaison mit Axinia beschrieb und der Sonya in diesen Zustand trieb, war: «Ich bin noch nie so verliebt gewesen.» Sonya war außer sich vor eifersüchtiger Wut. Später schrieb sie, daß sie Tolstoi am liebsten umgebracht und einen andern, aber identischen Mann geheiratet hätte – vermutlich ohne Tolstois sexuelle Vorgeschichte. Sie war eifersüchtig auf seine Vergangenheit, sein bisheriges erotisches Leben, an dem sie nie teilhaben konnte. Sie schrieb die bedeutsamen Worte: «Er versteht nicht, daß seine Vergangenheit eine ganze Welt mit tausend verschiedenen Gefühlen ist, die mir nie gehören werden, genau wie seine Jugend, die er weiß Gott wo verbracht hat und die ich nie besitzen werde.» Hier kommt sehr deutlich eine überwältigende Besitzgier und eine Art Sehnsucht zum Ausdruck, die zu einer ausgesprochenen Isolation führt. Man spürt weder Anerkennung noch Dankbarkeit für den Menschen Tolstoi, für das, was er war und was ihn zu ihrem Ehemann gemacht hatte. Ihre Worte zeigen ein ungelöstes unbewußtes Machtstreben.

Frauen vergeben Männern selten eine Untreue, ob sie sich nun vor oder nach der Heirat ereignet hat. Dessen muß man sich bewußt sein, bevor man den Entschluß faßt, sich vergangene und gegenwärtige Liebesaffären von der Seele zu reden. Man kann nie wissen, wieviel eifersüchtige Wut in der Persönlichkeit eines Menschen verdrängt oder unterdrückt ist.

Die Ehe zwischen Tolstoi und Sonya war alles andere als ausgeglichen; sie schwankte zwischen Leidenschaft und Ablehnung, zwischen Anziehung und Abstoßung. Die Ambivalenz war immer vorhanden. Tolstois Eifersucht wurde in der späteren Ehe von einer intensiven, doch anscheinend platonischen Freundschaft zwischen Sonya und dem bekannten Pianisten und Komponisten Tanayev angeheizt. Interessanterweise wurde diese Freundschaft von Tolstoi viele Jahre früher in der *Kreutzersonate* vorausgesagt.

Die Geschichte entfaltet sich, indem der von einer Mordanklage freigesprochene Intellektuelle Pozdnisheff das Ereignis – zu dem sich viele Parallelen in Tolstois Leben finden – auf einer Eisenbahnfahrt durch die nächtliche Weite Rußlands wiedererzählt:

Vor seiner Hochzeit, die einige Jahre zurücklag, war Pozdnisheff (wie Tolstoi) ein Lüstling gewesen, der ein wüstes Leben geführt hatte. Als er heiratete, erkannte er, daß die Ehe zwar voller Leidenschaft, jedoch anscheinend ohne Liebe war (ganz wie bei Tolstoi). Es kamen Kinder, die seine Frau vollständig in Anspruch nahmen. Schließlich war sie so von ihrer ständigen Sorge um sie überfordert, daß ihr der Arzt riet, keine weiteren Kinder mehr zu haben. Über diesen Rat freute sie sich sehr; sie blühte auf und verwandelte sich in ihr früheres kokettes, bezauberndes, elegantes und gepflegtes Selbst zurück. Sie ging wieder unter die Leute, begann zu musizieren und entwickelte sich zu einer äußerst gewandten Pianistin.

Eines Tages besuchte sie ein ehemaliger Freund Pozdnisheffs, ein berühmter Violinist namens Trukhatchevsky, auf seiner Durchreise von Paris. Er hatte den Ruf eines Frauenhelden. Pozdnisheff, dem dies bekannt war, lud ihn dennoch zu sich nach Hause ein und stellte ihn seiner Frau vor. Offensichtlich hatte sein Schatten hier die Hand im Spiel und arrangierte eine Situation, die ihm selbst und seiner Frau zum Verhängnis wurde.

Zwischen seiner Frau und dem Musiker bildete sich eine Freundschaft, die ihren Höhepunkt an einer Soirée im Hause des Ehepaars erreichte. Gleich danach mußte der Violinist ins Ausland verreisen, so sagte dieser zumindest. Am Tag nach der Soirée fuhr Pozdnisheff aufs Land, wo er seinen regulären Pflichten als Friedensrichter nachkam. Am Tag danach erhielt er einen Brief seiner Frau, die ihm über die alltäglichen Dinge zu Hause berichtete. Im letzten Satz erwähnte sie jedoch, daß Trukhatchevsky sie besucht hätte, um ihr Noten zu bringen, und bemerkte beiläufig, sie hätte ihm nicht erlaubt zu bleiben.

Man stelle sich die Lage vor! Pozdnisheff wußte, daß sich irgend etwas zwischen dem Musiker und seiner Frau angebahnt hatte und daß er die Situation selbst arrangiert hatte. Er wußte auch, daß sie den Musiker am Tage zuvor verabschiedet hatten, bevor er ins Ausland fuhr. Zweifellos waren Pozdnisheffs Abwesenheit und seine Geschäfte auf dem Land vorher zwischen dem Musiker und der Ehefrau zur Sprache gekommen. Man kann sich nun fragen, weswegen die Frau Trukhatchevskys Rückkehr und ihre abweisende Haltung im Brief erwähnt hatte. Anscheinend hatte sie es mit Absicht getan, aus einer primitiven Animosität heraus, um ihren Mann zu bestrafen und zu verletzen.

Umgehend wurde Pozdnisheff von einer wilden Eifersucht ergriffen und beschloß, sofort nach Hause zurückzukehren. Er nahm einen Wagen und fuhr die dreißig Meilen zum Bahnhof. Dabei kochte er vor Wut und beschimpfte den Kutscher, das Pferd und den Wagen. Dem folgte eine achtstündige Fahrt zurück nach Moskau. Die Beschreibung der Fahrt zum Bahnhof und der achtstündigen, langsamen Bahnfahrt nach Moskau ist ein Meisterwerk. Wir leben mit dem Ehemann mit, spüren die steigende Spannung und seine Wut, als er bei seiner Ankunft zu Hause nach Mitternacht seine Frau und den Musiker zusammen beim Abendessen vorfindet. Mit atemberaubender Wirkung führt Tolstoi die Geschichte zu Ende.

Pozdnisheff zieht die Schuhe aus, als er das Haus betritt, zückt seinen Dolch und stürzt sich auf Trukhatchevsky, dem es jedoch gelingt zu entkommen. Dann packt er seine Frau, die sich dazwischengestellt hat, wirft sie zu Boden, sie hält sich jedoch an ihm fest, und so sticht er mit dem Dolch auf sie ein. Dann läßt er von ihr ab, bemerkt, daß er seinen Gegner verloren hat, geht in sein Zimmer, wo er betäubt aufs Bett fällt und träumt, er habe seine Frau verletzt. Er erwacht und glaubt, alles geträumt zu haben. Doch dann sieht er, daß das Haus voller Menschen ist, und erfährt, daß seine Frau schwer verletzt sei, aber noch lebe. Widerstrebend geht er zu ihr, und sie sagt ihm, es sei ihm gelungen, sie zu töten, doch die Kinder werde er nie erhalten. Dann stirbt sie.

Das Buch ist eine meisterhafte Darstellung der Dynamik, die zum Mord führt, der Qual des eifersüchtigen Mannes, die ihren Höhepunkt erreicht, wenn das Messer in den Körper seiner Frau dringt. Auch der Ehemann ist ein Opfer, denn er wird von einer Kraft getrieben, die stärker ist als er, was Eifersucht in der Form von Besessenheit immer ist. Das Ichbewußtsein wird überwältigt, und es bleibt nur der dämonische Zwang, zu erniedrigen, zu verletzen und zu töten. Besessenheit muß durch irgendeine körperliche Handlung gelindert werden. Pozdnisheffs Seele entfloh, und der verschlingende Komplex konnte sich seines Bewußtseins bemächtigen und ihn zur Tat eines Geistesgestörten treiben.

Pozdnisheff sagt am Ende der Erzählung, er habe erst beim Anblick des Gesichts seiner toten Frau im Sarg verstanden, daß er sie ermordet habe. Erst da trat seine Handlung ins Bewußtsein, die Besessenheit legte sich, und er war davon befreit. Die wilde Eifersucht Pozdnisheffs läßt vermuten, daß seine eifersüchtige weibliche Seite – seine Anima – sein Bewußtsein überwältigte und erst dann wieder freigab, als er erkannte, daß seine Frau tot war. Und damit hatte er seine eigene Seele umgebracht und war somit selbst – psychisch – tot.

Mit größter Wahrscheinlichkeit sagt die Erzählung viel aus über den unbewußten Hintergrund der Ehe Tolstois. Es ist sogar denkbar, daß Tolstoi, indem er sich mit seiner eigenen eifersüchtigen Habsucht und der seiner Frau über viele Jahre hinweg beschäftigte, nicht nur ein außerordentliches Buch verfaßte, sondern sogar einen wirklichen Mord in seiner eigenen Ehe verhinderte. Die lieblose Ehe, die eifersüchtige, aber verführerische Frau, der Ehemann mit dem lüsternen Schatten, die überwältigenden Beteuerungen ewiger Liebe im Buch sind ein Spiegelbild Tolstois eigener Ehe. Das Ehepaar hatte sich in einer ausweglosen Situation verstrickt. Jeder trug die Projektion des andern, und die beiden Menschen wurden von einer verführerischen Anima und einem lüsternen Animus überschattet.

Das Problem der Leidenschaft, des Zorns und der Eifersucht wurde, so scheint es, weder im Buch noch im wirklichen Leben der Tolstois gelöst, denn Eros, der Beziehung schafft, fehlte, und man spürt keine psychische Verbundenheit zwischen den beiden Menschen.

In einer Ehe halten die Partner die gegenseitige Liebe oft für selbstverständlich. Man darf die Liebe jedoch nicht vernachlässigen, da diese schöpferische Emotion sonst langsam zugrunde geht. Ist sich eine Frau der Liebe ihres Ehemanns nicht sicher, fehlt diese gar oder kann er seine Gefühle ihr gegenüber nicht ausdrücken, dann beginnt sie sich über seine scheinbare Ablehnung zu ärgern. Ihre Gefühle sind verletzt, und sie fühlt sich irgendwie minderwertig. In dem Moment beginnt sie zu überlegen, wie sie sich benehmen soll oder muß. Nun ärgert sie sich noch mehr und will ihren Mann bestrafen. An diesem Punkt beginnt sie, ihre Isolation wahrzunehmen, und schließlich dringt Haß in ihr bewußtes Leben.

Sonya Tolstoi hatte den Beweis der früheren Liebesbeziehung ihres Mannes mit der Leibeigenen – das Kind von Axinia und Tolstoi – immer um sich. Man kann sich wundern über die Rücksichtslosigkeit ihres Mannes gegenüber den Gefühlen nicht nur seiner Frau, sondern auch der Leibeigenen. Möglich ist, daß Tolstois übertriebene Eitelkeit in bezug auf seine sexuelle Potenz die Hand im Spiel hatte, daß er diese sozusagen demonstrieren mußte, weil er sich durch das tatsächliche oder vermutete Interesse seiner Frau an einem andern Mann in seiner Manneskraft verletzt fühlte.

Betrachten wir die Ehe der Tolstois, die *Kreutzersonate* und auch Tolstois Roman *Anna Karenina* (von dem gesagt wird, daß er der großartigste sei, der je geschrieben wurde), sieht man deutlich, daß eine außerordentlich eifersüchtige Anima im Unbewußten von Tolstoi wirksam war, die in der Projektion auf seine Frau und auf die Figuren in seinen Büchern sichtbar wird. Dieser hochintellektuelle, brillante und höchst gebildete Mann hatte zweifellos auch einen Schatten, der von der primitiven und barbarischen Unterwelt verzaubert war, was in seiner Spielernatur, seinem ausschweifenden Leben und in seinen Kontakten mit dem Zigeunermilieu zum Ausdruck kommt.

Die Kreutzersonate macht das ungeheure zerstörerische Potential, das sich in der Eifersucht verbirgt, auf eindrückliche Weise sichtbar. Die Macht einer krankhaft eifersüchtigen Natur darf nie unterschätzt werden. Unsere Aufgabe ist es, die Gefühlsreaktion Eifersucht, den Eifersuchtskomplex und die pathologische Form des eifersüchtigen Verhaltens zu erkennen und dem unglücklichen Betroffenen zu helfen, sich des Problems bewußtzuwerden. Dazu braucht es einen starken Willen und ein Moralgefühl, doch in gefährlichen Fällen kann nur das Selbst (oder die Gnade Gottes) die Lösung bringen.

Eine Leere, wo die Liebe ihren Ort hat

Wie wir gesehen haben, gibt es verschiedene Stufen der Eifersucht. In ihrer extremsten Form äußert sie sich jedoch mit einer Heftigkeit, die das Bewußtsein verschlingt.

Eifersucht, eine Kombination von Ressentiment, Angst, Wut und Haß, weist auf ein Vakuum, eine Leere hin, wo die Liebe ihren Ort hat. Eifersucht ist ansteckend, bemächtigt sich des Bewußtseins und schwächt den Realitätssinn. In früheren Zeiten glaubte man, daß Emotionen Substanz hätten und sich wie eine Wolke oder ein Gas im Raum ausbreiten und die Atmosphäre beeinflussen könnten. Man hielt sie für eine unsichtbare, aber faßbare Realität, ähnlich wie man heutzutage sagen könnte, daß das Böse faßbar sei. Man sieht es nicht, aber man spürt es.

Die Eifersucht auf einen Liebhaber, einen Ehepartner oder einen Freund ist wie ein Stich ins Herz, der uns auf schmerzliche Weise unsere dunkle Seite vor Augen führt. Dann wünschen wir dem andern nämlich Verdammung, wollen ihn zum Teufel oder in den Himmel jagen. Manchmal überkommt uns ein tiefes Sehnen nach dem Status quo ante; wir wünschen uns, daß nie geschehen wäre, was unsere Eifersucht erregte. Dahinter verbirgt sich jedoch ein Mordgedanke, dessen wir uns bewußt sein sollten, wenn unser Gefühl für Gut und Böse noch intakt ist. Männer und Frauen müssen wissen, daß die brutale Zerstörung einer Ehe oder Freundschaft ein Mord ist. Die Gefühle des Partners werden vernichtet. Ich habe viele Frauen und Männer gekannt, die sich von solchen Ereignissen nie mehr erholt haben.

Um die Ungeheuer, die im Dunkeln des Unbewußten brüten, zu verjagen, müssen wir sie ans Licht der Sonne bringen. Wir müssen uns unserer eifersüchtigen Natur bewußt werden.

4. Trägheit

Acedia

Einstimmung

In einem gewissen Sinne sind alle Sünden sowohl spiritueller wie auch körperlicher Natur, einige jedoch sind mehr geistiger, andere eher sinnlicher Art, zu letzterer gehört die Trägheit. Sie wird beschrieben als undankbare Abneigung gegenüber dem Leben, als Gereiztheit, hervorgerufen durch fehlende körperliche Spannkraft, oder als ein Gefühl der Apathie. Auf den ersten Blick scheint es unverständlich, weswegen sie so schwer verurteilt wird, warum dieser Zustand als ein so schweres Vergehen betrachtet wurde, daß er den Betroffenen von Gott zu trennen vermag.

Wir werden sehen, daß Trägheit mehr ist als nur ein grober Exzeß oder ein Ausbruch von Leidenschaft. Sie ist oft das Ergebnis eines tiefgründigen Egoismus, der die Wurzel ist einer mißmutigen Auflehnung gegen und eine Entfremdung von Gott. Trägheit ist im allgemeinen eine unbewußte Sünde, heimtückisch, schädlich und äußerst bedrohlich für die seelische Gesundheit.

Sie gehörte im Mittelalter in Verbindung mit der Melancholie (tristitia) zu den sieben Hauptlastern, die ihre Wurzel in der Sünde des Hochmuts haben.

Das Faultier

Vor vielen Jahren, während meiner Ausbildung als Dermatologin, besuchte ich oft den Londoner Zoo und auch eine kleine, aber interessante Tiermenagerie für Forschungszwecke an der medizinischen Fakultät, an der ich arbeitete. Zum Lehrstoff über das Organ Haut gehörte, daß man sich mit Forschungsarbeiten über die Tierhaut befaßte. Zu der Zeit entwickelte ich ein tiefes Interesse an der Tierwelt, das über viele Jahre anhielt.

Auch um die menschliche Psyche verstehen zu lernen, ist es unumgänglich, daß man die Tierwelt versteht, denn unsere Psyche wurzelt in jenem Bereich. Hat man ein warmblütiges Haustier, zum Beispiel eine Katze oder einen Hund, merkt man sehr schnell, wie leicht man sich mit ihm identifiziert und eine *Participation mystique,* eine unbewußte Beziehung, entwickelt.

Im Tiergehege der medizinischen Fakultat lebten auch fünf oder sechs Faultiere, Säuger, die in Südamerika heimisch sind. Der Lebensraum des Faultiers ist der Baum. Dort hängt es mit dem Rücken nach unten und klammert sich mit den hakenartigen Organen fest, in die seine Glieder münden. Obwohl es im allgemeinen langsam und träge ist, bewegt es sich hie und da mit beträchtlicher Geschwindigkeit den Ästen entlang fort. Wenn es auf den Boden hinuntersteigen muß, was es freiwillig kaum je tut, dann schleppt es sich mühsam kriechend auf ebener Erde vorwärts. Faultiere haben einen beinahe reptilienhaft zähen Lebenswillen, sie sind Nachttiere, ruhige Einzelgänger und bringen pro Geburt nur ein Junges zur Welt.

Jeden Morgen, wenn ich mich zwischen den Patientenbesuchen nach dem Frieden, der Stille und dem gesunden Geist der Tierwelt sehnte, eilte ich die etwa acht Treppen zum Tiergehege empor. Die Faultiere faszinierten mich. Sie hatten eigenartige, kleine Gesichter und schauten mit leerem Blick unter den buschigen Augenbrauen hervor. Da hingen sie nun verkehrt an ihren Stangen, dem Ersatz für die Äste. Ihre Glieder bewegten sich fortwährend, aber so langsam, daß man es kaum sah. Sie strichen mit einem Bein gemächlich über den Kopf und dann, nach langer Pause, führten sie mit dem zweiten, dann den anderen die gleiche Bewegung durch. Manchmal hingen die Tiere stundenlang – so schien es mir zumindest – an den Stangen, ohne ein einziges Mal mit den Augen zu zwinkern. Sie strahlten «Bewegungslosigkeit» aus und ein eigenartiges Beharrungsvermögen. Sie waren nicht untätig, vermittelten jedoch den Eindruck von Trägheit, einer eigenartigen Regungslosigkeit und Apathie – daher der Name Faultier.

Die etwa fünfundzwanzigjährige Frau, die sie pflegte, war schnell und tüchtig und wurde leicht ungeduldig mit den Tieren. Sie fütterte sie etwa um zehn Uhr früh mit rohen Rüben. Als Nachttiere waren sie um diese Zeit schon schläfrig und bereiteten sich auf ihren Tagesschlaf vor. Die Tiere boten einen höchst interessanten Anblick, wie sie verkehrt an den Stangen hingen und sehr langsam und träge eine Rübe fraßen und einen dabei mit starrem Blick ansahen. Ich schaute ihnen oft tief in ihre traurigen Augen und wunderte mich, was sie wohl sahen, hörten, fühlten und dachten.

Eines Morgens, als ich wieder einmal die ungewöhnliche Vorführung beobachtete, stieß die Tierpflegerin eine Karotte auf eine etwas gebieterische Art durch das Gitter des Käfigs eines männlichen Faultiers. Dieses weigerte sich, sie zu nehmen; da gab die Pflegerin ihm statt mit dem Stab, den sie in solchen Situationen verwenden sollte, mit dem Finger einen leichten Stoß. Sofort und blitzartig drehte sich das Faultier um und biß sie in den Finger. Nun war dies außerordentlich gefährlich, da beim Biß eines wilden Tieres immer eine ernste Infektionsgefahr besteht, die sogar tödlich sein kann. Glücklicherweise erhielt die junge Frau sofort erstklassige Pflege und erholte sich innert weniger Tage.

Ich war über die Geschwindigkeit, mit der sich dieses Tier bewegte, und über die Präzision seines Bisses erstaunt. Mir wurde eine Lektion erteilt, die ich nie vergaß: Obwohl das Faultier normalerweise sehr träge, ja praktisch bewegungslos ist, kann es, wenn nötig, blitzartig reagieren. Die junge Dame hatte ihre Pfleglinge falsch eingeschätzt, und weder sie noch ich erkannten damals, daß in der Natur des Faultiers auch sein Gegensatz lebt.

Bedeutung und Etymologie

Trägheit (alt- und mittelhochdeutsch *trâcheit*) bedeutet «langsame und mühselige Bewegung des Körpers».[100]

Trägheit im geistig-seelischen Bereich heißt Bequemlichkeit, Untätigkeit, Energielosigkeit und geistige Schwerfälligkeit, im negativeren Sinn Mißmut und Verdrossenheit. Bei Schiller heißt es, Trägheit der Seele mache die körperlichen Bewegungen träge.

Geistige Trägheit galt im Mittelalter und bis etwa ins 18. Jahrhundert als eine der Hauptsünden. Man verstand darunter das Unvermögen, die Dumpfheit oder Sattheit des Alltagslebens zu transzendieren und sich zum Göttlichen zu erheben. *Acedia* in der Bedeutung Mißmut, Verdrossenheit oder Melancholie war die Untugend, mit der der Mönch ständig zu kämpfen hatte: «ach der groszen trägheit und faulheit in unserm stande, daz wir so bald abweichen von der liebe gottes.»[101] Sie verführte den Mönch dazu, insbesondere in der Mittagszeit in seiner Zelle einzuschlafen, sie trieb ihn aber auch aus der Zelle weg, wo er sich im Gebet sammeln sollte.

In seiner lateinischen Abwandlung vom griechischen Ursprung *akedia* ist das Wort *acedia* mit *acidum* verwandt, das sauer bedeutet, und auch mit *accidere*, zufällig auf etwas stoßen. Trotz etymologischer Variationen (z. B. acidia) blieb aber die mittelalterliche Bedeutung der Sünde der Trägheit im Sinne von «Es ist mir egal» unverändert. *Acedia* bedeutet Lethargie und Gleichgültigkeit gegenüber dem Guten, eine stumpfe Melancholie. Das gesunde Interesse am Leben, an der Arbeit, an Gott und an den Menschen ist gelähmt. Seit dem zwölften Jahrhundert wird Trägheit auch mit Melancholie *(tristitia)* verbunden.

Das Alte Testament ist reich an kritischen Bemerkungen zur Trägheit: «Greift der Faule mit der Hand in die Schüssel, bringt er sie nicht einmal zum Mund zurück.»[102], oder «Am Acker eines Faulen ging ich vorüber, am Weinberg eines unverständigen

Menschen: Siehe da, er war ganz überwuchert von Disteln, seine Fläche mit Unkraut bedeckt, seine Steinmauer eingerissen.»[103]

Beide Beispiele zeigen die tiefe Abneigung des Trägen gegen die einfachsten Lebensaufgaben. Man hat weder Lust, Essen und Trinken zu beschaffen, noch das Land zu bearbeiten, um Nahrung und Wein zu produzieren. Dies ist das Zeichen eines Zustands der Erstarrung – aus welchen Gründen auch immer –, der sich in tiefer Unbewußtheit ausdrückt.

Weitere Beispiele:

«Der Faule sagt: Ein Löwe ist auf dem Weg, ein Raubtier ist auf den Straßen.»[104] Somit hat der Faule immer eine Ausrede, um nicht handeln zu müssen.

«Wer lässig ist bei seiner Arbeit, ist schon ein Bruder des Mörders.»[105] Man könnte dazu sagen: Wehret den Anfängen …

Aus einer ganz anderen Kultur stammt das folgende Beispiel zum Thema: Vor tausend Jahren, in der Heianzeit, lebte in Japan eine berühmte Schriftstellerin. Im hohen Alter wohnte sie einsam im Hause ihrer Familie, ihr Mann war gestorben, und ihre Familie hatte sie verlassen. In einem Zustand der Niedergeschlagenheit und Trauer sandte sie ein Gedicht an eine Nonne, von der sie lange nichts mehr gehört hatte:

> «Wild wächst der Salbei
> draußen vor dem Haus, das niemand besucht,
> und meine Tränen wellen in mir hoch
> wie Tautropfen auf den Blättern.»

Die Nonne antwortete:

> «Dein Salbeibusch und dein Tau
> gehören der Welt.
> Denk dir, welches Dickicht
> in jener Zelle wächst, die die Welt
> verlassen hat.»[106]

Ein wuchernder Salbeibusch (Yomogi) war das übliche Symbol der Einsamkeit und Trostlosigkeit und bezieht sich vor allem auf die stillen, vermodernden Häuser von Frauen, die nicht länger von Männern besucht werden. Er verkörpert den melancholischen, willenlosen Zustand, in dem man sich nicht länger um Haus und Garten kümmern will und der, wie erwähnt, auf einen Abstieg in die Unbewußtheit und auf einen Mangel an Selbstwert hinweist.

Die Sünde der Trägheit bei den Kirchenvätern

Nun zu einigen Gedanken, die von verschiedenen Gelehrten im Verlaufe der Jahrhunderte über die Trägheit geäußert wurden.

Johannes Cassianus, ein Mönch, dessen langes Leben sich über die zweite Hälfte des vierten und die erste Hälfte des fünften Jahrhunderts erstreckte, schrieb zahlreiche Bücher über religiöse Fragen. Er wurde in einem Kloster in Bethlehem erzogen und verbrachte später lange Zeit unter den Einsiedlern von Theben, bevor er mit seinem großen Werk, der Verbreitung des östlichen Klosterlebens im Westen, begann. Er gründete zwei mönchische Gemeinschaften in Marseille in Frankreich.

In seinem Buch *De Spiritu Acediae*[107] schreibt er, man könne acedia «Angst oder Langeweile des Herzens» (anxietas seu taedium cordis) nennen, ein der Traurigkeit verwandtes Gefühl, unter dem die heimatlosen und einsam in der Wüste lebenden Eremiten leiden. Mönche würden am ehesten gegen zwölf Uhr mittags davon befallen. Als Verursacher der Versuchung zur Trägheit betrachtete er Dämonen, die den Mönchen die schlechten Gedanken eingaben.

Die Mittagszeit, in der die Sonne am höchsten steht und sich dem Sonnenuntergang zubewegt, hat schon immer als die Stunde der Verzauberung und Verhexung gegolten. Im einundneunzigsten Psalm heißt es: «Du brauchst dich vor dem Schrecken der Nacht nicht zu fürchten, noch vor dem Pfeil, der am Tage dahinfliegt, nicht vor der Pest, die im Finstern schleicht, vor der Seuche, die wütet am Mittag.»[108]

In der griechischen Mythologie war die Mittagsstunde die heilige Stundes des Gottes Pan, der sich zu dieser Zeit von der Jagd ausruhte. Pan, der halb Gott, halb Mensch war, ist eine Verkörperung der Natur. Seine Hörner sind ein Symbol der Sonnenstrahlen und auch der aggressiven Kräfte des Ares, des Widders der Frühjahrszeit. Seine mit Haaren bedeckten unteren Glieder mit den Bocksfüßen repräsentieren die Kraft der Vegetation, das heißt der Kräfte der pflanzlichen Natur und die animalischen Instinkte. Pan war auch der Begleiter der Großen Göttin Kybele, der großen Erdgöttin. Er spielte auf einer Flöte aus Schilfrohr, deren Töne seine Zuhörer zu verzaubern vermochten.

Die Frau mit dem schönen Schatten

Eine meiner Analysandinnen träumte einst,

es sei Mittag. Die Sonne stand senkrecht am Himmel, und sie sah ihren Schatten auf dem Boden. Sie fand die symmetrische Abbildung des Schattens sehr schön, der Umriß war perfekt. Plötzlich hörte sie einen wunderbaren Ton, drei lange trillernde Noten, die sich zu einem schönen, melodischen Klang vereinigten, ähnlich dem Vogelgezwitscher. Im Traum erkannte sie die Flöten des Pans.

Sie erwachte voller Begeisterung in einem wahren Freudentaumel.

Dieser wunderschöne Traum stellt etwas sehr Ungewöhnliches dar: einen schönen Schatten im Jungschen Sinn, den die Träumerin bis jetzt nicht erkannt hatte. Sie war eine intellektuell äußerst differenzierte Frau, die sich in der akademischen Welt verfangen hatte. In die Analyse kam sie, weil sie in ihrem

Leben in einen Engpaß geraten war. Ihr Freund, mit dem sie sich soeben verlobt hatte und der in jeder Hinsicht ein guter Mann war, fing sie zu langweilen an. Sie fragte sich, ob sie ihn heiraten sollte. Meine Intuition sagte mir, daß sie es in Wirklichkeit nicht wollte, doch auf der bewußten Ebene schien sie den Wunsch nach einer Familie, einem Heim und Kindern zu haben. Sie habe früher kaum je geträumt, sagte sie mir. Nach dem Tode des einen Elternteils jedoch hatte sie plötzlich sehr lebhafte und beunruhigende Träume. Dies war offensichtlich der wahre Grund, weswegen sie zu mir kam.

Der Traum von Pan markierte einen Wendepunkt in ihrer Analyse. Ich erkannte, daß sie eines dieser seltenen Wesen war, die sozusagen unter ihrem Niveau leben. Sie hatte «einen schönen Schatten» oder, wie C. G. Jung es nennen würde, sie war eine Frau, «deren Schatten beinahe pures Gold war». Sie selbst war sich ihres ungewöhnlichen spirituellen Potentials nicht bewußt; sie wußte nur, daß sie einen schlechten Einfluß auf andere Menschen hatte. Gegen außen war sie ziemlich schwierig, unfreundlich und oft unangenehm.

Sie war vom zerstörerischen Aspekt der Mittagsstunde, des höchsten Sonnenstandes, besessen. Die Sonne symbolisiert das Licht des Bewußtseins, das bei ihr stark entwickelt war. Sie hatte lange und hart auf ein erfolgreiches Ziel in der äußeren Welt hin gearbeitet, hatte es jedoch unterlassen, sich nach innen zu wenden, und schien den Kontakt mit ihrer Seele verloren zu haben. In dieser Beziehung war sie träge wie die Materie. Sie war in der Trägheit und der Schläfrigkeit der Mittagsstunde gefangen. Da hatte Pan sie gerufen. Als sie im Traum seine Musik hörte, wußte sie, daß sie sich von einem archaischen, heidnischen Naturgott hatte verzaubern und verführen lassen.

Sie war in ihren Dreißigerjahren, als sie mit der Analyse begann, und ich bin überzeugt, daß sie mit der Therapie ihr Leben, ihre Seele, rettete. Hätte sie jenen Mann geheiratet, hätte sie sich zu Tode gelangweilt. Glücklicherweise war dies nicht ihr Schicksal. Ich fragte sie, was «Mittagsstunde» für sie bedeutete. Sehr überrascht antwortete sie mir, sie sei als kleines Mädchen oft von einer unerklärlichen Traurigkeit überwältigt worden, wenn sie sich zur Mittagszeit allein im Garten oder im Wald aufgehalten habe, vor allem wenn die Sonne hoch am Himmel stand und es heiß war. An solchen Tagen hätte sie vor dem Mittagessen am liebsten geweint, ohne einen bestimmten Grund. Der Archetyp des Naturgottes machte sich damals bereits bemerkbar, und sie wurde von einer sehr alten, heidnischen und außerordentlich starken Kraft berührt. Die Traurigkeit wies auf ihre spirituelle Trägheit hin und auf etwas, was sie verloren hatte.

Die «Seuche, die am Mittag verwüstet», wie der Psalm es formuliert, ist natürlich die Sünde der Trägheit. Der Mittag ist die Zeit, in der die Kraft der Sonne am stärksten ist. Im übertragenen Sinn ist das der Höhepunkt des Lebens, die Wendezeit, in der das Ichbewußtsein sich nach innen wenden und sich auf den Tod des Körpers und die Befreiung der Seele vorbereiten muß.

Cassian[109] gibt eine meisterhafte Beschreibung dieser «Mittagskrankheit» am Beispiel eines Mönchs, der an diesem Zustand leidet:

> «Ist der Mönch davon befallen, haßt er den Ort, an dem er sich befindet, und verabscheut seine Zelle; er denkt schlecht von seinen Brüdern nah und fern, er hält sie für nachlässig und denkt, es fehle ihnen am Spirituellen. Die Krankheit macht ihn unbeweglich und träge, er kann weder still sitzen noch sich aufs Lesen konzentrieren; es bedrückt ihn, wie wenig Fortschritt er gemacht hat, wie wenig Gutes er erhält oder tut – er, der ein so guter Führer wäre und andern helfen könnte, kann dort, wo er ist, niemanden lehren oder geistig aufrichten. Er denkt ständig daran, wie hervorragend andere Klöster sind, wie nützlich und gesund das Leben dort ist, wie wunderbar die Klosterbrüder dort sind und welch spirituelle Gespräche sie führen. Verglichen damit scheint ihm der Ort, wo er sich befindet, rauh und widerwärtig. Weder vermögen seine Brüder seine Seele zu erfrischen, noch kann das undankbare Land seinen Körper ernähren.»

Und er fährt fort:

> «Schließlich glaubt er, er sei verloren, wenn er weiter dort bliebe, und etwa um elf oder zwölf Uhr ist er so müde, als hätte er Meilen zurückgelegt, und so hungrig wie nach einer zwei- oder dreitägigen Fastenzeit. Er geht ins Freie, schaut sich um und seufzt, da ihn niemand besuchen kommt; er geht ziellos umher und wundert sich, weswegen die Sonne so langsam untergeht. Sein Geist ist voll dummer Verwirrung und beschämender Düsterkeit, er wird bequem und verliert jede spirituelle Energie und glaubt, daß er nichts anderes tun könne, als jemanden zu besuchen oder sich schlafen zu legen.»

Eine Studentin, die an einer leichten Melancholie litt, kam zu mir in die Therapie, da ihr alles verleidet war an der Universität, an der sie doktorierte. Sie haßte es, Arbeiten schreiben zu müssen. Lieber telefonierte sie mit ihren Freunden, ging ins Café oder einkaufen. Sie tat alles, um nicht an ihrer Dissertation arbeiten zu müssen. Eine Depression war diagnostiziert worden, doch trotz der Medikamente hatte sich ihr Zustand nicht gebessert. Sie war ihrer Kollegen und Kolleginnen überdrüssig, sie seien langweilig und hätten nichts Interessantes zu sagen.

Hier haben wir einen ernsten Fall von Trägheit, der sich deshalb einstellte, weil ihr Tutor, den sie bewunderte, ins Ausland verreist war. Eine große Wut gegen ihn hatte sich in ihr aufgestaut, die ihr jedoch überhaupt nicht bewußt war. Diese Wut verbarg sich hinter einer trägen Melancholie. Der Zustand hatte ihr jede Kraft genommen, und sie konnte sich zu keiner Handlung aufraffen.

Schließlich erkannte sie ihre Wut in einem Traum, in dem sie Zeugin eines Vulkanausbruchs war. Als sie sich ihres Zorns und ihrer unbewußten Emotionen bewußt wurde, begann sich ihr depressiver Zustand aufzuhellen, und allmählich konnte sie wieder arbeiten. Die Depression war das Ergebnis eines Energieverlustes; ihre Wut über die Abwesenheit des Tutors hatte die Energie absorbiert. Da ihr die starke Emotion unbewußt war, wirkte sie wie ein innerer Magnet. Was Cassianus, der Mönch, vor etwa 1500 Jahren über die Sünde der Trägheit schrieb, trifft ebensogut auf die moderne Studentin zu.

Die im Unbewußten gebundene Energie als Ursache der Trägheit

In einem anderen Buch schreibt Cassian[110] über die Traurigkeit oder Melancholie (tristitia), einen Zustand, den wir heute als Depression bezeichnen würden. Er unterschied zwischen Melancholie und Trägheit. Thomas von Aquin kritisierte diese Abtrennung der Traurigkeit von der Trägheit sehr scharf, und gewiß ist die düstere Stimmung, die Cassian in seinem Buch über die Melancholie beschreibt, ein integraler Teil der Trägheit und der komplexen Schwierigkeiten, die im Zusammenhang damit entstehen. Dies kommt in der zitierten Beschreibung des trägen Mönchs deutlich zum Ausdruck.

Akzeptiert man diese Verbindung der Traurigkeit *(tristitia)* mit der Trägheit, erhält man ein vollständigeres Bild von acedia. Denn die Traurigkeit, von der Cassian spricht, ist der Trübsinn jener, die nicht traurig sein sollten, die es willentlich zulassen, daß sich eine krankhafte Düsterkeit wie ein Mantel um sie legt. Eine solche Stimmung trennt den Menschen von Gott, oder, wie Jungianer es beschreiben würden, der Mensch ist nicht länger in Berührung mit seiner instinktiven Welt und mit dem Selbst. Er erlaubt sich den Luxus, zu allen Mitmenschen, seinen Kollegen, Freunden und seiner Familie, unfreundlich zu sein. Cassian[111] schreibt diesbezüglich: «Manchmal sind wir ohne besonderen Grund plötzlich so niedergedrückt, daß wir nicht einmal die Menschen, die uns nahestehen und die wir lieben, freundlich begrüßen können. Alles, was sie sagen, und sei es auch noch so richtig, halten wir für ärgerlich und überflüssig.»

Und Gregor der Große[112], der die *tristitia* anstelle der *acedia* in seinen Sündenkatalog aufgenommen hat, sagte: «Diejenigen, die diese Art Traurigkeit empfinden, sind dem Zorn schon nahe, denn von dieser Traurigkeit kommt Unbehagen, mißgünstige Zaghaftigkeit, Verzweiflung und Starrheit im Angesicht von Veränderungen, und der Geist verirrt sich im Verbotenen.»

Depression, eines der häufigsten Leiden der modernen Menschen, weist in den meisten Fällen auf unbewußten, unverarbeiteten Zorn hin. (Manchmal ist eine Depression Vorbote eines kreativen Werks. In diesem Fall wirkt die Energie im Unbewußten in konstruktiver Weise und bereitet den Durchbruch einer schöpferischen Tat vor. Ein solcher Energieverlust ist hier nicht gemeint.)

Johannes Climacus, der heilige Johannes von der Leiter, der im siebten Jahrhundert lebte, war in ganz Palästina und Arabien als heiliger Mann bekannt. Er lebte sechzig Jahre als Asket und wurde schließlich im Alter von fünfundsiebzig Jahren Abt des Klosters auf dem Berg Sinai.

Er beschreibt die Sünde, die die Mönche heimsucht, auf eindrückliche Weise als «Ausläufer übertriebener Schwatzhaftigkeit, als seelische Bequemlichkeit, geistige Nachlässigkeit, Verachtung der geistigen Übung und Haß auf die Berufung. Sie preist das Glück des weltlichen Lebens und stellt Gott als gnadenlos und lieblos dar. Sie macht den Gesang müde, das Gebet schwach und das Dienen stur.»

Darauf vergleicht der heilige Johannes die Sünde der Trägheit mit einer Frau, die die Klause des Einsiedlers von ihrem Standpunkt aus beschreibt. Sie lacht heimlich und setzt sich ganz nahe zum Eremiten und macht alle möglichen Vorschläge, um ihn dazu zu bringen, seine Gebete zu unterbrechen und die Klause zu verlassen. Dies ist das perfekte Bild einer weltlichen, launischen, mißmutigen Animafigur, die versucht, den Mönch aus der Zelle heraus- und ins Leben hineinzulocken. Man darf annehmen, daß diese brillante Darstellung der weiblichen Natur im Manne durch Johannes Climacus nur möglich war, nachdem er lange und hart mit den schlauen und störenden

Absichten seiner eigenen inneren weiblichen Natur gekämpft hatte.

Obwohl diese Worte vor fast zwölfhundert Jahren geäußert wurden, gelten sie auch heute noch, wie das folgende Beispiel einer modernen Frau zeigt: Eine jüngere Nonne, die vor dem Eintritt ins Kloster Haupteinkäuferin eines angesehenen Modegeschäfts gewesen war, entwickelte auf ihren Handrücken Läsionen, die den Stigmata von Christus glichen. Als man die Sache näher untersuchte, stellte man fest, daß sie eine außerordentlich schwierige Frau war. Es bereitete ihr ein perverses Vergnügen, mit kleinen, böswilligen Taten den guten Willen der anderen, viel älteren Nonnen zu untergraben. Frühmorgens ging sie in den Klostergarten und zerstörte alle Blütenköpfe oder stellte das Wasser für den Gemüsegarten ab. Sie erzählte Unwahrheiten, weigerte sich zu beten, schlief ein, wenn sie hätte wachbleiben müssen, und war wach, wenn sie hätte schlafen sollen.

Sie hatte eine destruktive unbewußte Seite, die Unfrieden unter den anderen Nonnen und zwischen ihr und der Gemeinschaft stiftete. Die Läsionen hatte sie sich selbst zugefügt, um der Mutter Oberin ihre christusähnliche Ergebenheit dem Orden gegenüber zu bezeugen und den Schmerz zu demonstrieren, den sie wegen der Feindseligkeit der «schlechten» Nonnen erleiden mußte. Cassian und Johannes Climacus hätten sie sicher als eine der Trägheit verfallene Sünderin bezeichnet. Das ist der Geisteszustand einer Nonne, die einer falschen Berufung gefolgt ist, die sie der Welt entführt hat. Dasselbe Schicksal erlitten die Mönche, die vor so langer Zeit an der Sünde der Trägheit gelitten hatten.

Im vierzehnten Jahrhundert schrieb der englische Dichter Geoffrey Chaucer in seinem Meisterwerk *Canterbury Tales*:

> «Nach der Sünde des Neids und des Zorns spreche ich nun über die Sünde der Trägheit. Denn Neid macht das Herz des Menschen blind, und Zorn bereitet ihm Sorgen, und Trägheit macht ihn

schwer, grüblerisch und mißmutig. Neid und Zorn machen ihn bitter, und Bitterkeit ist die Mutter der Trägheit und nimmt dem Menschen die Liebe zum Guten. Dann ist Trägheit auch die Qual des sorgenvollen Herzens, und der heilige Augustin bezeichnet sie als Mangel an Güte und als Schadenfreude. Gewiß ist dies eine verdammenswerte Sünde, denn sie fügt Jesus Christus Böses zu, insofern als sie verhindert, daß die Menschen Christus mit Fleiß dienen, wie Salomon sagt. ... Doch Trägheit kennt keinen Fleiß. Sie tut alle Dinge mangelhaft, verdrossen, liederlich, mit Ausreden, Müßigkeit und Unlust. Die Bibel sagt: ‹Verdammt seien jene, die Gott nachläßig dienen.› »

Dieses Zitat zeigt ebenfalls die enge Verbindung zwischen Zorn und Trägheit. Verdrossenheit ist eine bestimmte Art des Zorns, halb gereizt, halb mißmutig und sehr bitter. Dante[114] versetzt diesen Zustand in der *Göttlichen Komödie* in den schwarzen Schlamm des Flusses Styx. Bezeichnenderweise nennt Dante die Trägheit das Hauptübel der Sieben Todsünden.

Aus den bisherigen Beschreibungen der Trägheit ersieht man deutlich, daß sie im geistlichen Leben bekannt war und als Bedrohung für die Seele galt. Sie war für die Abneigung der Betroffenen gegen die geregelte Disziplin des Klosterlebens und für ihr mangelndes Interesse an der Huldigung Gottes verantwortlich. Im Grunde war dies ein Zeichen, daß ihnen Gott fremd geworden war oder sie sich gegen ihn auflehnten, und deshalb wurde Trägheit von Dante als tödlichste aller Sünden betrachtet.

Heutzutage werden im allgemeinen Trägheit und Depression wieder unterschieden, der Aspekt der Traurigkeit wurde von der Trägheit abgetrennt. Doch verbergen sich hinter dem Nichtstun, der Trägheit und der Faulheit oft die Depression und ihre Partnerin, die Verdrossenheit, aber auch Verstimmung, Wut und Zorn.

Die Öde oder Trostlosigkeit, die sich über das Leben eines Menschen legt, der sich in einem trägen, abgestumpften Zustand oder in einer deutlichen Depression befindet, ist vergleichbar mit einer trostlosen, gefrorenen Landschaft, in der alles Leben in einem eisigen Zauber erstarrt ist.

Ein Symbol dieser im Unbewußten gebundenen Energie, die zur äußeren Trostlosigkeit und Verdrossenheit führt, das sich allmählich, über die Jahrhunderte hinweg, entwickelt hat und nun mit Trägheit assoziiert wird, ist das Wildschwein oder der Eber. Auf den ersten Blick ist die Beziehung zu diesem Bild nicht klar. Nur wenn man die innere Dynamik näher betrachtet, die die psychische Energie wie ein Magnet im Unbewußten bindet, erkennt man den Zusammenhang.

Das Wildschwein als Symbol

Das Wildschwein findet sich in den Mythen des gesamten indoeuropäischen Raums, und seine Symbolik umfaßt ein breites Spektrum. In der hinduistischen Mythologie befreit Vischnu in Gestalt eines Wildschweins die Erde aus den Fängen von Dämonen. In der Vorstellung der alten Griechen ist der Ursprungsort des Wildschweins das Land der Hyperboräer, von dem Heraklit glaubte, es befinde sich im nördlichsten Teil der Welt, dort, wo auch Boreas, der Nordwind, seinen Ursprung hat. Dadurch hat das Wildschwein in der griechischen Mythologie eine enge Verbindung zur Jenseitswelt und zum Zeitalter, in dem weise, allwissende Wesen magische Kräfte hatten; es ist aber auch der wilde Eber vom Berg Erymanthus, der das Kulturland zerstörte. In der keltischen und germanischen Mythologie steht der Eber in enger Beziehung zur Sonne, in ihrem Tages- und in ihrem Nachtaspekt. Eine ausgeprägt negative Bedeutung erlangt das Wildschwein aber erst im Christentum.

Anhand von zwei Träumen möchte ich den Doppelaspekt des Wildschweins, seinen dunklen und seinen hellen Aspekt, darstellen und seine Beziehung zur Sünde der Trägheit.

Der Mann, der von einem bedrohlichen Wildschwein träumte

Ein etwa fünfzigjähriger Analysand kam mit einem Problem zu mir. Er war charmant, intelligent und sehr interessiert daran, sich selbst kennenzulernen. Seine begünstigte Funktion war das Denken, und er hatte eine deutlich extravertierte Einstellung. Er kam ständig zu spät in die Analyse, doch immer mit gutem Grund. Zwar entschuldigte er sich nie, erklärte jedoch seine Verspätung immer auf charmante Weise. Er hatte eine Familie und ein erfolgreiches Berufsleben.

Aus seinen Träumen konnte man schließen, daß der Hintergrund seiner Psyche durch eine Atmosphäre der Dunkelheit geprägt war; alles war schattenhaft, und die Traumfiguren waren immer deprimiert oder traurig. Er sagte mir, er habe im wirklichen Leben alle seine Jugendfreunde verloren. Sie seien ganz einfach verschwunden. Der Grund sei, daß er nie Zeit habe. Ich machte ihn auf einen alten Spruch aufmerksam: «Ein träger Mann hat nie Zeit.» Dann untersuchten wir zusammen die verschiedenen Aspekte seines Lebens. In jedem Bereich gab es ein absurdes Hindernis: er hatte seine Reisen, die er sehr genossen hatte, aufgegeben; seine Besuche bei seinen Eltern waren in Gefahr, und er ging nie ins Theater, weil er «nie genug Zeit habe». Langsam und kaum wahrnehmbar schien er über die Jahre hinweg seine Lebensfreude verloren zu haben.

In jeder Therapiestunde kamen die düstere Lebenssituation und die dunklen, traurigen Träume zum Ausdruck. Es bestand zwar ein akutes Eheproblem, doch beklagte er sich nie über seine Ehe, und offensichtlich bedeuteten ihm seine Kinder viel. Mit der Zeit erkannte ich, daß die Atmosphäre der Niedergeschlagenheit, die er mit sich brachte, auch auf mich einzuwirken begann.

Das Eheproblem war nicht das zentrale Problem. An erster Stelle stand ein Mutterkomplex. Der Mann war wie verhext, und eine eigenartige Trägheit hinderte ihn daran, sich mit dem Problem zu befassen. Er hatte eine Frau geheiratet, die eine gewisse Ähnlichkeit mit seiner Mutter hatte: Sie war praktisch, zeigte jedoch ihre Gefühle nicht.

Obwohl er der Interpretation seiner Träume mit großer Aufmerksamkeit zuhörte, tat er selbst keine «innere Arbeit» und las auch nichts über das Thema, sondern ließ sich einfach treiben. Darin zeigte sich sein starker Widerstand, sich dem Unbewußten ganz zu widmen. Der Mutterkomplex hinderte ihn daran, sich voll und ganz einzusetzen. Diese Auflehnung, die unbewußt war und sich gegen die Analytikerin – eine Mutterfigur – zu richten schien, war im Grunde genommen die Angst vor dem Unbewußten selbst.

Dann hatte er einen Traum, der ihn unglaublich schockierte.

Er befand sich in seinem Haus und hörte Lärm. Als er der Sache nachging, fand er ein Wildschwein, das ins Haus eingedrungen war und ein Zimmer total zerstört hatte. Das Tier erblickte ihn, worauf es zu einer direkten Konfrontation kam. Es hielt inne, senkte seinen Kopf, bereit, anzugreifen, wich jedoch plötzlich zurück.

Er erwachte entsetzt.

Der Traum machte mich nervös. Wenn ein Wildschwein angreift, läßt es die Jäger oder Angreifer herankommen. Es ist sehr tapfer, bleibt zunächst stehen, dann zieht es sich zurück, und erst dann greift es an. Es kann mehrere Leute aufs Mal umbringen, es sei denn, es werde erstochen oder erschossen.

Ich fragte den Träumer: «Hätten Sie es töten können?» Auf diese bedeutungsvolle Frage wußte er keine Antwort. Im Traum war er unbewaffnet gewesen. Der Traum hatte ihn vor den Kopf gestoßen, er sagte, das Wildschwein sei absolut real gewesen.

Während seiner langen Ehe war er langsam und unbemerkt, wie die untergehende Sonne, in eine Trägheit, eine Unbewußtheit gesunken. Sein Gefühlsleben war erstarrt und in einem Schwebezustand. Er war immer beschäftigt und hatte nie Zeit.

Seiner latenten Melancholie wegen machte er einen apathischen und lustlosen Eindruck, und er hatte auch Mühe, Entscheidungen zu treffen. Es war Winter in seinem Leben, und das Wildschwein wies symbolisch auf seine öde und gefährliche Lage hin. Die untergehende Sonne hatte die Erleuchtung mit sich genommen, und so war er nicht in der Lage, sein wirkliches Problem zu erkennen.

Die Konfrontation mit dem Wildschwein war der Schock, durch den er in die Wirklichkeit des Unbewußten und dessen objektiver Natur hineingestoßen wurde. Es stellte die Faulheit dar, die typisch ist bei gewissen Fällen des Mutterkomplexes. Im Wildschwein begegnete er aber auch seiner eigenen instinktiven und brutalen Wut und Energie, die im Unbewußten gebunden war und nur darauf wartete, wirksam zu werden, sei es in Form einer Besessenheit, die das Bewußtsein überwältigt, sei es als entwicklungsfördernde Energie, wie sie ausgedrückt ist im Symbol der aufgehenden Sonne.

In der keltischen Mythologie finden wir diese Erfahrung im Bild des goldborstigen Ebers symbolisch dargestellt:

> «Es gehört zu den Urerfahrungen der Menschheit, daß die Sonne als goldborstiger Eber, als Sonnenfalke oder als Sonnenroß jeden Morgen aus den Tiefen der Nacht emporsteigt und am Abend wieder dorthin versinkt. Die Bewußtheits-Sonne einer vergangenen Zeit verdunkelt sich aber, wenn ihre Frist abgelaufen ist. Dann versinkt sie in die Dämmerung der Unbewußtheit und wird dort häufig nur noch als finstere, böse oder unreine Gestalt wahrgenommen. Diese Wesen geistern durch unsere Träume und Phantasien, meistens recht gewalttätig und unkultiviert, und sie werden deshalb als Kollektivschatten männlicher oder weiblicher Prägung erlebt. Zu dieser Schicht gehört zweifelsohne der Eber Twrch Trwyth. Es geht nicht darum, ihn zu töten. Er läßt sich nicht aus der Welt schaffen, sondern er wird, wie der ägyptische Seth oder Apophys, ‹jede Nacht erneut› zum Gegner jedes Menschen, der um eine höhere Bewußtseinsebene ringt ...»[115]

Der Träumer war zweifellos in der Phase der untergegangenen Sonne.

Die Trägheit des Mannes glich auch ganz derjenigen der Eremiten in der Wüste und der mittelalterlichen Mönche. Zwar war er nicht in einem Kloster gefangen, sondern in einer Ehe mit der negativen weiblichen Natur seiner Frau. Das wirkliche Gefängnis jedoch war der Archetyp des Weiblichen in seiner eigenen Psyche.

Acedia, die Sünde der Trägheit, kommt viel häufiger vor, als man im allgemeinen annimmt. Von den vielen Ursachen für die Enttäuschungen, die in einer Beziehung zwischen zwei Menschen möglich sind, wird eine oft übersehen: der unbewußte Widerwillen, den eigenen Schatten zu erkennen. Vor unseren eigenen Unzulänglichkeiten schließen wir die Augen und schieben die Verantwortung mit kindischem, trägem Trotz dem andern zu. Dahinter verbirgt sich brennender Zorn, der durch Angst und Minderwertigkeitsgefühle verstärkt wird und in der Verdrossenheit langsam weitermodert. – Es ist so viel einfacher, den Fehler beim andern und in der äußeren Welt zu sehen statt in der eigenen Seele. In diesem mangelnden moralischen Mut liegt das Sündhafte der Trägheit.

Die Frau, die im Traum von einem Wildschwein beschenkt wurde

Eine Frau in der Blüte ihres Lebens war plötzlich sehr deprimiert. Sie begab sich in ärztliche Behandlung, die ihr anscheinend vorübergehend half. Der depressive Zustand machte ihr jedoch weiterhin zu schaffen, so daß man ihr schließlich eine Psychotherapie empfahl.

Im äußeren Leben war sie erfolgreich, und ihre Beziehungen schienen in Ordnung zu sein. Sie hatte keine Ahnung, weswegen sie so niedergeschlagen war. Alles kam ihr langweilig und farblos vor. Sie hatte keine Initiative, etwas Neues zu unternehmen, und keine Lust, sich zu amüsieren.

Sie war ein sehr rationaler und praktischer Typ; ihre Lebensorientierung war hauptsächlich extravertiert, obwohl sie sich, wie sie erwähnte, in den Monaten vor ihrer Psychotherapie sehr zurückgezogen hatte. Ihre minderwertige Funktion war die Intuition. Die minderwertige Funktion ist die Tür zum Unbewußten, sie ermöglicht die Begegnung mit dem Animus in einer Frau (oder der Anima in einem Mann). Der Animus erscheint somit in der Gestalt der minderwertigen Funktion, in ihrem Fall als minderwertige Intuition. Das war daraus ersichtlich, daß sie vor allem das Negative wahrnahm, was sich sehr destruktiv auf ihre Beziehung zu sich selbst und zu andern auswirkte.

Im stillen glaubte sie immer, daß ihr Schlimmes drohte, daß ihr und ihrer Familie ein Unglück zustoßen werde. Sie stellte sich alle möglichen Dinge vor, die sie sehr bedrückten und ihre Gedanken wie auch ihre Gefühle färbten. Offensichtlich fehlte es dieser äußerlich sehr erfolgreichen Frau an Tiefe im Bereich des Eros.

Im Verlauf der Analyse wurde jedoch klar, daß das Problem in einem tieferen Bereich der Psyche zu finden war. Ihre Träume deckten mit der Zeit ihr seelisches Problem auf, und sie wurde sich bewußt, daß das Christentum ihr keine spirituelle Stütze mehr bot. Schon als junge Frau hatte sie in dieser Beziehung ein gewisses Unbehagen verspürt; statt jedoch darüber nachzudenken, hatte sie «mutig und unermüdlich weitergemacht», wie sie es nannte. Heimlich hatte sie jedoch begonnen, die meisten Aspekte ihres religiösen Lebens zu entwerten.

Dann hatte sie den folgenden Traum:

Sie war in ihrem eigenen Haus, doch der Boden, auf dem sie stand, war der des Besprechungszimmers von mir, der Analytikerin. Sie erkannte die leuchtenden Farben des Teppichs. Durch die Tür kam aus dem Wohnzimmer ein junges, schlankes Wildschwein mit einem glänzenden, roten Apfel im Maul. Das Wildschwein schien ihr ein Geschenk zu bringen.

Dann erwachte sie.

Die Frau hatte keine Assoziationen zum Traum und konnte ihn nicht amplifizieren. Sie war erstaunt, daß das Wildschwein freundlich war und ihr ein Geschenk brachte. Und welch ein Geschenk! Der Apfel ist die Frucht des Baums der Erkenntnis von Gut und Böse.

Die germanische Mythologie weist noch auf eine andere Bedeutung hin. Ein Wildschwein war das Zugpferd Freyrs, des Himmelsgottes, dessen Bedeutung der des oben zitierten keltischen Ebers Twrch Trwyth entspricht. Am Fest der Wintersonnenwende zu Ehren Freyrs wurde ein Wildschwein geopfert, um den Gott für das neue Jahr freundlich zu stimmen. Der Kopf mit dem Apfel im Maul, dekoriert mit Rosmarin und Lorbeerblättern, wurde auf einem Silber- oder Goldtablett in die Bankethalle getragen.

Das Wildschwein war zudem ein Fruchtbarkeitssymbol, es war (als Hildisivini) auch Ottarr, der Liebhaber von Freya, Göttin der sinnlichen – manchmal auch der reinen – Liebe und der Fruchtbarkeit.

Der Höhepunkt des psychischen Winters – die Depression – war offenbar vorüber, und die Träumerin erhielt ein wertvolles Geschenk. Die wieder stärker werdende Sonne kann als die stärker ins Bewußtsein fließende Energie verstanden werden; verbunden mit der Gabe des Apfels können wir auch auf einen Zuwachs an Erkenntnis schließen. Da das Wildschwein und der Apfel zudem Fruchtbarkeitssymbole sind, ist auch dieser Aspekt bereit, sich mit dem Bewußtsein (dem Traum-Ich) in Beziehung zu setzen. Die Amplifikation durch die germanische Mythologie erhellt noch einen anderen Aspekt der Traumbedeutung: Das Wintersonnenwendefest ist ein Opferfest; das heißt, es ist auch ein Opfer gefordert von der Analysandin, das Opfer der erstarrten, verinnerlichten Überzeugungen.

Kurz nach dem Traum verliebte sie sich leidenschaftlich und verließ alle ihre früheren Freunde. Ihr neuer Liebhaber führte sie in eine ihr noch unbekannte Welt, und zum ersten Mal lebte sie vollkommen auf und fühlte tiefe Liebe. Die inneren Veränderungen, die sie bei der Wendung nach innen während ihrer Depression durchgemacht hatte, widerspiegelten sich im äußeren Leben. Sie mußte viele ihrer «Animusmeinungen» über ihre religiöse Auffassung und ihre Bedürfnisse und Ansprüche aufgeben.

Sie beschrieb ihren Zustand in der Depression als Schlaf, doch das ist nicht der richtige Ausdruck. Sie war in einer melancholischen Unbeweglichkeit gefangen gewesen und der Sünde der Trägheit verfallen. Sie erwachte daraus und wurde sich ihrer körperlichen Bedürfnisse bewußt. Sie hörte die Sprache ihres Herzens und fühlte die Sehnsucht ihrer Seele nach Liebe.

Das Erscheinen des Wildschweins verursachte eine gewaltige Veränderung. Die Trägheit fiel weg, sobald sie sie wahrzunehmen vermochte, und die psychische Energie, die im lähmenden, rechthaberischen christlichen Animus gefangen war und die sie mühsam für sich gewinnen mußte, stand ihr nun zur Verfügung. Das Wildschwein im Traum drang in ihr Bewußtsein, um sie auf das Opfer der Sünde der Trägheit vorzubereiten. Die Besessenheit war vorüber, und eine neue religiöse Einstellung wurde geboren.

Die Tatsache, daß das Wildschwein mit seinem Geschenk im Umfeld der analytischen Arbeit in Erscheinung trat, machte einen tiefen Eindruck auf sie und wurde zum Wendepunkt. Sie hatte durch ihre Arbeit in der Analyse einen neuen Standpunkt gewonnen (der Teppich des Therapiezimmers im Traum), der zu einem neuen Ausgangspunkt wurde.

Das Symbol des Schilfrohrs

Nach dem Inferno gelang Dante in der *Göttlichen Komödie*, von seinem Führer Vergil geleitet, auf dem Weg zum Läuterungsberg ins Vorpurgatorium. Der Hüter des Vorpurgatoriums ist Cato, der Vergil auffordert, Dante zum Schilf am Ufer des Meeres zu führen, damit er von den Unreinheiten der Hölle gereinigt werde[116]:

> «Geh hin und lasse ihn umgürtet sein
> Mit schlichtem Schilf, und wasche ihm die Züge
> Von allem Unflat des Inferno rein!
>
> Es ziemt sich nicht, die Augen noch voll Lüge,
> Zu treten vor des ersten Dieners Schwelle,
> Der einer von des Paradieses Riege.
>
> Die Insel trägt an ihrer tiefsten Stelle
> Ringsum viel Rohr auf ihrem weichen Schlamm,
> Am Grunde, wo sie schlägt des Meeres Welle;
>
> Kein anderes Gewächs mit Laub und Stamm
> Kann dort in seinem Leben lange währen,
> Da es sich gegen Wellen hält zu stramm.»

Gehen wir der Symbolik des eigenartigen und zugleich wichtigen Motivs nach, das als eine Art Talisman auf der schwierigen Quest der Erlösung von den Sünden dient!

Das Schilfrohr, das sich biegt im Wind und das den Meereswellen nachgibt und aus diesem Grunde – obwohl an sich zerbrechlich – nicht geknickt wird, ist ein Symbol der Flexibilität, aber auch der Instabilität. Ein chinesischer Freund von mir war vierzehn Jahre alt, als die Japaner in Malaya eindrangen. Jeden Tag fuhr er auf dem Weg zur Schule an den Laternenpfosten vorbei, auf denen die Köpfe von Malaien und Chinesen aufgespießt waren, die den Japanern Widerstand geleistet hatten. Sein Vater ermahnte ihn jeden Morgen, wenn er das Haus verließ: «Sei wie das Schilf, biege dich, aber breche nicht.»

Das Schilf ist mit allen vier Elementen – Erde, Wasser, Luft und Feuer – verbunden. Es ist damit ein Träger der Ganzheit und ein wichtiges Symbol der Gemeinschaft mit Gott, oder wie wir sagen würden, mit dem Selbst und dessen beschützender und reinigender Kraft. Selbstkenntnis ist der Schlüssel zu und der Schutz unserer Ganzheit. Wir müssen wissen, wer wir sind, müssen unsere Sünden kennen und zu ihnen stehen. Nur so ist eine Entwicklung des Bewußtseins möglich. Dabei ist Demut – das sich beugende Schilfrohr – immer der wichtigste Schritt.

Ich möchte noch einige weitere Amplifikationen zum Schilfmotiv anbringen, um seine Vielschichtigkeit zu verdeutlichen:

Dem Schilf werden schützende und reinigende Eigenschaften zugeschrieben. Nach seiner Reise ins Land der Toten reinigte sich der japanische Gott Izanagi, indem er Schilf verbrannte und seinen Körper im Rauch badete. In Japan wurden Bündel aus Schilfrohr an den Türen befestigt als Schutz vor bösen Geistern. In all den großen schintoistischen Reinigungs- und Heilzeremonien bestand der Kreis (der Chi-no-wa), durch den der Eingeweihte treten mußte, aus Schilfrohrbündeln. In Japan glaubte man auch, das Land sei ursprünglich ein großes Schilffeld gewesen, und das Schilf, das aus den Urgewässern kam, hatte die gleiche Bedeutung wie die Lotusblume.

In der arabischen Welt ist das Schilf als Musikinstrument weit verbreitet. Die Derwische schnitzten Flöten aus Schilfrohr, das aus dem Schilfbeet der Erde gerissen wurde. Diese Flöten waren die wichtigsten Instrumente in ihren spirituellen Konzerten, in denen – so der Gründer ihrer Sekte, Dschelal ed-Din Rumi – die Menschen über den Schmerz der Trennung sangen. Das Schilfrohr wurde zum Symbol des Mystikers, der von Gott getrennt war, und verkörperte seine Sehnsucht nach dem ewigen Leben. Dieses Symbol der leidenschaftlichen Seele, die weint und singt, findet man in vielen europäischen und asiatischen Völkern wie auch in der arabischen Welt. Eine bekannte Überlieferung sagt, daß ein über dem Körper eines ertränkten Menschen wachsendes Schilfrohr den Attentäter anklagt, wenn man eine Flöte daraus schnitzt.

Das Schilf ist somit der Übermittler der Stimme der Wahrheit, die reinigende Stimme des Gewissens und deshalb eine absolut notwendige Voraussetzung für den Sünder, der sich mit seinem inneren Bösen befassen muß.

Der Traum vom Toten im Schilf

Als ich an der Symbolik des Schilfes arbeitete, ereignete sich eine Synchronizität. Eine meiner Analysandinnen brachte mir einen sehr eigenartigen Traum, in dem das Motiv des Schilfrohrs auftrat:

Sie stand im Wasser, das klar war wie ein Kristall, und blickte in die Tiefe. Dort sah sie zwischen dem Schilf, das sich mit der Strömung bewegte, einen aufrechtstehenden Mann. Er wiegte sich hin und her. Zuerst glaubte sie, er lebe noch, doch als sie ihm direkt ins Gesicht schaute, sah er wie tot aus. Sicher war sie jedoch nicht. Plötzlich warf er sich nach vorne und schwebte mit über dem Kopf ausgestreckten Armen zwischen dem Schilf. Da wußte sie, daß er tot war. Sie kannte ihn nicht, hatte ihn noch nie gesehen.

Als sie erwachte, war sie sehr beunruhigt darüber, daß der Mann tot war, und fühlte sich auch abgestoßen.

Zur Zeit des Traumes war sie schon einige Zeit in Analyse, um einem zwanghaften Gedanken nachzugehen, der sie seit längerer Zeit plagte. Er begann sie zu beschäftigen, als sie ihre Arbeit aufgab, da sie ein genügendes Einkommen aus ihrem Vermögen bezog. Ihre Arbeit war hart, aber interessant und kreativ gewesen. Nachdem sie sich aus dem Arbeitsleben zurückgezogen hatte, vertrieb sie sich die Zeit nur noch mit gesellschaftlichen Vergnügungen, Geschwätz und Unterhaltung. Dann sank sie in eine Depression, und gleichzeitig begann sich der zwanghafte Gedanke aufzudrängen. Sie konnte sich in der Folge kaum mehr konzentrieren, der Gedanke drang immer wieder in ihr Bewußtsein.

Bei sogenannten primitiven Völkern würde man von einer Besessenheit durch einen Dämon sprechen. Psychologisch betrachtet war es ihre unbewußte männliche Seite, ihr Animus, die den Gedanken produzierte. Sie wußte, daß er nicht der Wahrheit entsprach, war jedoch gezwungen, ihn zu glauben. Ehe sie sich entschlossen hatte, ihre Arbeit aufzugeben und sich zurückzuziehen, war diese männliche Seite in ihren beruflichen Aktivitäten ständig beschäftigt gewesen und hatte keine Zeit gehabt, sie zu quälen. Sie war ein extravertierter Fühltyp, ihr Denken war daher introvertiert und ihre minderwertige Funktion. Wie ich schon früher ausgeführt habe, verbindet sich die minderwertige Funktion mit dem Animus (bei der Frau, beziehungsweise der Anima des Mannes). Die minderwertige Funktion als am wenigsten differenzierte Funktion ist zudem der bewußten Kontrolle schwer zugänglich. Als sie sich dem Müßiggang hingab, machte sich der Animus, der nun keine Ausdrucksmöglichkeit mehr hatte, durch diesen zwanghaften Gedanken bemerkbar.

Nach einer äußerst quälenden Zeit besserte sich ihr Zustand; sie akzeptierte die Bedeutung ihrer Träume und versuchte, diese selbst zu interpretieren. Als sie die Verantwortung dafür übernahm, ihre Träume ernsthaft niederzuschreiben, machte sich eine Änderung in ihrer Persönlichkeit bemerkbar. Sie wurde sichtbar ruhiger und sprach immer weniger über ihre Zwangsvorstellung.

Am Vortag ihres Schilftraumes kam sie in die Analysenstunde und begann zu schluchzen und beklagte sich, es gehe ihr einfach nicht besser. Ich bemerkte, wie ich mich zu langweilen begann, und sagte ihr sehr direkt, wenn sie mit diesen traurigen und egoistischen Gesprächen nicht aufhöre, werde sie ihr Ehemann bald ebenso langweilig finden, wie ich es tat. Meine Worte fielen wie Tropfen eiskalten Wassers in den Raum. Es tat mir sehr leid, sie sagen zu müssen, doch wußte ich, daß sie zwar grausam, aber korrekt waren. Es wurde ganz still im Zimmer, und die Frau starrte mich nur an.

In der darauffolgenden Nacht träumte sie vom ertrunkenen Mann im Schilf. Ich dachte sofort an meine Arbeit über die Symbolik des Schilfrohres, mit der ich gerade beschäftigt war, und erzählte ihr davon. Sie war tief verwundert, daß sie so etwas geträumt hatte.

Im nächsten Traum, einige Tage später, ging sie mit der Todesanzeige eines unbekannten Mannes in der Hand in ein Gebäude hinein, um den Tod registrieren zu lassen. In den folgenden Tagen bemerkte sie plötzlich, obschon sie es kaum zu glauben wagte, daß ihre Besessenheit verschwunden war.

Die Trägheit ihres neuen, oberflächlichen Lebens hatte einem destruktiven Inhalt ihrer Psyche die Tür geöffnet, der sozusagen ihre positive, kreative Seite getötet hatte. Der zwanghafte Gedanke kam vom negativen Pol des Animusarchetyps. Mit ihrer Rückkehr zum kreativen Denken in der Analyse tat sie den ersten Schritt auf dem Weg zur Heilung und auch zur Individuation.

Meine Arbeit im Zusammenhang mit der Symbolik des Schilfes, zusammen mit ihrer Arbeit an ihren Träumen, führte zur inneren Wandlung, die sich symbolisch im Schilf unter der Wasseroberfläche vollzog. Der Augenblick der Wahrheit, der inneren wie auch der äußeren, brachte die Erlösung vom dämonischen Gedanken.

Die Sünde der Trägheit in der heutigen Zeit

Die Tiefenpsychologie hat es uns ermöglicht, ein grundlegendes Verständnis der gefühlsbetonten Komplexe und der Archetypen zu gewinnen, die für uns Menschen von Bedeutung sind. Sie hat aufgezeigt, daß beide, Komplexe und Archetypen, geistige (psychische) wie auch somatische Aspekte beinhalten. Daher ist es von diesem Standpunkt aus auch sehr ungünstig, daß die ältere Bedeutung von Trägheit als geistige und körperliche Sünde, wie sie etwa Thomas von Aquin vertreten hat, weitgehend verschwunden ist. Acedia war und ist der schlechte Kern der Todsünden. Sie ist eine Sünde des Fleisches wie auch des Geistes. Zwischen den geistigen Sünden Stolz, Neid und Zorn einerseits und der Trägheit andererseits besteht eine Verwandtschaft. Auch die Sünden des Körpers – Geiz, Gier und Wollust – haben eine Verbindung zur Trägheit. Die Kirchenväter waren wirklich weise gewesen, daß sie die Trägheit in ihrem physischen und psychischen Aspekt als Todsünde betrachtet hatten.

Mit der Abtrennung der Melancholie – des psychischen Aspekts – wurde Trägheit zu einer scheinbar ausschließlich somatischen Störung, und die psychisch Trägen können sich vor der Verantwortung für ihre emotionalen Stürme und ihre Wut, die sie verdrängt haben, drücken. Bei der Melancholie des Trägen handelt es sich um eine ganz bestimmte Art von Traurigkeit. Gemäß Thomas von Aquin ist Trägheit die Schwere und Traurigkeit, die auf die Seele drückt und sie daran hindert, etwas zu tun. Sie bringt eine Abneigung gegen die Arbeit mit sich.[117] Sie ist eine Unbeweglichkeit des Geistes und untergräbt das Streben nach dem Guten. Eine derartige Traurigkeit ist immer schlecht. Daraus entsteht Bosheit, und eine der Folgen der Bosheit ist Bitterkeit und Bissigkeit. Die Sünde der Trägheit ist die Unfähigkeit, sich nach innen zu wenden, die negativen Gedanken und destruktiven Gefühle zu prüfen und die Bereiche zu untersuchen, aus denen sie emporsteigen. Die Selbstkenntnis, die man aus innerer Arbeit gewinnt, ist denn auch das Mittel zur Bekämpfung dieses Übels.

Trägheit ist eine vielschichtige Sünde; sie macht sich dann bemerkbar, wenn wir feige vor großen und schwierigen Taten zurückschrecken und versagen. Sogar Dante erzählt uns, wie ihn zu Beginn der Pilgerfahrt Kraft und Mut verließen und Vergil ihn seines fehlenden Mutes wegen anstachelte. Gerade in einem solchen Moment muß man sich der eigenen Mutlosigkeit, Feigheit oder Zaghaftigkeit bewußt werden und dagegen angehen.

Der Träge anerkennt den Wert der Gaben Gottes nicht. Auch verachtet er die Arbeit, die Gott ihm aufgegeben hat. Trägheit entwertet auch uns selbst. In Sätzen wie «Ich kann dies nicht», «Ich bin nicht gut genug», «Ich habe nicht lange genug studiert» oder «Ich bin nicht intelligent genug» zeigt sich die Gegenwart des Schattens, unseres wahren Antagonisten. Die Botschaft ist klar und deutlich: wir verachten uns zum Teil selbst oder lehnen uns sogar total ab.

Bei einem Mann ist es die Anima, die ein Gefühl der Wertlosigkeit bewirken kann; er lehnt seine Talente oder seine Fähigkeiten ab. Doch auch der negative Animus einer Frau ist sehr geschickt, wenn es um Selbsterniedrigung geht, und kann leicht ihre von Gott erhaltenen Fähigkeiten zunichte machen.

Die Mönche, die der christlichen Einstellung folgend den Körper durch Askese zu überwinden suchten, hatten den Kontakt mit der Natur und ihren Instinkten verloren. Sich dem Rhythmus der Natur anzupassen und auf dem Land unter den Tieren zu arbeiten, die zur Nahrungsbeschaffung innerhalb der Orden gehalten wurden, war daher eine ausgezeichnete Therapie, doch nicht allen zugänglich. Gerade diejenigen mit einer rationalen geistigen Ausrichtung, die es wohl am ehesten nötig gehabt hätten, wären wohl am wenigsten zu einer solchen Demut bereit gewesen.

Die Klöster widerspiegeln auf kleinem Raum die Probleme, die sich auf breiter Ebene in den folgenden Jahrhunderten in der Gesellschaft ergaben. Die Entfremdung von der Natur und der Instinktwelt, die Trägheit («Das ist mir doch egal», «Das geht mich doch nichts an» ...) und die Ablehnung der Eigenverantwortung für die psychischen Gegebenheiten, die dahinterstehen, sind sehr aktuell.

Umgekehrt sind wir auch Zeugen einer eigenartigen Deformation des sexuellen Instinkts, der nun bei vielen anstelle des Geistes, den er vertrieben hat, auf dem Podest steht. Im Leben mancher Menschen ist die Sexualität zur Gottheit geworden, obwohl sie nur einer unter vielen Instinkten ist. Diese Versklavung durch einen einzelnen Instinkt führt, wie die einseitige Entwicklung des Bewußtseins, zu allen möglichen Übeln.

Das Wort acedia ist zwar verschwunden, doch die Sünde der Trägheit besteht auch heute noch. Ehebruchbegehen, Lügen und Betrügen sind heutzutage übliche Verhaltensweisen, immer neue Korruptionsfälle werden aufgedeckt, und wir sprechen bei Wirtschaftsverbrechen oft von «Kavaliersdelikten». Indem wir machen, was alle tun, sind wir «normal» und müssen keine Verantwortung dafür übernehmen. Die Todsünden sind in einem weiten Bereich «Alltagssünden», sie sind es aber auch, die den Tod der Seele bewirken können. Sind wir uns ihrer bewußt, so ist das ein Segen, denn dann können wir uns mit ihnen auseinandersetzen. Leider wissen wir oft nicht, was wir tun. In der Psychotherapie konzentrieren wir uns gerade auf diese Aspekte, weil die Auseinandersetzung mit dem persönlichen Unbewußten für die Individuation unerläßlich ist. Doch nur wenige glauben an eine Seele, und noch weniger sind bereit, auf die Stimme ihrer Seele zu hören. Jedenfalls ist dies der Eindruck, den man erhält. Jung[118] schrieb vor vielen Jahrzehnten:

> «Mercurius, der zweideutige Gott, kommt als lumen naturae, als servator und salvator nur jenem Verstande zu Hilfe, welcher sich nach dem höchsten Lichte, das die Menschheit je empfangen, ausrichtet und sich nicht, dessen uneingedenk, seiner cognitio vespertina ausschließlich anvertraut. Dann nämlich wird das lumen naturae zu einem gefährlichen Irrlicht, und der Psychopompos zum diabolischen Verführer. Luzifer, der das Licht bringen könnte, wird zum Geist der Lüge, welcher in unserer Zeit die unerhörtesten Orgien, unterstützt von Presse und Radio, feiert und ungezählte Millionen ins Verderben stürzt.»

Es braucht keine hellseherischen Fähigkeiten, um die kollektive Verzweiflung zu erkennen. Niemand bleibt davon verschont. In Europa gibt es Millionen Arbeitsloser; das Ausmaß des Zorns und der Mißgunst gegenüber den Bessergestellten ist unvorstellbar. Hunderttausende, wenn nicht Millionen besitzloser, herumziehender Menschen, abgeschnitten von ihrer heimatlichen Kultur, leben in fremden Ländern. Die Zukunft, die in den Händen der Kinder dieser wurzellosen Gesellschaft liegt, ist gefährdet, da ihnen eine solide Grundlage fehlt. Der verdrängte Zorn und die mit Wut vermischte Traurigkeit, die sich in der Gleichgültigkeit und Apathie der heutigen Zeit äußern, sind ein unvorstellbares Erbe für die kommende Zeit.

Acedia ist allgegenwärtig, und Trägheit, wie wir sie heute nennen, ist das unerkannte, unvermeidbare Ergebnis der gegenwärtigen Ereignisse. Wir müssen die Existenz des Bösen anerkennen und es als das bezeichnen, was es ist. Wollen wir überleben, dann müssen wir aus unserer schweren Trägheit erwachen und bereit sein zur Selbsterkenntnis. Wir müssen uns der Gefahr bewußt werden, die uns droht, wenn wir unsere Seele und den Kontakt mit dem Selbst, dem Bild Gottes in uns, verlieren. Wir haben die Möglicheit, die objektive Realität der Psyche und ihre gewaltige und ehrfurchtgebietende Kraft, im Vergleich zu der unser klägliches Ichbewußtsein machtlos ist, anzuerkennen.

5. Wollust

Luxuria

Einstimmung

Die Wollust wurde von den Kirchenvätern zu den körperlichen der Sieben Todsünden gerechnet. Ich möchte den Begriff hier nicht beschränken auf den sexuellen Bereich. Wollust ist nur ein Aspekt einer zerstörerischen Begierde, einer Gier, die auf die körperliche Lust gerichtet sein kann, aber auch auf ein materielles Gut oder auf ein Ziel wie Ehre oder Macht. In einer engen Beziehung dazu steht die Sucht.

Wie bei den anderen Todsünden ist es die Bewußtwerdung dieses Schattens in uns, die uns auf dem Individuationsweg weiterbringt. Indem wir das Böse daran erkennen, können wir es zwar nicht aus der Welt schaffen, denn das Dunkle gehört zum Menschen – ohne Schatten kein Licht –, aber auf etwas, was wir als gefährlich erkannt haben, können wir besonders achten, und mit dem, was uns bewußt ist, können wir uns auseinandersetzen. Meist ist die Erkennung des Schattens ein langer Prozeß, doch manchmal bricht die Erkenntnis ein wie ein Schock. Dann schlägt das Pendel oft ebensostark auf die andere Seite aus, und es folgt eine äußerst einschneidende Veränderung. Das zeigt uns das nachfolgende Beispiel.

Der Lebemann, der einen Orden gründete

Im siebzehnten Jahrhundert, einer Zeit, in der Frankreich berüchtigt war für seine Sittenlosigkeit und Unmoral, finden sich zahllose Beispiele für die Sünde der Wollust. Ich wähle dasjenige von Armand Jean de Rancé, weil es in einer extremen Form die Todsünde der Wollust, ihre Folgen und auch die durch eine grundlegende Erschütterung ausgelöste grundsätzliche Wandlung eindrücklich zeigt.

Es war die Zeit, als die kokette Anne von Österreich Königin von Frankreich war, die mit Mazarin, einem Schüler Richelieus, einen Hof hielt, der an Verworfenheit sogar das achtzehnte Jahrhundert, das ebenfalls für seine Lüsternheit bekannt war, übertraf. Am Hof verkehrte eine der größten Schönheiten jenes Jahrhunderts, Madame Montbazon, eine Meisterin der Kunst der Verführung, unglaublich ausschweifend und verworfen.[119] Sie hatte einen viel jüngeren Liebhaber namens Armand Jean de Rancé.

Dieser war seit seinem zehnten Lebensjahr Abt des Klosters La Grande Trappe in der Nähe von Soligny in der Normandie und schrieb schon mit dreizehn Jahren einen Artikel über die Würde der Seele. Er ließ sich aber nie an diesem öden Ort blicken, der verborgen in den großen Wäldern der Normandie lag. Das im zwölften Jahrhundert gegründete Kloster war inzwischen wegen seiner isolierten Lage und infolge der Vernachlässigung halb zerfallen.

Armand Jean de Rancé war ein außerordentlich gutaussehender Mann, brillant, lebhaft, sinnlich und ein echter Lebemann. Er wurde der ergebene Liebhaber der Madame de Montbazon, war von ihr fasziniert, ja geradezu besessen und wich nicht von ihrer Seite. Als die kokette Königin aus irgendeinem Grund enttäuscht war über sie, wurde sie nach einem Streit des Hofs verwiesen. Da Rancé nicht ohne sie leben wollte, und um ihr die Verbannung etwas angenehmer zu machen, besuchte er sie, wann immer möglich. Schließlich erlaubte ihr die Königin die Rückkehr.

Unglücklicherweise – oder vielleicht glücklicherweise – wurde de Rancé gerade zur Zeit ihrer Rückkehr von Paris wegberufen. Sobald es ihm möglich war, kehrte er jedoch zu seiner Geliebten zurück.

Wie er das große Haus betrat, in dem sie lebte, schien es unbewohnt. Es kam niemand, um ihn zu empfangen und durchs große Tor in den Innenhof zu führen. Er stieg in die oberen Stockwerke hinauf, die alle leer waren. Dann betrat er die privaten Gemächer seiner Geliebten und öffnete die Tür zu ihrem Schlafzimmer. Dort, auf einem hölzernen Tisch, lag ein Sarg, bedeckt mit einem losen Tuch. Als er die Augen durchs Zimmer schweifen ließ, sah er auf einem Seitentisch den Kopf einer Frau mit einem von den Pocken bis zur Unkenntnis verunstalteten Gesicht.

Im Sarg lag der Leichnam seiner Geliebten, der enthauptet worden war, damit er in den kleinen Sarg paßte. Es war, als ob das von der Krankheit so schwer entstellte Gesicht die makabre Szene beobachtete. Man stelle sich die Stille des leeren Hauses und den furchtbaren Anblick vor. Die Szene sprach deutlicher als alle Worte. Armand Jean de Rancé wurde tief ins Herz getroffen, als er das Gesicht seiner Geliebten erkannte.

Kurz darauf hatte er einen schweren Jagdunfall, und dann starb auch noch sein Gönner, der Herzog von Orléans. Darauf entledigte sich de Rancé all seiner Besitztümer und Ländereien mit Ausnahme des Klosters von La Trappe, wohin er sich zurückzog und wo er den Orden der Trappisten gründete, eine asketische Form des Zisterzienserordens. Eine Enantiodromie, eine plötzliche und vollständige Umkehr, hatte sich in ihm ereignet, und von einem Tag zum andern wurde er vom weltlichen Lebemann zu einem dem spirituellen Leben und der Askese verpflichteten Ordensmann.

Als de Rancé den abschreckenden, von der Krankheit entstellten Kopf seiner Geliebten erblickte in jenem stillen Todeshaus, sah er zweifellos sich selbst. Es ist ein Wunder, daß er das überlebte. Doch dürfen wir nicht vergessen, daß er mit dreizehn Jahren eine Arbeit über die Würde der Seele verfaßt hatte. Damals hatte er den Zugang zur inneren, spirituellen Welt gefunden, den er später verloren hatte. Das Bild des abgetrennten Kopfes brachte ihn wieder zur Besinnung. Er gab die Eitelkeit und die weltlichen Gelüste gänzlich auf und wandte sich seinem spirituellen Wesen zu.

Man könnte sagen, daß er im zerstörten Gesicht, dem er anstelle der Schönheit seiner Geliebten gegenüberstand, seine eigene potentielle Zukunft sah, die Zerstörung und die Auflösung seiner Seele.

Ein solcher Schock ist oft das Mittel, mit dem man eine übermäßige Begierde besiegt. Doch ist dazu auch die Mitwirkung des Selbst erforderlich, der göttlichen Hilfe, die auf ungewöhnliche Weise und von unerwarteter Seite kommt.

Bedeutung und Etymologie

Das lateinische Wort *luxuria* wies ursprünglich auf einen Überfluß an Fruchtbarkeit auf den Feldern und bei der Ernte hin. Im übertragenen Sinn bedeutet es Üppigkeit und Genußsucht. Seit dem 13. Jahrhundert wird das Wort «Wollust» einerseits im sachlichen Sinne von «was Freude bereitet» wie auch in der Bedeutung von «Lustgefühl» gebraucht. In den älteren Lexika erscheint Wollust vorwiegend als Übersetzung der lateinischen Begriffe *delicium*, *deliciae*, *voluptas,* ohne daß dem Wort unbedingt eine ethische Wertung beigemessen wurde. Im älteren Neuhochdeutsch nimmt das Wort jedoch mehr und mehr eine moralisch wertende und negative Bedeutung an, verliert jedoch seine positive Bedeutung nie völlig. Seit Mitte des 18. Jahrhunderts wird es als Bezeichnung des Triebhaften im erotischen Sinn verwendet.[120]

Als sexuelle Begierde erscheint Wollust im Psalm 106: «Sie wurden in der Wüste begehrlich...»[121] Im biblischen oder theologischen Gebrauch wird Wollust in erster Linie als sündhaftes Verlangen betrachtet; eine Nebenbedeutung ist sinnlicher Appetit.

Wollust hat im modernen deutschen und englischen Sprachgebrauch vor allem die Bedeutung von sexuellem Verlangen oder Begierde beibehalten. Das Wort Wollust beinhaltet immer etwas Übertriebenes und Ungehöriges, «wollüstiges Verlangen» ist mehr als «sinnliches Begehren».

Das deutsche Substantiv Gier, «heftiges, maßloses Verlangen, Begehren», geht auf das mittelhochdeutsche *gir* «Begierde» zurück.[122] Das Adjektiv gierig «voller Gier, heftig begehrend» geht auf das althochdeutsche *ger*, *giri* und mittelhochdeutsch *gir*, ger zurück. Ger ist mit den Wörtern «gern» und «begehren» verwandt. Das Verb *gieren* «heftig begehren, gierig verlangen» stammt aus dem 15. Jh. Das germanische *gïr* heißt «mit offenem Rachen lechzen»[123]. Eine mögliche Verwandtschaft besteht auch zum modernen Wort *Geier*.[124]

Die ältere Bedeutung von Gier ist ein Bedürfnis allgemeinster Art. In der mittelhochdeutschen Sprache verschiebt sich das Schwergewicht vom Begehren an sich auf die Betonung seiner Heftigkeit und nimmt zunehmend abschätzige Wertung an, wie in der Verbindung mit Habgier oder Besitzgier.[125] Auf diese Bedeutungen werde ich im Zusammenhang mit dem Geiz eingehen.

Lust und Libido

In Übereinstimmung mit Jung verwenden wir den Ausdruck Libido im Sinne von «psychischer Energie», die sich in den Trieben, Affekten und Strebungen des Individuums äußert, auch in allen unbewußten Vorgängen, zum Beispiel in den Träumen, und ganz allgemein in allen psychodynamischen Lebensprozessen. Wir verwenden den Begriff also nicht nur für den Sexualtrieb, wie das Freud getan hat. Eine ausschließlich auf das Sexuelle bezogene Definition dieses Konzepts ist einseitig. Begierde und Zwang sind Eigenschaften aller Impulse und Automatismen, sie auf die Sexualität zu beschränken, ist unhaltbar.

Jung erachtete es als unmöglich, eine allgemeine psychologische Theorie nur auf die sexuelle Energie aufzubauen, diese sei nur eine Energieform unter anderen. Mit der Erweiterung werde der sexuelle Trieb nicht verleugnet, sondern in die richtige Beziehung gesetzt zu den anderen Trieben wie Hunger, Durst oder auch Macht. Er schrieb über den Libidobegriff[126]:

> «Libido bedeutet ihm [Augustinus] ein appetitus wie Hunger und Durst, und was die Sexualität anbelangt, so sagt er: ‹Der Lust geht ein Streben voran, das man im Fleische empfindet, gleichsam als Begierde darnach, wie Hunger und Durst.› Mit dieser durchaus allgemeinen klassischen Verwendung des Begriffes deckt sich auch der etymologische Kontext des Wortes libido:
>
> Libido oder lubido (mit libet, älter lubet) es beliebt, und libens oder lubens = gern, willig, sanskr. lúbhyati = empfindet heftiges Verlangen, lôbhayati = erregt Verlangen, lubdha-h = gierig, lôbha-h = Verlangen, Gier, got. liufs, althochd. liob = lieb. Im weiteren wird dazugestellt goth. lubains = Hoffnung und althochd. lobôn = loben, Lobpreis, Ruhm. Altbulg ljubiti = lieben, ljuby = Liebe, lit. liáupsinti = lobpreisen.»
>
> Man kann sagen, daß dem Libidobegriff im psychologischen Gebiete funktionell die gleiche Bedeutung zukommt wie dem Begriff der Energie auf physikalischem Gebiete seit Robert Mayer.»

Man nimmt an, daß Liber[127], der alte italische Gott der Fruchtbarkeit (der später mit Dionysos gleichgesetzt wurde), der eine Verbindung zu *liberi* (Kinder) hat, auch mit *libet,* also Libido, verwandt ist.

Der Begriff Libido ist in der Tiefenpsychologie von Bedeutung, wenn wir die Psyche unter dem energetischen Standpunkt betrachten, zum Beispiel in der Komplexlehre von Jung. In unserem Zusammenhang ist wichtig, dass die sexuelle Begierde und deren pathologische Formen sehr bedeutsame Aspekte der psychischen Energie darstellen, daß aber nicht nur in der Sexualität Begierde und übermäßiges Verlangen zu finden sind.

Die sexuelle Begierde richtet sich nicht nur auf das Gegengeschlecht, sondern auch auf Gleichgeschlechtliche, auf Kinder und Tiere, wobei letztere als unnatürlich gelten wie auch der

Masochismus und der Sadismus. Es gibt aber auch eine Begierde nach Selbsterhöhung, nach Ehre und nach Geld und vielem anderem mehr. Richtet sich der Drang, die Energie auf eines dieser Dinge, dann kann ein «Hunger», ein gieriges, leidenschaftliches Verlangen danach entstehen.

Die verschiedenen Arten der Wollust

Die Begierde nach Macht

Ein Mann in den besten Jahren kam mit einem störenden körperlichen Symptom zu mir. Es war zwar geringfügig, aber hartnäckig und führte zu einem leichten Angstzustand. Er bemerkte es zum ersten Mal, nachdem er seine langjährige Ehefrau mit einer andern Frau betrogen hatte.

Er war der einzige Sohn einer starken, dominierenden und tyrannischen Mutter. Um ihr zu entfliehen, hatte er geheiratet. Und dann war er offensichtlich auch vor seiner Ehefrau geflohen und hatte sich zu einem Don Juan entwickelt. Er schien Frauen zu bewundern, interessierte sich für sie, stellte ihnen nach und liebte sie, wie er behauptete.

Bevor er zu mir kam, hatte er schon einige Therapien angefangen, sie aber jedesmal nach einiger Zeit abgebrochen, und ich erwartete nicht, daß er bleiben würde. Der Gedanke an eine Flucht schien ihn ständig zu verfolgen. Tatsächlich hatte er auch schon zahlreiche Frauen in seinem Leben auf alle möglichen Arten verlassen. Doch diesmal blieb er.

Der erste Traum, den er mir brachte, war sehr seltsam, sehr kurz und auffallend statisch. Er schien einfach eine Aussage zu machen, die man, so wie sie war, akzeptieren mußte. Bevor er mir den Traum erzählte, schaute er mich mit einer eigenartig bezwingenden Intensität an – ich mußte an die Augen einer Kobra denken. Der Blick war ohne jede Beziehung, außerordentlich kalt und paßte überhaupt nicht zu seinem Charme und seinem sprühenden, geistreichen Wesen, das sonst einen sehr warmen Eindruck vermittelte und wahrscheinlich auch der Grund war, weswegen sich so viele Frauen von seiner Haltung und seinen Worten verführen ließen.

Er träumte,

er betrachte sein eigenes membrum virile, seinen Phallus, der in voller Erektion und über einen halben Meter lang war.

Als er mir den Traum erzählt hatte, schaute er mich abermals mit stechendem Blick an. Er versicherte mir, er habe den Traum erst vor kurzem gehabt. Er hatte keine Assoziationen dazu, und da man mit einem solchen Traum ohne Amplifikation oder Assoziationen sehr wenig anfangen kann, entschloß ich mich, ihn nicht zu analysieren, und teilte ihm meinen Entschluß auch mit. Mehrere Jahre später erzählte er mir, er habe aufgrund meiner Weigerung, den Traum zu analysieren, geglaubt, er enthalte eine Art Geheimnis. Ich vermutete damals schon, daß der Phallus in den Bereich der Magna Mater, der Grossen Muttergöttin, gehöre.

Eine lange Analyse brachte sein wahres Problem an die Oberfläche: Er war unerhört machtgierig, doch seine Gier verbarg sich hinter seinem sehr charmanten Äußeren und seiner gebildeten Art. Mit extrem rationalen Überlegungen versuchte er, alles zu erklären, damit er es entlarven, besiegen und sozusagen verschlingen konnte. Darin zeigte sich der verborgene verschlingende Aspekt der Grossen Mutter, die die Welt und ihre Kinder als Leckerbissen betrachtet. Der Analysand betrachtete die Welt aus ihrer Warte, sie war ein Festessen, das ihm ganz allein gehörte.

Man kann sich leicht vorstellen, welche Schwierigkeiten der Analysand hatte, als wir mit der Erforschung der objektiven Psyche begannen. Er zeigte jeweils sofort eine kindliche Verwunderung über die auftauchenden Symbole, er mußte sie jedoch sofort verstehen und auseinandernehmen, und danach interessierten sie ihn nicht mehr.

Seine Gier war keine Begierde nach Frauen, das Gegenteil war der Fall. Im tiefsten Innern fürchtete er sich vor ihnen, daher mußte er sie verhexen, verführen und überwinden. Dann erledigte er sich ihrer und ging weg, und so hatte er das Gefühl, seine Angst überwunden zu haben – bis die nächste Frau auftauchte.

Das Symptom, das ihn in die Therapie geführt hatte und das sich jeweils nach der sexuellen Befriedigung bemerkbar machte, war eine Manifestation seiner nach dem Orgasmus neu erwachten Angst. Nur in den kurzen Augenblicken des sexuellen Höhepunktes glaubte er heimlich, er habe gesiegt.

Seine Wollust war ein Verlangen nach Macht und Dominanz, das sich in jeder Sparte seines Lebens ausdrückte. Das Geheimnis des Initialtraumes hatte nichts mit Sexualität zu tun, obwohl das Traumbild so (miß-)verstanden werden konnte und er fest daran glaubte. Es ging in dem Traum um die Zeugungskraft der objektiven Psyche, um die Kreativität des Unbewußten.

Er konnte nicht Beobachter der psychischen Phänomene bleiben, mit der Zeit mußte er sich darauf einlassen und sich damit auseinandersetzen.

Machthunger

Die Ambition dieses Mannes, immer alles – sei dies Wissen, seien dies Traumsymbole oder Frauen – zu packen, zu benutzen und dann zurückzulassen, war letztlich eine verschlingende Gier nach Macht. Ambition, das vom lateinischen *ambitio* (das Sammeln von Stimmen eines Kandidaten für ein öffentliches Amt) kommt, ist primär der Wunsch nach einer Macht- und Ehrenposition, die hohes Ansehen bringt. Dazu gehört der Wille, etwas zu erreichen, zu erwerben oder auszuführen, das man entweder als «besonders hoch» oder «besonders schwierig» betrachtet. Fast jeder Wunsch kann zur Ambition oder zum Ehrgeiz werden.

Die Ehrsucht oder Ambition hat viele Beinamen, die meisten sind negativ, zum Beispiel starker, unbändiger, blinder Ehrgeiz. Ehrgeizige Menschen werden von ihren Mitmenschen meist mit Angst und Mißtrauen betrachtet. Manchmal jedoch verbirgt sich auch ein heimlicher Ehrgeiz im Beobachter, ein ambitiöser Schatten, der den ehrgeizigen «andern» im geheimen oder unbewußt bejaht. Daher muß man sich selber prüfen, wenn man jemandem den Vorwurf des Ehrgeizes macht, ob man nicht seinen eigenen versteckten Ehrgeiz auf den anderen projiziert.

Vor vielen Jahren hatte ich eine sehr korrekte Patientin, die immer sehr geschickt die kleinen Sünden der andern Patienten auf der Krankenstation billigte. Wenn jemand ein rebellisches Verhalten zeigte, wenn jemand einen kleinen Diebstahl beging, frech wurde oder die Krankenschwestern, die sich um das Wohl der Patienten kümmerten, belog, verhielt sie sich gegenüber dem Schuldigen äußerst tolerant. Das war auf den ersten Blick erstaunlich, hing aber zusammen mit ihrem tadellosen äußeren Verhalten. Sie hatte alles Nichtkorrekte ins Unbewußte verdrängt, wo sich ein aufrührerischer und zum Verbrechen neigender Schatten gebildet hatte. Ihre unbewußte Ambition war es, so zu sein wie die Unkorrekten. Sie war begierig darauf, andere zu überwältigen und ihnen Schaden zuzufügen.

Eine Ambition sollte man immer nach dem inneren Motiv beurteilen, sei es Eitelkeit, die leidenschaftliche Förderung eines angestrebten Zieles oder auch das übermäßige Streben nach materiellen Dingen. In jedem Fall besteht die Gefahr, daß die Persönlichkeit einseitig wird und aus dem Gleichgewicht gerät. Es gibt einen übermäßigen Hunger nach Einzigartigkeit. Das war das Problem meines Analysanden mit dem schweren Mutterkomplex. Er mußte alles wissen und jeden bedeutenden Menschen kennen, sein Intellekt, der zu einer Falle wurde, nahm jede Information gierig in sich auf. Das vermittelte ihm das Gefühl, unverwechselbar zu sein, sich von ihnen abzuheben. Er lechzte geradezu nach Überlegenheit, denn dann war er etwas Besonderes.

Die Begierde ist oft unauflösbar mit Stolz verbunden. Begierde und Stolz waren es, die die Harmonie des Himmels zerstörten, als Luzifer nach Gottes Thron verlangte und in die Hölle stürzte.

Mein Analysand mußte sich mit der unbewußten Gegenwart dieses primitiven, wollüstigen Schattens auseinandersetzen, der nicht nur Frauen, sondern alles zu vergewaltigen und zu zerstören suchte. Dieser Schatten war das pure Gegenteil seiner zuvorkommenden und gewandten Persona, die er der Welt präsentierte.

Viele Ehefrauen von Männern mit einer derartigen Schattenpersönlichkeit können die Tyrannei dieses Machtwillens nicht ertragen und ziehen sich in eine Krankheit zurück oder werden zu schattenhaften Hintergrundfiguren im Leben ihrer erfolgreichen, ehrsüchtigen Männer.

Triebhaftes Verlangen

Vom Bedürfnis ist es nur ein kleiner Schritt bis zum triebhaften Verlangen[128], dem Bewußtsein eines körperlichen Mangels, der so lange nach Befriedigung ruft, bis das Unbehagen und das damit verbundene Leiden abklingen. Die meisten Arten des triebhaften Verlangens wie Hunger, Durst und Schlaf gehören zum Selbsterhaltungstrieb des Menschen, während das sexuelle Verlangen der Fortpflanzung dient und dem Weiterbestehen des menschlichen Geschlechts.

Triebhaftes Verlangen ist ein körperliches Bedürfnis. Charakteristisch dafür ist, daß es sich vorübergehend legt, wenn es gestillt wird, sich jedoch früher oder später von neuem bemerkbar macht. Wird die Befriedigung zu weit getrieben, stellt sich ein Völlegefühl ein oder der körperliche Organismus erleidet Schaden.

Das durch einen Mangel oder ein Bedürfnis erzeugte Unbehagen wird zum Anlaß einer zielgerichteten Handlung, es zu entfernen, was das Gefühl von Befriedigung und Genuß zur Folge hat. Beim Genußmenschen und auch beim Lüstling wird das Bedürfnis nach einer bestimmten Handlung, um zur Bedürfnisbefriedigung zu gelangen, selbst zum Vergnügen und nicht die Befriedigung, die er bei der Behebung des Unbehagens fühlt.

Das Vergnügen, das Sexualität und Trinken bereiten, und das bewußte und gezielte Streben nach dem Vergnügen sind nicht identisch. Steht der Wunsch nach Vergnügen an erster Stelle und ist er wichtiger als das Vergnügen selbst, dann kann es sein, daß das ursprüngliche Verlangen zum Beispiel auf Essen, Trinken oder Sexualität zu einer abnormal heftigen Begierde wird. Dies sieht man bei Alkoholismus, Bulimie, Eßsucht und anderen Süchten und auch bei Lüsternheit.

Eine Frau aus einer streng puritanischen und äußerst arbeitsamen Familie hatte sehr früh geheiratet. Nach der Geburt ihrer Kinder fiel sie dem Alkoholismus zum Opfer und glitt in die dunkle Unterwelt der sexuellen Abweichungen. Mit Hilfe der Psychotherapie fing sie sich wieder auf und entwickelte ein tiefes Bewußtsein ihrer Sucht, was ihr erlaubte, in relativer Harmonie zu leben. Zur Zeit ihres Klimakteriums jedoch änderte sich ihr ganzes Leben, und sie wurde abermals ernsthaft krank. Wieder wurde sie von einem störenden sexuellen Zwang überwältigt.

In der Traumanalyse lernte sie ihren Animus verstehen, ihr von starren Überzeugungen dominiertes Unbewußtes, das sie während des größten Teils ihres Lebens beherrscht hatte. Eine Reihe von Träumen brachte daraufhin ein neues Problem ans Licht, eine zwanghafte Onanie; ihr Tagesablauf wurde vom fortwährenden Drang, sich selbst zu befriedigen, dominiert. Es war dieses Phänomen, das zum Wendepunkt wurde, indem sie endlich die Bedeutung des Individuationsprozesses verstand.

Ihre Ehrlichkeit war der Schlüssel zum Heilungsprozeß, der sich über lange Zeit erstreckte. Die ungewöhnliche Manifestation der Wollust, die zwanghafte Onanie, verdeutlichte den

Sinn, der sich hinter ihren Zwangshandlungen verbarg, hinter dem Drang zum Alkoholismus, zur Ausschweifung und schließlich zum Selbstmißbrauch: Das heftige Verlangen, das sie in der Außenwelt zu befriedigen suchte, hatte in Wirklichkeit ein anderes Ziel, ein inneres. Es kommt darin die Suche nach dem Geistigen, dem inneren Gott, klar zum Ausdruck. Das Ziel, das sie mit ihrem leidenschaftlichen Verlangen anstrebte, war ein innerer Schatz. Diese Erkenntnis wirkte sich heilend auf ihre Zwänge aus, denn: «Eine Zuneigung, die eine Leidenschaft ist, hört auf, eine Leidenschaft zu sein, sobald wir sie klar und deutlich sehen.»[129]

Um nochmals zusammenzufassen: Beim Alkoholismus, bei anderen Süchten und auch bei der Ausschweifung kann der Betroffene sein übermäßiges Verlangen nicht auf längere Zeit befriedigen, und die unbefriedigte Sehnsucht wird zum «Meister», sie übernimmt die Oberhand. Die Frau in unserem Beispiel hatte einen solchen Meister – ihren tyrannischen Animus –, dem sie gehorchen mußte. Obwohl sie sich zu wehren versuchte, gelang es ihr nicht, ihn zu besiegen. Er war, psychologisch gesprochen, ein autonomer Faktor und daher stärker als ihr Ichbewußtsein.

Dieser «Meister» ist allgemein ein unbewußter Inhalt, der den Zwang zu einer ganz bestimmten Handlung verkörpert. Der unbekannte und unbewußte Inhalt ist aber nur scheinbar auf ein Objekt der äußeren Welt gerichtet. Dieses ist nur der Projektionsträger für das tiefe, unbewußte Bedürfnis der Seele selbst, erkannt zu werden. Das Unbewußte kann nur in Symbolen zu uns sprechen, seien dies Traumsymbole wie der Riesenpenis oder «Verhaltensbilder» wie die zwanghafte Onanie oder eine Sucht, und diese Sprache muß man lernen, um die weite und unbekannte innere Welt zu verstehen.

Daher läßt sich ein übermäßiges Verlangen, das sich auf ein äußeres Vergnügen konzentriert, nie befriedigen und läßt auch immer das Gefühl eines dumpfen Schmerzes zurück – «Doch was soll ich über die Vergnügungen des Körpers berichten? Das ist zu sagen: das Verlangen danach ist voll Unbehagen (anxietas) und die Befriedigung voller Reue.»[130] –, denn das eigentliche Ziel der Sehnsucht liegt im Inneren.

Nur ganz am Rande möchte ich auf die Lehren des Ostens verweisen, wie sie etwa im *Tao te King* von Laotse oder im Weisheitsbuch *I Ging* aufgezeichnet sind. Der Osten betrachtet die diesseitige Welt als Illusion, und durch das Begehren entsteht die Verhaftung an diese Scheinwelt, die Ursache ist allen psychischen Leidens. Die Ablösung von der Welt der Illusion befreit den Menschen von den Begierden, dies ist das Ziel der östlichen Meditationstechniken. Psychologisch gesprochen ist für die östlichen Menschen die Welt eine Projektion, und diese Projektion muß aufgehoben werden, um frei zu sein von den Begierden und um das wahre Sein zu erkennen.

Wollust, Sexualität und das Christentum

Seit dem frühen Christentum machte sich ein Widerstand bemerkbar gegen auch geringste Anzeichen von Zügellosigkeit, so zum Beispiel gegen das Schmücken des Körpers und der Kleider. Öffentliche Vorstellungen wurden verboten wie auch anzügliches Singen oder das Tanzen von Männern und Frauen miteinander. Auch üppige Mahlzeiten und Trunkenheit wurden stark eingeschränkt.

Im Mittelalter bedeutete *luxuria* insbesondere die Hingabe an Leidenschaften, die nicht unter Ehebruch, Hurerei und Inzest zusammengefaßt waren. Wollüstiges Verlangen, das nicht zum eigentlichen Sexualakt führte, unterstand im allgemeinen nicht der kanonischen Zensur. Die Regel war, daß die Kirche nur Handlungen verurteilte und davon nur jene, die einen Skandal verursachten! Geheime Gedanken, anzügliche Gefühle, verborgenes Verlangen überließ man den spirituellen Heilmitteln. Beim Konzil von Neocaesarea im Jahre 314 wurde nur bestimmt, daß «ein Mann, der das Verlangen hat, mit einer Frau zu schlafen, und es nicht tut, in Ungnade gefallen ist». Eine Buße wurde nicht verlangt oder höchstens eine kleine. Wenn ein Mann unreine Gedanken hatte, sich jedoch beherrschte, war die Strafe leicht. Ausschweifende Bemerkungen wurden mit einer siebentägigen Strafe gesühnt. Küßte einer eine Frau, dauerte die Strafe zwanzig Tage. Vergewaltigung wurde jedoch hart bestraft, und dies gemäß zivilem und kirchlichem Gesetz. Nach konstantinischem Recht wurde jemand, der eine Jungfrau raubte oder sie mit ihrer Zustimmung, aber gegen den Willen der Eltern entführte, verbrannt. Auf Vergewaltigung und Mord stand die Todesstrafe, und die meisten kleineren Verbrechen führten zur Exkommunikation. Knaben, die sich sexueller Vergehen schuldig machten, drohten Körperstrafen und lebenslängliche Einweisung in ein Kloster.

Die Begierde nach Vergnügen irgendwelcher Art, die auf Kosten anderer Menschen geht, muß auch heute im gleichen Licht gesehen werden wie zur Zeit der ehemaligen Kirchenväter, denn dies ist die Grundlage alles Bösen. Es braucht allerdings einen gewissen Mut, die Sicherheit der kollektiven Meinung aufzugeben, unabhängig zu denken und zu handeln und neben den rationalen Gedanken auch den Gefühlen einen Platz einzuräumen und zu ihnen zu stehen.

Eros, das Prinzip der Beziehung, ist aus unserer Gesellschaft verschwunden; statt echter Beziehungen und echter Liebe dominiert eine ansteckende, zuckersüße Sentimentalität. Dies ist äußerst gefährlich, denn dadurch wird im Unbewußten als Ausgleich die andere Seite der Sentimentalität konstelliert, eine kalte Brutalität, die wir in der Zunahme der Verbrechen wahrnehmen.

Vielleicht könnten wir von den ersten Kirchenvätern des Christentums, die sich mit ähnlichen Problemen befassen mußten, etwas lernen: Es ist unerläßlich, daß wir das Böse beim Namen nennen. Wollust ist eine wichtige Ursache des Bösen, denn es ist ein egoistischer Trieb, der das Selbst zu entmachten oder zu beherrschen versucht. Ein Arzt, der eine Epidemie oder eine ansteckende Krankheit beobachtet, bestimmt zuerst die Art der Mikrobe oder des Virus. Auch um das Böse bezeichnen zu können, müssen wir sein Wesen kennen, und der Maßstab dafür ist unser Fühlen – nur mit der Fühlfunktion können wir entscheiden, was wir akzeptieren dürfen und was nicht.

Das große Symbol der göttlichen Wahrheit ist der Eisvogel. Er richtet seine Augen auf den Fisch, taucht, ohne sie ein einziges Mal von ihm abzuwenden, mit glatt am Körper anliegenden Federn in die Tiefe und packt ihn. So scharf und genau müssen unsere Gefühle das Böse wahrnehmen; wir müssen es mit unseren Gefühlen erkennen, statt uns von intellektuellen Ansichten und rationalen Nebenbemerkungen ablenken zu lassen.

Der Stier als Gott und als Symbol

König Minos und Poseidons Stier

In einer Version des Mythos über die Herkunft des Minotauros ist die widernatürliche Leidenschaft der Pasiphae – der Gattin des kretischen Königs Minos – als Strafe des Gottes Poseidon dargestellt für die Hybris des Königs. Dieser hatte den Auftrag des Gottes mißachtet, ihn zu täuschen versucht und dessen Geschenk – den als Opfer bestimmten Stier – für sich behalten:

> «Minos, von seinem Vater Zeus beraten, gab Kreta weise Gesetze und dehnte seine Herrschaft weit über die Inseln des Ägaischen Meeres aus. Eines Tages bat er nun Poseidon, er möge ihm sein Thronrecht durch ein Geschenk bestätigen, und wirklich sandte ihm der Meeresbeherrscher einen wundervollen Stier; aber statt das Tier, wie ihm befohlen war, dem Gotte zu opfern, führte Minos ein anderes, schlechteres zum Altar. Zur Strafe für diesen Betrug wurde seine Gattin Pasiphae von wilder Liebesleidenschaft zu dem Stiere ergriffen. Sie ließ sich von Daedalos, einem vielgewandten attischen Künstler, der im Dienste des Minos stand, das bronzene Abbild

> einer Kuh anfertigen, verbarg sich darin und zeugte so mit dem Stier das menschenfressende Ungeheuer Minotauros: einen Bastard von menschlicher Gestalt mit einem Stierkopf.»[131]

Im Labyrinth von Knossos wurde der Minotauros, der Sohn der Pasiphae und des Stiers, versteckt gehalten. Jedes Jahr verschlang er sieben junge Männer und sieben junge Mädchen aus Athen. Dort fand ihn Theseus und tötete ihn mit der Unterstützung von Ariadne, einer Tochter von Minos und Pasiphae. Im Museum von Heraklion stehen viele Zeugen der minoischen Kultur, darunter die meisterhafte Skulptur eines Stierkopfes. Wenn man genau hinschaut, bemerkt man in der Pupille seines rechten Auges die winzige Figur einer Frau.

Interpretieren wir den Mythos als symbolisches Geschehen aus psychologischer Sicht: Minos begehrte den Stier, den Poseidon für das Opfer ausgewählt hatte. Genauer gesagt war es seine Anima (in der Gestalt seiner Frau Pasiphae), die den Stier begehrte. Somit ließ sich der König vom leidenschaftlichen Verlangen seiner Anima leiten und vergriff sich am göttlichen Tier und damit am Göttlichen selbst. Das Verlangen hatte zwei Gründe: Es war der heimliche Wunsch des Königs, mit dem Gott eins zu werden, und zugleich war es ein Ausdruck seiner Auflehnung gegen seine dem Gott untergeordnete Stellung. Beides war ein unstatthaftes Begehren; die Frucht dieser Verbindung war der ungeheuerliche Minotauros, der ins Labyrinth verbannt wurde, in das Unbewußte.

In anderen Versionen des Mythos von Minotauros machte Poseidon, erzürnt darüber, daß Minos ihm das Tier nicht opferte, diesen rasend, so daß er als ein wilder Stier das Kulturland verwüstet. Das ist ein Bild für die Überwältigung des Bewußtseins durch den triebhaften Aspekt, weil die Beziehung zum Unbewußten gestört war durch die Hybris des Ichbewußtseins. Wenn der Stier nicht Fruchtbarkeit bringt – die Zeugungskraft des Unbewußten –, sondern wütend ist, dann wird ein Mensch vom Trieb besessen, und die Begierde ist «unmenschlich», weil sie das Gegenüber nicht mehr respektiert, sondern nur noch die Begierde stillen will.

Vor einigen Jahren erzählte mir ein Arzt von einem Mann, der an einer schweren, hartnäckigen Dermatose erkrankt war. Der Arzt wußte nicht, wie er den Patienten behandeln sollte. Der Mann war einige Tage vor dem Ausbruch der Hautkrankheit an einem einsamen Ort seiner Ländereien fischen gegangen. Er gestand dem Arzt, sich an einer wilden Ente sexuell vergangen zu haben. Ich machte den Arzt darauf aufmerksam, daß die wilde Ente ein Symbol ehelicher Treue ist. Wir stimmten überein, daß diese Handlung Ausdruck eines äußerst primitiven und brutalen Schattens und eines extrem unbewußten Ichs war. Die höllische und feurige Natur der Hautkrankheit war die «passende» Strafe für das Verbrechen. (In der Tat ist eine solche Handlung, bei der ein Mensch sich zur Befriedigung seiner Lust an einem wehrlosen wilden Geschöpf vergreift, eine Verworfenheit und auch ein schweres Verbrechen.) Die Symbolik des Geschehens vermittelt aber noch eine weitere Bedeutung: Die wilde Ente ist eine Botin aus der andern (nichtmenschlichen) Welt. Sie brachte diesem Manne die Botschaft seiner bisher unbewußten primitiven Natur, die von ihm Besitz ergriffen hatte. Die Frage war, ob der Mann diese Botschaft annehmen konnte, was voraussetzte, daß er seine Handlung als das akzeptierte, was sie war, verworfen und verbrecherisch.

Mithras und der Stier

Zum besseren Verständnis der Symbolik des Stiers sei noch kurz auf den Mithraskult eingegangen, der sich von Persien aus über Griechenland und das römische Reich bis zu den Germanen verbreitete. Ein göttlicher Stier, Verkörperung des Anfangs aller Dinge, war die zentrale Figur im Mithraskult. In den Kulthandlungen wurde die Tötung dieses Urstiers durch den Lichtgott Mithras nachvollzogen in einem Stieropfer. Dieses Opfer war die unmittelbare Ursache der Wiedergeburt des Eingeweihten auf einer höheren Ebene.

Jung[132] schreibt dazu: «Der Sinn jener Kulte – ich spreche von Christentum und Mithraismus – ist klar: er ist moralische Bändigung animalischer Triebe.» «Doch die Mitglieder des Mithraskultes waren nicht abgeschnitten von der Natur, geht doch aus dem toten Stier auch alle Fruchtbarkeit hervor: Aus den Hörnern die Früchte, aus dem Blut der Wein, aus dem Schwanz das Getreide etc.»[133]

Jung[134] hebt den schroffen Gegensatz zu dieser Einstellung in der christlichen Abwendung von der Welt, wie sie Augustinus vertritt, hervor: «‹Was aber liebe ich, wenn ich dich, Gott, liebe? Nicht Körpergestalt noch zeitliche Anmut, nicht den Glanz des Lichtes, der diesen Augen so lieb, noch die süßen Melodien abwechslungsreicher Gesänge, nicht der Blumen und wohlriechenden Salben und Gewürze lieblichen Duft, nicht Manna und Honig, nicht Glieder, denen des Fleisches Umarmungen angenehm sind.›»

Jung hebt weiter hervor, daß es die Gefahr der übermäßigen Liebe zur Schöpfung war, die Augustinus so fürchtete, weil sie den Menschen zum Sklaven machten konnte. Allerdings hatte diese Einstellung eine so starke Körperfeindlichkeit hervorgebracht, daß sich im Unbewußten ihr Gegenpol, die Wollust, konstellierte.

Aphrodite

Aus der Großen Muttergöttin der matriarchalen Zeit entwikkelte sich ein neuer Aspekt des Weiblichen, die sinnliche Liebe. Wir verdanken dessen Darstellung dem Genie der Griechen in ihren Mythen über Aphrodite.

Es wird berichtet, dass diese aus dem abgeschnittenen Penis des Uranos entstand (den sein eigener Sohn, Kronos, entmannte), der ins Meer fiel und dort zusammen mit dem Meeresschaum (aphros, daher ihr Name: Die aus dem Schaum Geborene) die Liebesgöttin zeugte, die aus den Wellen geboren wurde.

Dieser Mythos von der schaumgeborenen Aphrodite stellt symbolisch dar, wie sich aus dem fruchtbaren Chaos der schöpferischen Gebärmutter des mütterlichen Unbewußten eine deutlich andersartige Form der weiblichen Natur erhob. Die «Entbindung» aus der Unbewußtheit, die Offenbarung war jedoch nur mit Hilfe des göttlichen, schöpferischen Prinzips des männlichen Genius – der Erkenntnis – möglich, symbolisiert durch das Meer und das hineingestürzte zeugende Glied des Uranos. Die Mythen über Aphrodite enthüllen die Schönheit der sinnlichen Liebe und weisen gleichzeitig auch auf die potentiell dunklen Aspekte der Wollust hin. Aphrodite bringt uns das umfassende Bewußtsein des wahren Wesens der sinnlich-sexuellen Liebe und ihrer immer auch darin verborgenen wollüstigen Natur.

Sie war nach Homer mit dem göttlichen Schmied Hephaistos verheiratet, aber er war häßlich und hinkte, daher tröstete sie sich mit Ares, dem Kriegsgott. Sie gebar ihm drei Kinder: Demos (die Furcht), Phobos (das Grauen) und Harmonia (die Eintracht). Sie hatte noch zahlreiche andere Liebesbeziehungen, so mit Hermes-Mercurius (dem Götterboten, der eine bedeutende Rolle spielte in der Alchemie, einem vielgestaltigen Gott, schlau und listig, Bringer der Träume und Psychopompos, auch Patron der Diebe) und Dionysos (dem inspirierenden, ekstatischen, freizügigen Gott).

Schon die drei Kinder, die sie mit dem Kriegsgott zeugte, aber auch die anderen Verbindungen geben ein Bild dessen, mit was sich diese Liebesgöttin Aphrodite (psychologisch gesprochen ein Archetyp) verbindet und was sie zu bewirken vermag. Auch die so verschiedenen Aspekte, unter denen sie verehrt wurde, zeigen viele Facetten dieses Archetyps. Sie ist zwar meist als «Göttin der Liebe» bekannt, doch ihre Bedeutung ist viel umfassender, wie die folgenden Beispiele zeigen: «Nährmutter

Erde», «Mutter des Universums», «Die Schwarze» (Melaina), «Die Männermordende» (Androphonos), «Die der Gruft» (Epitymbidia). Am bekanntesten ist sie als «Die aus dem Meer Auftauchende» (Anadyomene), als «Himmelsgöttin» (Aphrodite Urania), als «Göttin der himmlischen, edlen Liebe» und als «Die irdische, käufliche Liebe» (Aphrodite Pandemos).[135]

Sie wird auch als Schicksalsgöttin betrachtet, ist sie doch in gewissen Mythen die älteste der Moiren. Und tatsächlich hat die Liebe auf den ersten Blick etwas Schicksalshaftes an sich. Vielleicht trifft man plötzlich in einer Eisenbahn, im Flugzeug oder beim Abendessen die große Liebe seines Lebens, die einen ins Glück oder in die Tragödie führen kann. Das ist Schicksal.

Ursprünglich war Aphrodite eine orientalische Naturgottheit, und viele ihrer Eigenschaften gehen auf den Magna-Mater-Kult zurück. Daher findet sich auch eine Verbindung zum Stier, der als Fruchtbarkeitssymbol mit der Mutter Erde in enger Beziehung steht. In der Astrologie ist der Stier ein Erdzeichen; Taurus ist das *domicilium Veneris,* das Haus der Venus-Aphrodite.

Der Mythos von der außerehelichen Beziehung von Aphrodite mit Ares, dem wilden und gewalttätigen Kriegsgott, von dem Homer sagt, nichts erfreue ihn so sehr wie wildes Kampfgeschrei und das Getümmel der Schlacht, zeigt mit eindrücklicher Deutlichkeit, was die Verbindung von (sinnlicher) Liebe und einem destruktiven Trieb bewirkt: die Söhne heißen «Furcht» und «Grauen». Es sei nur an Verbrechen aus Leidenschaft erinnert oder an die Blutfehden. Die Kinder sind Nachkommen der Liebe und des Streites und stehen auch für die Bitterkeit, die in leidenschaftlichen Liebesbeziehungen entstehen kann. Aphrodite und Ares zeugten aber auch Harmonia, die Eintracht: In der Gegensatzverbindung kann auch etwas Neues, ein Verbindendes entstehen.

In diesen Aspekten erkennt man deutlich die uralten Wurzeln des Kults der Aphrodite, die bis weit zurück in die Welt der Magna Mater reichen, der Großen Muttergöttin, die die allumfassende *charitas*, Mütterlichkeit, Großzügigkeit, aber auch die Kälte der Natur repräsentiert.[136] Das letztere kann das menschliche Bewußtsein nur mit Mühe akzeptieren, doch gehört auch dies zur Großen Muttergöttin. Man sieht es überall in der Natur: bei Erdbeben und Überschwemmungen, auch im Tierreich, bei den Insekten etwa, wenn die Gottesanbeterin nach der Begattung das Männchen auffrißt, aber auch bei den Säugern, wenn zum Beispiel die Katze mit einem Schlag einen Vogel tötet.

Der destruktive Aspekt der Grossen Mutter ist auch als ein Aspekt der Liebesgöttin Aphrodite vorhanden. Erich Neumann schreibt:

> «Die Projektion der eigenen männlichen Begierde und, noch tiefer, der eigenen Tendenz zum Uroboros-Inzest, zur lustvollen Selbstauflösung im Ur-Weiblich-Mütterlichen, verstärkt den Grauencharakter des Weiblichen. So gehört zur furchtbaren Göttin die Wollust und die Verführung zur Sünde und zum Untergang, und Liebe und Tod sind zwei Aspekte der einen großen Göttin. Deswegen gehören in Ägypten wie in Griechenland, wie in Mesopotamien, wie in Mexiko Liebes-, Jagd- und Todesgöttin zusammen. So ist Aphrodite in Sparta und Zypern auch Kriegsgöttin ...»[137]

Aphrodite ist eine absolut griechische Göttin. Sie wurde aber als Mutter des Gründers von Rom, Aeneas, auch die Urmutter der Römer. Sie verband sich dort mit der bestehenden Göttin Venus, die in der Folge mit ihr gleichgesetzt wurde. Ihr Vogel ist die Taube. Diese war im Altertum als schnäbelnder und fruchtbarer Vogel den Göttinnen der Liebe zugeordnet, sei dies nun Astarte, Ischtar oder Aphrodite-Venus. Im Christentum wurde ein anderer Aspekt der Taube wichtig; sie ist auch das Sinnbild der Sanftmut, der Unschuld und der Frömmigkeit.

Die Frau und die venezianische Maske

Eine Analysandin erzählte mir folgende Episode: Sie hörte ein Geräusch in ihrem Garten. Als sie ihm nachging, fand sie eine tote Taube auf der Treppe. Dies betrübte sie unheimlich. Wir besprachen die Angelegenheit eingehend, doch konnte sie keine Verbindung zu ihrem äußeren Leben sehen. Sie liebte ihren Mann, wußte jedoch, daß er keinen Eros hatte (Eros ist das Prinzip der psychischen Bezogenheit). Er war ein guter, praktischer und arbeitsamer Mann – mit einem brutalen Schatten, der manchmal unerwartet zuschlug. Seine begünstigte Funktion war das Empfinden. Er war rational, hatte großen Erfolg im Geschäftsleben, jedoch sehr wenig Imagination im Bereich der Gefühle.

Kurz nach dieser unglücklichen Episode entschloß sich die Frau, nach Venedig zu reisen, da sie Italien und das italienische Volk liebte. Sie kam aus einem nördlichen Land und fand, daß der Süden ihrer Persönlichkeit besser entsprach. Eines Abends begegnete sie in Venedig auf ihrem Weg ins Hotel zurück einem jungen Mann. Er trug eine Maske und ein mittelalterliches Kostüm. Bei der plötzlichen Begegnung trat er zur Seite, verneigte sich tief und sprach sie auf italienisch als «schöne Frau» an. Er gestattete ihr, an ihm vorbeizugehen, dann verschwand er. Sie sagte mir, sie sei stehengeblieben und habe sich gewundert, wer die Gestalt gewesen sei und ob sie wohl ein Gespenst gesehen hatte.

Nach diesem Ereignis fühlte sie sich aus irgendeinem Grund sehr glücklich. Der junge Mann war höflich und verbindlich gewesen und hatte sich in seiner Männlichkeit sicher genug gefühlt, einer älteren Frau ein charmantes Kompliment zu machen.

Sie war sehr intelligent, eine praktische Hausfrau und zugleich eine Geschäftsfrau. Sie war auch eine wunderbare Mutter und sicher eine gute Ehefrau. Doch ihr Mann zeigte ihr gegenüber, wie schon gesagt, sehr wenig Gefühl, und wie sich später herausstellte, hatte sie auch wenig Wärme von ihrer Mutter erhalten. Nach ihrer Reise nach Venedig hatte sie einen Traum, in dem sie die Kälte ihrer Mutter klar erkannte. Diese hatte in der Vergangenheit grausame und unaufhörliche Anforderungen an sie gestellt. Ihr ganzes Leben lang – als Kind, als junges Mädchen und als junge Frau – hatte sie erfolglos versucht, ihre Mutter zufriedenzustellen, eine Mutter, die nie zufrieden war und die darauf bestand, ihre Tochter müsse immer für sie da sein. Später befand sie sich in einer ähnlichen Situation in ihrer Ehe. Wie sehr sie sich auch bemühte, es gelang ihr nie, die bedingungslose Anerkennung ihres Mannes zu gewinnen.

Als sie mir ihre Geschichte erzählte, fügte sie hinzu, sie sehne sich schmerzlich danach, ihre Mutter und ihren Mann glücklich zu machen. «Sich schmerzlich sehnen» könnte man auch durch «übermäßiges Verlangen» ersetzen. Sie hatte ein übermäßiges Verlangen, die anderen zufriedenzustellen.

Diese Frau hatte sehr wenig Selbstgefühl. Sie war das Opfer einer kalten, distanzierten und absolut autonomen Animosität, die sich plötzlich ihres Lebens bemächtigte und sie dazu trieb, zu geben, zu gefallen oder andern immmer das Beste zu wünschen und im Licht ihrer eigenen Großzügigkeit zu glänzen. Sie schien nur dann glücklich zu sein, wenn der andere lächelte oder ihre Gaben dankbar annahm.

In jener Nacht in Venedig, wohin sie allein zu ihrem eigenen Vergnügen gereist war, und nicht, um anderen gefällig zu sein, stand sie plötzlich ihrem Animus gegenüber, der sie bis anhin kritisch und kalt entwertete. In Venedig, der Stadt der Aphrodite-Venus, hatte sie die Chance, ihren Animus als eine jahrhundertealte männliche Figur mit einer Maske zu treffen. Ob es sich um einen Geist oder einen richtigen Mann gehandelt hatte, war unwichtig. Sie stand ihm gegenüber, und Angst und Schrecken verwandelten sich in Harmonie, als die unbekannte männliche Gestalt zu einem liebenswürdigen, einladenden Wesen wurde, das ihr ermöglichte, sich als «bella donna», als schöne Frau, zu erleben. Sie wurde sich ihrer weiblichen Sexualität bewußt und stand zu ihrer Sinnlichkeit.

Die Taube, die sich in ihrem Garten für sie geopfert hatte, war ein Wandlungssymbol. Nach ihrer Rückkehr gab sie das Bemühen auf, ihre Mutter zufriedenzustellen. Sie opferte ihr unmäßiges Begehren, immer zuerst an andere zu denken, und erkannte eine tiefe Wahrheit: Wenn du dich selbst nicht liebst, tun es auch andere nicht.

Dieses Beispiel zeigt zweierlei: zum einen, daß sich die Sünde der Wollust nicht immer auf die sinnlich-sexuelle Lüsternheit bezieht, und zum anderen, daß ein gesundes Maß an Sinnlichkeit und Bewußtheit der eigenen weiblichen Sexualität nichts zu tun hat mit Wollust, sondern für das psychische Wohlergehen der Frau notwendig ist.

Wohlgerüche, die die Sinne erregen

Aphrodite besaß einen Zaubergürtel, in dem ihre Mittel enthalten waren, mit denen sie Liebe und Liebesverlangen weckte. Die Menschen versuchten, selbst solche Mittel herzustellen. Sie sollten dasselbe bewirken, was der Aphrodite gelang: das Verlangen nach Liebe zu erzeugen. Diese magisch wirkenden Mittel wurden nach der Göttin Aphrodisiaka genannt. Viele wirkten, indem man sie einnahm, andere wirkten durch ihren Duft.

Wohlgerüche, die Sinnlichkeit und Lust erzeugten, verwendeten schon die griechischen Götter. Als sie versuchten, Hera von den unsichtbaren Fesseln eines verzauberten Throns zu befreien, gelang es nur Dionysos, dem Gott der Lebenskraft, des Weins und der Ekstase, den Schmied Hephaistos zu überzeugen, Wein zu trinken und seine Glieder mit Myrrhe einzureiben. Der Geruch der Myrrhe verzauberte ihn und verlockte ihn dazu, Hera zu befreien.

Es wird auch gesagt, daß die von einer Parfümwolke umgebene Aphrodite unter dem Namen Hedone, «sinnliches Vergnügen», beim Urteil des Paris erschienen sei.[138] Sie war «stolz auf die Macht der Begierde». Die parfümierte Aphrodite ist jedoch nicht nur die Patronin der Sinnlichkeit *(makhlosune)*, sondern auch der Kurtisanen, die «mit parfümiertem Haar und Busen sogar das Verlangen eines alten Mannes erregen konnten».[139] Sie verkörperte sexuelle Verlangen und die Freuden der Liebe *(aphrodisiae)*, ohne die die Vereinigung von Mann und Frau nicht möglich wäre.

In der nördlichen Hemisphäre wächst eine wilde Blume, die *Arum Macculatum*, die als Blume des sinnlichen Verlangens galt. Dies kommt zum Beispiel in ihrem englischen Namen «Lords and Ladies» zum Ausdruck. [Im deutschen Namen dieser Blume, «gefleckter Aronstab», ist der Zusammenhang nicht ersichtlich, Anm. d. Üb.] Im Mittelalter wurde die Blume immer mit dem Liebesakt in Verbindung gebracht, was der Grund ist für viele ungewöhnliche Namen der Blume. Die Blüten dieser Pflanze sind von einer breiten Haube, der Blütenscheide, umgeben. Im Innern befindet sich ein kolbenartiges Gebilde, der Spadix. Interessanterweise riecht die Blume nach Fäulnis, die bei leichter Hitze (die immer vorhanden ist) die Fliegen anzieht, damit diese sie befruchten. Die Beeren sind im Spätsommer von einem leuchtenden Rot und sehr giftig. Auf englisch nennt man sie normalerweise *adder-berries* (Natternbeeren) oder *serpents' food* (Schlangenfutter). Diese Blume ist ein Symbol für die vergiftende Wirkung der Wollust.

Heute dienen die Parfums dazu, die Sinnlichkeit zu wecken. Es ist sicher nicht abwegig, wenn wir uns den riesigen Umsatz durch den Verkauf von Parfüm in der Kosmetikbranche in Erinnerung rufen. Er widerspiegelt die allgegenwärtige Natur der Wollust wie auch die Macht der Verführung.

Die Frau mit dem Vaterkomplex

Eine trotz ihrer sechzig Jahre noch schöne Frau kam ganz aufgeregt zu mir, da sie sich in einen viel jüngeren Mann verliebt hatte. Im Verlauf der Analyse erfuhr ich, daß sie als junge Frau eine große Schönheit gewesen war, die von allen möglichen Männern begehrt wurde. Sie sagte, sie habe jeden Mann anziehen und verzaubern, doch keinen behalten können. Aus irgendwelchen Gründen verließen sie die Männer am Ende immer. So hatte sie auch zwei Ehemänner verloren.

Als junge Frau hatte sie ihren ersten Mann betrogen und sich mit einigen unbekannten Männern auf äußerst unzüchtige Handlungen eingelassen. Am folgenden Tag erkrankte sie an einem zerstörerischen Leiden und mußte während fast eines Jahres das Bett hüten. Sie erholte sich zwar allmählich, hatte jedoch viel von ihrer Schönheit verloren und war auch leicht körperlich verunstaltet. Das geschmeidige, strahlend schöne Mädchen war verschwunden, als ob es gestorben und von einer sexuell noch immer attraktiven, aber verunstalteten Frau ersetzt worden sei, die sogar mit dem Gehen Mühe hatte. Der Fuß ist unsere Verbindung zur Erde. Zur Zeit ihres unmoralischen Lebenswandels hatte sie den Boden unter den Füßen verloren.

Die Frau war von ihrer eigenen Schönheit und ihrer verführerischen Kraft besessen. Sie war ein «Animatyp» und konnte leicht jeden Mann verführen und für sich gewinnen. Sie befand sich in den Händen der lüsternen Göttin, behandelte sich selbst wie eine Hure und wurde deshalb von den andern, die sie für ihr eigenes Vergnügen mißbrauchten, auch so behandelt. Sie war keine Hure, doch sie hatte sich in einem ewigen gierigen Verlangen nach Männern verfangen.

Sie litt in erster Linie an einem Vaterkomplex. In ihrem Innersten war sie einfach der Phallus von ihrem Vater, der gegenüber seiner dominanten Ehefrau impotent war. Sie war sich ihres weiblichen Selbst nicht bewußt. Ihre Träume und ihre Krankheit konfrontierten sie mit der Realität ihres Problems, was bedeutete, daß sie ihre Besessenheit verstehen lernen und sich ihrer Weiblichkeit bewußt werden mußte. Sie erkannte mit der Zeit, daß der Mann, den sie außen suchte, ihr inneres männliches Wesen war, der Animus in all seiner göttlichen Majestät. In der Isolation, während der langen Krankheit, litt die Patientin schwer unter ihrem früheren Verhalten, und das Bewußtsein ihrer Tat rettete sie womöglich vor der totalen Zerstörung.

Aphrodite hat eine dunkle Seite; sie ist eine eifersüchtige Göttin. Im Märchen von Amor und Psyche akzeptiert sie nicht, daß eine sterbliche Frau ebenso schön oder verführerisch ist wie sie. Ihre göttliche Sinnlichkeit zu imitieren – was meine einst schöne, aber nun behinderte Patientin getan hat – heißt, sich über die Göttin lustig machen.

Eros, der Gott der Liebe in psychischer Bezogenheit

Dieses Kapitel befaßt sich mit Wollust, nicht mit Liebe. Aphrodite ist nicht die Liebende; in der Wollust oder Verführung ist keine Liebe. Aphrodite bezaubert, sie ist die unwiderstehliche Anziehungskraft, von der wir uns in die Vereinigung hinreißen lassen, doch fehlt ihr die Bezogenheit. Eros, der psychische Bezogenheit symbolisiert, muß aber doch erwähnt werden, denn er ist der Sohn und Begleiter der Göttin. Wie Hermes war Eros ursprünglich ein böotischer Gott, der in der Gestalt eines steinernen oder hölzernen Phallus verehrt wurde. In früheren Zeiten waren die beiden Götter fast identisch. Eros wird in der Antike oft als beflügeltes Wesen dargestellt, das seine Genitalien zeigt und häufig ein Zwitter ist. Zeitweise erscheint er als Jüngling mit Flügeln, der an Blumen riecht, in der rechten Hand eine Zither oder einen beflügelten Phallus mit einem Kopf. Dann wieder ist er ein kleiner Knabe mit einer göttlichen Schlange oder ein erwachsener Jüngling mit Pfeil und Bogen.[140] Er wird auch als schützender Geist der Toten dargestellt oder als Symbol des Todes mit einer Fackel, die nach unten zeigt. Manchmal erscheint er als Schmetterling, und in gewissen Darstellungen verbrennt er den Schmetterling mit seiner Fackel. Dies ist ein Bild dafür, daß Eros, der Gott der Liebe, die menschliche Seele quält, gleichzeitig jedoch auch reinigt. Eros zwingt uns, bewußt zu werden. «Liebe mit ihrer Leidenschaft und ihrem Schmerz wird zu einem Drang zur Individuation. Daher gibt es keinen wirklichen Individuationsprozeß ohne die Erfahrung der Liebe, denn die Liebe quält und reinigt die Seele.»[141]

Eros, das Kind der Aphrodite, kann tatsächlich aus der Wollust geboren werden, wenn sich daraus wahre Liebe entwickelt, wie das folgende Beispiel zeigt.

Vor vielen Jahren erzählte mir eine Patientin ein Erlebnis aus ihrer frühsten Jugend. Es war die viktorianische Zeit, und sie war etwa siebzehn Jahre alt, als sie sich verlobte. Damals wurde sexuelle Unkorrektheit während der Verlobung nicht toleriert. Der Verlobte war älter als sie, ein anständiger und ehrenwerter Mann, doch litt er offensichtlich an einem schweren Mutterkomplex, der ihn in Gegenwart des andern Geschlechts lähmte. Die Beziehung war so schwierig, daß das Mädchen bezweifelte, daß sie ihn heiraten konnte.

Während der Verlobungszeit nahm sie eine Einladung von Freunden im Ausland an. Dort traf sie eines Abends bei einer Party einen interessanten Mann, der ohne jede Hemmungen zu sein schien. Innerhalb weniger Tage schwelgten beiden in seliger Harmonie. Sie kehrte nach Hause zurück und heiratete ihren Verlobten, der, wie sie schon unbewußt gefühlt hatte, ein guter Ehemann und Vater wurde. Sie gab ihr Geheimnis nie preis und erzählte es mir erst, als sie sehr betagt war. Sie erklärte mir, daß sie ihren Mann nur heiraten konnte, weil sie die Erfahrung der Wollust gemacht hatte, oder, wie sie es nannte, «das sündhafte Vergnügen» mit einem andern Mann. Es war aber mehr als eine unbezogene Begierde gewesen, sie hatte Eros erlebt und erlebte ihn – die große Kraft der Verbindung und der Auflösung – auch in der Ehe. Sie erlebte echte Liebe, weil sie dem Gott Eros schon früher mit einem andern Mann gehorcht hatte.

Wahre Liebe ist allumfassend und unmöglich zu definieren und hat sehr viel mit Güte zu tun. Ohne Güte gibt es keine

Liebe. Das wahre Wesen der Liebe liegt im Unvermögen, einem andern Menschen weh zu tun. In der Wollust gibt es nur dann Güte, wenn sich eine psychische Verbindung einstellt. Barbara Hannah[142] erwähnt folgenden Ausspruch Jungs:

> «Sexualität hat zwei Aspekte: Fortpflanzung, das heißt fleischliche Sexualität, und einen anderen, der dazu verwendet werden könnte, um den Gott Eros, die Beziehung, zu verehren. Es war dieser Aspekt, den die christliche Kirche als sündig verdammte.»

Während seiner Reise nach Indien besuchte Jung den Taj Mahal, das Mausoleum, das der Herrscher Schah Jahan im Jahre 1632 für seine geliebte, verstorbene Frau Mumtaz erbauen ließ. Als Jung den Tempel sah, den er für den perfektesten Tempel der Liebe überhaupt hielt, erkannte er, daß die Religion des Islam auf dem Erosprinzip, dem weiblichen Prinzip der Beziehung, gegründet war, das Christentum und die andern großen Religionen dagegen auf dem Prinzip des Logos, das heißt des männlichen Prinzips der Unterscheidung: «Dies ist der eine Ort in der Welt, wo die – leider – allzu unsichtbare und allzu eifersüchtig gehütete Schönheit des islamischen Eros durch ein beinahe göttliches Wunder offenbar wurde.»[143]

Jung[144] schrieb über den Unterschied zwischen Eros und Logos:

> «Logos und Eros sind intuitiv-intellektuelle Entsprechungen der archetypischen Anschauungen von Sol und Luna. Nach meinem Dafürhalten sind die beiden Luminaria von so unübertrefflicher Anschaulichkeit, daß ich sie der engeren Bezeichnung als Logos und Eros sogar vorziehen möchte, obschon letztere eine gewisse psychologische Eigentümlichkeit treffender und faßbarer bezeichnen als die unbestimmteren Sol und Luna. Der Gebrauch dieser Begriffe erfordert allerdings eine stets wache und lebendige Phantasie, was nicht die Sache jener ist, die temperamentmäßig rein intellektuelle Begriffe vorziehen. Diese bringen einem zwar etwas Fertiges und

Abgeschlossenes entgegen, während ein archetypisches Bild nichts hat als seine nackte Fülle, die dem Intellekt als ‹unfaßbar› erscheint. (‹Wo faß ich dich, unendliche Natur?›). Erstere bedeuten einen geprägten und negotiierbaren Wert, letzteres dagegen Leben.»

«Jung», schreibt Barbara Hannah[145], «wies darauf hin, daß wir, hätten wir zur Zeit Sophokles' gelebt, den ‹großen Gott Eros, den Gott der Bezogenheit› und ‹Logos, den Gott der Form›, erkannt hätten.» Jung hob hervor, daß das Prinzip des Logos nicht zu logischem oder intellektuellem Denken führe, denn Logos sei eine Erfahrung, eine Offenbarung.

Das Kamasutram

Das Kamasutram geht vermutlich schon auf das erste Jahrhundert unserer Zeitrechnung zurück. Sein zweideutiger Ruf als Anleitung zum ausschweifenden Liebesleben ist irreführend und wird dem großen Klassiker der indischen Lebens- und Liebeskunst nicht gerecht.

Kamasutram heißt, wörtlich übersetzt, «Leitfaden des Kama». Kama ist der indische Liebesgott, und er weist sehr viele Ähnlichkeiten mit Eros auf. Auch er verwundet die, die seiner Macht verfallen sollen, mit Liebespfeilen; diese sind aus Blumen gewunden und werden von einem Zuckerrohrbogen abgeschossen.

Wir dürfen nicht mit den Maßstäben des Christentums an dieses Buch herantreten. In seinem Geleitwort zur ersten vollständigen deutschen Ausgabe 1929 schreibt Magnus Hirschfeld[146]: «Für den Orientalen besteht die Grundlage des glücklichen Zusammenlebens weniger in der ‹Harmonie zweier Seelen›, um an Leonorens erhabenes Wort aus dem ‹Fidelio› zu erinnern, sondern in einem Zusammenklang körperlicher Eigenschaften, welcher den beiden Partnern ein höchstmögliches Lustgefühl bei einer Liebesvereinigung gewährt und ermöglicht.» Und er fährt fort: «Diese Dinge, diese Triebe sind da, also sind sie für ihn, wie alles, was geschaffen ist, göttlichen Ursprungs, und seine Meinung ist die, daß der Mensch das Göttliche erfüllt, wenn er, freilich mit klugem Bedacht auf eigenes und fremdes Wohl, ... danach strebt, sich die bestmögliche Steigerung der Sinneslust zu verschaffen.»

Sinneslust lenkt nicht von der Beziehung zu Gott ab. Es sei denn, sie wird zum zentralen Lebensinhalt – da deckt sie sich mit der Todsünde der Wollust, wie sie hier dargestellt ist.

Das Kamasutram ist ein Lehrbuch, und «der Gegenstand wird mit größter Sachlichkeit, wie sie in einem Lehrbuch durchaus üblich und angebracht ist, mit tiefem, ethischem Ernst behandelt, ohne eine Spur von Humor oder gar Lüsternheit. Der Kompilator des Buches, Vatsyayana, erweist sich als wirklicher, weltüberlegener Weiser, der die Welt, das Leben und die Menschennatur kennt. Damit es auch mit dem nötigen Ernst aufgenommen werde, schließt der Autor sein Werk: ‹In höchster Enthaltsamkeit und Andacht ist dieses Buch geschaffen worden für das Treiben der Welt; seine Einrichtung hat nicht die blinde Leidenschaft zum Ziel.›»[147]

Die Natur als Opfer des fehlenden Eros

Da der wahre Eros verschwunden ist, hat der Mensch nicht nur den Kontakt zu seinen Mitmenschen verloren, sondern auch zu seinen natürlichen Wurzeln. Er versteht nicht mehr, daß die Erde ein lebendiges Wesen ist, und er hat vergessen, daß er nur eine einzige Gattung unter vielen ist, und fühlt sich deshalb überlegen.

Die Erde, das Meer, die Pflanzen, das Leben in der Luft, auf der Erde und unter Wasser wurden durch die Unbewußtheit des Menschen verdorben. Die Ursache ist seine Hybris und seine fehlende Bezogenheit zu anderen Lebewesen. In seiner Beschränktheit sieht der moderne Mensch nur seine Bedürfnisse und seine Begierden. So ist er von der Natur als Magna Mater und von seiner eigenen Natur, das heißt von seinen Instinkten und Gefühlen, abgetrennt. Gedankenlos und ohne Sinn für Moral kann er die Welt verschmutzen, zerstören, verunstalten und töten, denn er hat seine Seele verloren und glaubt nicht länger an einen Gott. Das Ichbewußtsein sieht sich selbst als «Meister im eigenen Haus». Der moderne Mensch ist vom Weg der Humanität abgewichen. Die primitiven Menschen wußten sehr wohl, daß der Verlust der Seele mit Todesgefahr verbunden ist.

Die aphrodisische Wollust hat ihre Wurzeln tief in der Magna Mater, deren Ziel damals wie heute der Fortbestand des Lebens ist. Auf den menschlichen Bereich bezogen, könnte man es als Begierde zu leben bezeichnen. Die Magna Mater ist nicht nur um das menschliche Leben, sondern um das Leben schlechthin besorgt. Als wilde, rohe Natur ist sie dynamischer Lebensdrang. Sie kann vom menschlichen Standpunkt aus betrachtet unglaublich grausam sein und erbarmungslos gegen alles, was gegen das Leben verstößt.

Die gierige, willkürliche Zerstörung unserer Erde über die letzten Jahrzehnte rächt sich schon jetzt. Das Land ist unfruchtbar geworden, ganze Kontinente werden von Dürren heimgesucht, Bäume fallen Epidemien zum Opfer, sterben an Wassermangel oder werden von den teuflischen Kettensägen niedergemäht. Tiere erkranken an mysteriösen Virusinfektionen oder Epidemien, verursacht durch die verunreinigte Nahrung, die des materiellen Gewinns wegen produziert wird.

Die Weltmeere sind zu Jauchegruben für die Exkremente der chemischen und nuklearen Industrie geworden. Unzählige Arten der Meeresfauna und -flora sind verschwunden. Doch ist diese Seuche vielleicht nur ein Vorbote für eine weltweite nukleare Verwüstung, die uns noch erwartet.

Nur die Natur in ihrer unendlichen Majestät kann uns noch retten. Kein bewußter Mensch kann der potentiellen Katastrophe ausweichen, die die Natur (in ihrer Barmherzigkeit für das gesamte Leben) mit uns noch vorhat. Wenn wir in unserer

Überheblichkeit Anspruch auf das Geschenk der göttlichen Aphrodite, das sie von der Magna Mater erhalten hat, erheben und es in der Form von unbewußter Wollust mißbrauchen, müssen wir gemäß Naturgesetz den Preis dafür bezahlen.

6. Geiz

Avaritia

Einstimmung

Geiz wird, wie Wollust und Völlerei, den Sünden des Fleisches zugerechnet. Geiz ist eine verschlingende, leidenschaftliche Gier nach materiellem Besitz, die verbunden ist mit dem egoistischen Verlangen, diesen Besitz mit keinem anderen zu teilen, sondern ihn ausschließlich für sich zu behalten. Geiz im weiteren Sinn umfaßt auch das Suchen und Erwerben von materiellem Besitz, im Zentrum steht aber das Behalten des Erworbenen. Ein geiziger Mensch läßt sich bei der Befriedigung seines Verlangens von niemandem oder nichts abhalten. Hat er, was er will, ist er nicht speziell interessiert, etwas Nützliches mit dem Erworbenen anzufangen, und schaut es vielleicht nie mehr an. Die Hauptsache ist, es ist in seinem Besitz. Dies ist der springende Punkt in der Psyche der geizigen Person.

Geiz in engerem Sinn beschränkt sich vorwiegend auf die Eigenschaft des Besitzens, während das leidenschaftliche Verlangen, etwas zu besitzen, von dem ein geiziger Mensch ergriffen wird, Habgier genannt wird. Der Unterschied zwischen Geiz – dem Zurückbehalten und Anhäufen von Reichtum – und Habgier – dem Streben nach Reichtum – ist manchmal hilfreich. Habgier macht unzufrieden, deshalb will man andern ihren Besitz wegnehmen, der Geizhals hütet gierig das, was er schon hat. Die Sünde der *avaritia* umfaßt beide Laster.

Einer, der dem Geiz zum Opfer fällt, wird zu einem andern Menschen. Von Gier und Leidenschaft getrieben, denkt er an nichts anderes mehr als ans Geldverdienen oder ans Anschaffen von Gütern. Dabei ist scheinbar das Horten und Bewahren von

Geld und Besitztümern das eigentliche Ziel. Doch ist dem nicht unbedingt so; sie sind wohl nur Mittel zur Befriedigung der Besitzgier oder des Willens zur Macht mit all dem, was Macht mit sich bringt.

Eines der Bilder, die sich aus den ersten Kinderbüchern in meinem Geist eingeprägt haben, ist das im Widerschein des Goldes leuchtende Gesicht eines Geizhalses, der auf einen Haufen Goldtaler niederblickt. Ich vergesse den intensiven Blick in den funkelnden Augen nie mehr, die wie über einen unsichtbaren Faden mit dem Goldhaufen verbunden waren. Das ist der typische Gesichtsausdruck eines Geizigen. Was ist die Ursache eines solchen psychischen Drangs, der in diesem Bild zum Ausdruck kommt? Ist es der Wunsch nach Komfort oder die Befriedigung eines Ehrgeizes? Was geht in der Imagination des Geizkragens vor, der so verzückt seinen Schatz betrachtet?

Vielleicht stand ursprünglich einfach der Traum dahinter, vor Armut geschützt zu sein, einem gesicherten Alter entgegenblicken zu können, ein warmes Haus und genug Nahrung für den Rest seines Lebens zu haben. Vielleicht – und dies ist keineswegs ungewöhnlich – denkt er aber auch an das Geld, das er seinen Nachkommen vermachen kann, oder an die Stiftungen, die er der Nachwelt hinterläßt und dank denen sein Name weiterlebt. Somit verbirgt sich hinter dem Anhäufen von Reichtümern Vergnügungssucht, sinnliche Begierde oder Ehrgeiz. Vergnügungssucht verbunden mit dem Streben nach Macht oder auch das Verlangen nach Macht vermischt mit sinnlicher Begierde sind die Wurzeln des Geizes. Geiz kann als kleiner Samen beginnen, der zu einem Baum heranwächst und am Ende ein Leben total überwuchert und beherrscht.

Ich erinnere mich noch heute an eine Geschichte, die ich als junges Mädchen las. Sie handelte von einem Multimillionär, dessen Ehrgeiz es war, die modernste Yacht zu besitzen, um mit ihr die wertvollsten Auszeichnungen zu gewinnen. Fragte man ihn nach der Herkunft seines Reichtums, dank dem er die sinnlichen Vergnügungen genießen und seine weltlichen Ambitionen befriedigen konnte, erzählte er folgende Geschichte:

Er war ein Kind aus bescheidenem Haus, seine Eltern verdienten ihren Lebensunterhalt mit einem kleinen Laden. Eines Tages, als er noch ein Junge war, machte er eine interessante Feststellung: Hielt sein Vater die Eier in seinen großen Händen, dann sahen sie sehr klein aus. In den kleinen Händen seiner Mutter jedoch schienen die Eier größer zu sein. Er schlug seinen Eltern vor, die Mutter die Eier verkaufen zu lassen. Da sie größer aussahen, konnte man mehr dafür verlangen. Der damals gesäte Samen wuchs zu einem riesigen Vermögen heran.

Als ich die Geschichte jener kindlichen Schlauheit las – ich war damals etwa gleich alt wie der Junge – dachte ich mir: wie schlau und welch ein Betrug! Das war es auch, doch er sah dies nicht so. Ihm kam es nicht auf die Moral an. Selbst in jenem jungen Alter bedeutete ihm Geld und die Zukunft alles. Dahinter jedoch steckte ein Streben nach Macht und sinnlichem Vergnügen.

Dies ist kein Einzelfall. Im Grunde genommen sind viele Männer, die es aus einfachsten Verhältnissen zu großem Reichtum gebracht haben, einfach Geizhälse! Natürlich könnte man einwenden, daß einige von ihnen das Geld für etwas Nützliches oder für wohltätige Zwecke einsetzen. Doch ist dem wirklich so? Meist stehen gar keine selbstlosen Motive dahinter, sondern typische Überlegungen des Geizigen, und die philanthropen Motive hängen seinen Handlungen den Mantel der Wohlanständigkeit um. Er tut es aus steuertechnischen Gründen, um mehr Geld zu verdienen, oder vielleicht will er lukrative Ehen für Kinder und Erben arrangieren, damit das Geld «in der Familie bleibt».

Der geizige Mensch will so viele weltliche Güter wie immer möglich in seine Gewalt bekommen. Er merkt dabei nicht, daß er im Griff einer Macht ist, die ihn in ihrer Gewalt hat. Gewöhnlich stößt die Besessenheit durch den Geiz früher oder später auf die Abscheu der Menschen, und irgendwann im Leben des Geizkragens kommt seine verarmte Seele zum Vorschein. Die Anbetung des Materialismus, die sich im Habgierigen zeigt, ist ein Zeichen dafür, daß es diesem Menschen an Spiritualität mangelt und daß er seine Seele verloren hat.

Der «göttliche Mann», der sich als Geizhals entpuppte

Es gibt einen alten Lehrsatz, der eine große Wahrheit ausdrückt: «Hüte dich vor dem, was du dir leidenschaftlich wünschst.» An diesen weisen Satz mußte ich denken, als ich die folgende Geschichte einer meiner Analysandinnen erfuhr: Sie begegnete eines Tages einem so gut aussehenden, freundlichen und großzügigen Mann, daß sie ihn, wie sie formulierte, für einen Gott hielt. Sie konnte nicht mehr essen, nicht mehr schlafen oder arbeiten, bis sie ihn auf äußerst schlaue und berechnende Art für sich gewonnen hatte. Sie lauerte ihm auf, schmiedete Pläne und überlistete ihn.

Die Frau hatte ihren «göttlichen» Mann erobert, doch was entdeckte sie? Er war ein habsüchtiger, schlauer und gewissenloser Geizhals. Seine körperliche und materielle Habgier nahmen ein solches Ausmaß an, daß sich seine Seele dadurch verbog.

Wie ist das zu verstehen? In dem Charakter, den der Mann nach seiner Heirat zeigte, fand sie sich selbst, das heißt, sie fand einen Aspekt ihres unbewußten Wesens, den sie auf den Mann projiziert hatte: ihre eigene schlaue und berechnende Habsucht, die sie dazu getrieben hatte, den Mann zu besitzen. Das süße Sirenenweib hatte den ersehnten Mann verführt – es war, wie sich herausstellte, kein Glücks-, sondern ein Unglücksfall.

Sobald sie die Projektion zurückgezogen hatte, sah sie den Mann, wie er wirklich war, und erkannte zugleich ihre eigene Habgier. Mit Hilfe der Analyse und nach viel Leid und Schmerz gelang es ihr, sich aus der Verwicklung in der äußeren Welt zu lösen wie auch aus der Verwirrung in ihrem Innern, wo das verführerische Sirenenweib (die negative Seite ihrer Weiblichkeit) und der habsüchtige Animus hinter ihrem Rücken einen Pakt geschlossen hatten, gegen den sie machtlos war und dem sie sich wie eine Marionette in einem Spiel hatte fügen müssen. Das bezeichnen wir als Besessenheit, die erzeugt wird von energiegeladenen Komplexen.

Sie sehen nun, wie mächtig unsere unbewußten Begierden sind und welche Bedeutung sie haben! Jede Besessenheit führt zu einem «Seelenverlust», und davor fürchteten sich die Naturvölker mit gutem Grund. Darum suchten sie, und tun es heute noch, Hilfe bei einem Schamanen oder Medizinmann, der sich um das Heil der Seele kümmert. Wir westlichen Menschen sind uns kaum mehr bewußt, wenn wir unsere Seele teilweise (oder ganz) verloren haben, denn wir kennen unsere Seele nicht. Wir können dies im leeren, seelenlosen Blick der Menschen auf der Straße, in den Restaurants und bei Massenveranstaltungen erkennen.

Bedeutung und Etymologie

Die lateinische Bezeichnung für die Sünde des Geizes, *avaritia,* bedeutet neben Geiz auch Habsucht, Habier und Geldgier.

Die heutige Bedeutung von Geiz – «übertriebene Sparsamkeit, Habsucht, Knauserei» – hat sich seit etwa dem 18. Jahrhundert durchgesetzt und ist aus der früheren Bedeutung «Gier nach Reichtum» entstanden.[148] Das mittelhochdeutsche *gîz* ist wahrscheinlich rückgebildet aus mittelhochdeutsch *gîtsen* «gierig, habgierig sein», das selbst eine Weiterentwicklung von mittelhochdeutsch *gîten* ist und mit dem altenglischen *gîtsian* «verlangen, begehren» verwandt ist. Von *gîtsen* kommt geitzen «zu sich scharren»[149] und neuhochdeutsch geizen «übertrieben sparsam sein, knausern». Eine noch ältere Bedeutung ist «heftig verlangen, streben nach».

Der Anfang des achtzehnten Jahrhunderts im Gartenbau gebräuchliche Fachausdruck *Geiz* bedeutete «Nebenschößling». Der neuere Ausdruck *Geiztrieb* geht von der Vorstellung aus, daß der Nebenschößling der Pflanze zu gierig den Saft aussaugt.

Ein Geizhals ist ein «übertrieben sparsamer Mensch», eigentlich ein «gieriger Rachen».[150] Synonyme für Geiz sind Habgier, Raffgier, Gewinngier, Profitgier, Geldgier, Besitzgier, Wucherei. Mit Geiz verwandt sind Verlangen, Käuflichkeit, Bestechlichkeit wie auch übertriebene Sparsamkeit und Mißgunst. Man geizt, knausert und kratzt Geld zusammen, bettelt, borgt und hortet. Ausdrücke wie «die Hand auf der Tasche halten», «auf dem Geld sitzen» oder «am Geld hängen» zeigen die Eigenschaft des Zurückhaltens und An-sich-Reißens und die Mißgunst des Geizigen.

Die Sünde des Geizes in der Göttlichen Komödie

In den ersten Morgenstunden des dritten Tages steigt Dante zum fünften Ring empor, wo er die Seelen der Geizigen und der Verschwender trifft, die hier von ihren Sünden gereinigt werden und ihm von ihrem Los berichten[151]:

«Bis dahin war von Gott ich abgetrennt
Und elend, völlig in des Geizes Klauen;
Hier werde ich bestraft, wie man erkennt.

Das, was die Habsucht tut, das kannst du schauen
An der bekehrten Seelen Pein und Leid;
Kennt dieser Fels hier doch kein schlimmer Grauen!

Wie unser Blick sich hob nicht in der Zeit
Zur Höhe, haftend an den Erdendingen,
So warf uns in den Staub Gerechtigkeit.

Wie keine Tat uns wollte da gelingen,
Da Geiz uns jeden guten Trieb verdeckt,
Hält hier Gerechtigkeit uns in den Schlingen.»

In der *Göttlichen Komödie* hatte Dante drei Träume. Der zweite Traum[152] von der *dolce sirena*, der süßen Sirene, ist in diesem Zusammenhang von Bedeutung. In diesem Traum erscheint Dante ein altes, häßliches Weib, das sich unter seinem Blick in eine schöne Frau verwandelt. Als Vergil sie entlarvt, zeigt sie sich als Bild der Korruption und der Verwesung. Das Sirenenweib ist die Quintessenz der Sünden der Wollust, des Geizes und der Gier. Die drei Sünden des Fleisches sind Symptome übertriebener, vielleicht sogar abgöttischer Liebe der vergänglichen Substanz. Dante nennt diese wahnsinnige Gier nach dem Sinnlichen oder dem Materiellen «folle volere». Sie treibt die Besessenen dazu, immer hinter etwas herzurennen, was nie Befriedigung bringt. Auf einen anderen Aspekt der Sirene werde ich später eingehen.

Das folgende Gedicht Dantes[153] gibt ebenfalls eine prägnante Darstellung des Geizes.

Der Geizige rennt, doch der Frieden entflieht.
Blind bist du, in deinem Wahnsinn siehst du nicht,
wie die Nummer, die dein Verlangen überholen will,
bis ins Unendliche reicht. Hier ist er,
der uns alle gleich macht.
Sag mir, was hast du getan,
blinder verlorener Geizhals?
Antworte mir, wenn du kannst,
doch sag mehr als nur «Nichts».
Verflucht sei deine Wiege,
die dir mit so vielen Träumen
vergeblich geschmeichelt hat.
Verflucht sei das an dich verschwendete Brot,
das dem Hund verlorengeht.

Für den Abend und Morgen
hast du zusammengerafft mit beiden Händen
das, was sich so schnell wieder verflüchtigt.

Die geizige Schwiegertochter

Eine ältere Frau berichtete mir in der Analyse von ihrer Schwiegertochter. Nach mehreren Ehejahren zeigte diese offensichtlich ihr wahres Wesen. Es war an Weihnachten, zu einer Zeit, zu der sich viele unserer Komplexe bemerkbar machen. Die Analysandin lud wie gewohnt ihren Sohn und seine Frau für die Feiertage ein. Und wie gewohnt gab sie allen großzügige und passende Geschenke. Die Schwiegertochter schenkte ihrerseits der Analysandin Seltsames: eine winzige Schachtel mit verschiedenen farbigen Holzspänen und einer kleinen Flasche synthetischen Dufts. Zudem befand sich in der Schachtel noch ein Ornament, ein halber unbemalter Holzapfel. Das Geschenk hatte kaum etwas gekostet und war ein Zeichen geistiger Armut.

In jener Nacht träumte die Analysandin,

sie stehe an einer Bushaltestelle und warte auf den Bus. Es regnete stark, doch sie trug einen Regenmantel und darunter einen Pelzmantel. Plötzlich bemerkte sie, daß sie ganz in Gedanken versunken dastand und den roten Londoner Bus, auf den sie gewartet hatte, wegfahren ließ.

Sie erwachte und erkannte, daß sie «den Bus verpaßt», das heißt eine Gelegenheit verpaßt hatte [die deutsche Entsprechung wäre: «Der Zug ist abgefahren», Anm. d. Üb.].

Ich fragte sie nach Assoziationen, worauf sie mir antwortete, sie habe sich im Traum, als sie in Gedanken versunken dastand, über die Knauserei ihrer Schwiegertochter geärgert. Sie sah sofort einen Zusammenhang zwischen dem Traum und der Tatsache, daß sich auch früher dasselbe ereignet hatte. Im vorigen

Jahr hatte sie sich fest vorgenommen, der Frau ihres Sohnes nichts mehr zu schenken. Jedoch vergaß sie ihren Vorsatz und ließ sich vom kollektiven «christlichen» Muster des Gebens anstecken. So kaufte sie abermals ein großzügiges Geschenk. Sie gab zu, der christlichen Haltung – «Halte die andere Wange hin» – nachgegeben zu haben. Der Traum warnte sie offensichtlich davor.

In den Augen der Gebenden war die Schwiegertochter, die Empfängerin der großzügigen Geschenke, nicht nur in bezug auf das Materielle, sondern auch im geistigen Bereich knauserig. Sie hatte die Familie ihres Mannes nicht akzeptiert und erkundigte sich nie nach deren Wohlbefinden.

Im Traum war die Frau mit ihrem Regenumhang und dem Pelzmantel gut gegen Regen und (emotionale) Kälte geschützt. Der Schutz ist auch ein Zeichen, daß sie sich der Habgier ihrer Schwiegertochter bewußt wurde, und der Traum ermahnte sie, die Handlung nicht zu wiederholen, sich zu schützen.

Der Traum handelt aber nicht nur vom Geiz der Schwiegertochter, der offensichtlich war. Er handelt auch von der Projektion eines schäbigen Schattens der Träumerin. Projektionen hängen sich im allgemeinen an einen «Haken», das heißt, daß etwas – ein kleiner oder größerer Anteil – vom projizierten Inhalt sich tatsächlich in der Person findet, auf die man den eigenen Schatten projiziert. Das macht bei einer Projektion die Unterscheidung der realen Person von den Projektionen so schwierig.

Die Sirene als Symbol der Täuschung durch eine Projektion

Im fünften Ring der *Göttlichen Komödie* liegen die Geister der Neider und Habsüchtigen gefesselt, mit dem Gesicht nach unten, auf der Erde. Gerade an dieser Stelle erscheint das schon erwähnte Sirenenweib in Dantes Traum[154]:

Krummbeinig, stotternd, blaß ist sie gewesen;
An Händen krüpplig, schielend an den Brauen.

Ich sah sie an, und wie an Sol genesen
Die Glieder, die erstarrt vom Frost der Nacht,
Vermochte ihre Zunge ich zu lösen,

Und gab ihr über ihre Glieder Macht,
Im Augenblick, und des Gesichtes Blässe
Erglänzte in der Liebe Farbenpracht.

Als ihr gelockert sich der Sprache Esse,
Ertönte ihr Gesang, daß nur mit Plage
Ich von ihr abgewendet mein Interesse.

«Sirene bin ich!» tönte ihre Sage;
«Die Schiffer blende ich auf hohem Meer,
So daß sie allem lauschen, was ich sage.

Ulysses spendete mir schon Gehör
Auf seiner Irrfahrt; wer von mir genossen,
Der ist befriedigt, läßt mich selten mehr!»

Wie Dante die Frau sieht, erkundigt er sich bei seinem Führer Vergil, wer sie denn sei. Vergil reißt der Sirene die Verkleidung ab, er stellt sie bloß, und von ihrem Bauch steigt ein solch fauler Gestank auf, daß Dante dadurch aus dem Schlaf gerissen wird. Vergil nennt die Sirene die «Alte Zauberin», welche die Seelen, die im oberen Teil des Fegfeuers Buße tun, betört hat. Offensichtlich repräsentiert sie nicht nur die Wollust, den Geiz und die Gier – die fleischlichen Sünden an sich –, sondern auch das Verlangen danach («Wer von mir genossen, der ist befriedigt, läßt mich selten mehr»), nach einem andern Menschen (Wollust), nach dem Besitz von Geld (Habgier und Geiz) oder übermäßigem Essen (Gier).

Wir sehen hier, wie die Projektion wirkt: Zuerst ist die Sirene häßlich, verunstaltet und keineswegs verführerisch. Erst als Dante sie anstarrt, entwickelt sie ihre Macht und Anziehungskraft. Sie trägt mit andern Worten die psychische Projektion, sie deutet auf etwas Unbewußtes und Unerkanntes hin.

Dies war die Bedeutung des eigenartigen Traums Dantes: Es ist die Begegnung mit der «alten Frau» aus uralter Zeit, die sich in eine verführerische Sirene verwandelt, die mit ihrem Gesang von der Wirklichkeit weglockt, bis der Tag kommt, so Gott will – und er kommt möglicherweise nie –, an dem die Illusion wegfällt und die kalte Wirklichkeit hereinbricht. Vielleicht war es eine Besessenheit durch Wollust, durch Habgier, durch Geiz oder durch eine unstillbare Essensgier.

Sexuelles Begehren, das Bedürfnis, etwas zu besitzen und für sich zu beanspruchen, wie auch der Hunger gehören zur uralten Großen Mutter, zu unseren elementaren Trieben. Wenn aber unsere ganze Energie dahinfließt und diese berechtigten Bedürfnisse zum Lebenssinn werden, zu einem mißverstandenen Lebenssinn, der sich in der materiellen Welt verfangen hat, dann sind wir von einer Sirene besessen, bis es uns gelingt, die Faszination zu durchbrechen.

Wir sind an den Bewußtwerdungsprozeß einer Schattenprojektion in der Traumarbeit erinnert. Auch da können wir gefesselt werden durch die Faszination unserer neuen Erkenntnisse. Wir sehen vielleicht nachts ein Traumbild, das uns gänzlich unattraktiv oder fremd erscheint, vielleicht von einer Person, die wir nicht ausstehen können. Dann arbeiten wir an dem Traum und erkennen langsam, daß das zurückgewiesene «andere» ein Teil unserer eigenen Psyche ist. Zuerst sind wir niedergeschlagen oder tief beschämt, daß ein solches Wesen ein Aspekt unserer eigenen Seele ist. Langsam jedoch nehmen wir diesen vernachlässigten, isolierten Teil unser selbst auf. Wir lassen uns von ihm verführen, wir denken daran, nähren ihn mit Intuition und Gefühlen und verlieben uns sogar in den bis anhin unbekannten Aspekt unseres innersten Selbst. Wir pflegen damit aber wieder eine Einseitigkeit. Dann, eines Tages, wird uns die

Realität des Schattenelements wahrhaft bewußt. Die Projektion fällt weg, und wir haben das Gefühl, aus einer Trance zu erwachen – was der Wahrheit sehr nahe kommt, denn wir waren von diesem uns unbekannten «andern», der aber zu uns gehört, besessen.

Wie schon erwähnt, tun die Geizigen im fünften Ring Buße, indem sie in Ketten und mit dem Gesicht nach unten im Staub liegen:

> Gelangt war ich zum fünften Kreispodest,
> Auf dessen Grund ein Volk ich weinen sah:
> Sie lagen auf dem Bauch hinabgepreßt.

Die Habsüchtigen und Geizigen büßen, indem sie die Wirkung ihrer Sünde ertragen müssen: die Seelen sind so gefesselt, daß sie nichts als die Erde sehen können, auf die sie während des ganzen Lebens so viel Wert gelegt haben.

Staub ist zerriebene Erde, die niedrigste Form des Materiellen. Das Gesicht des Sünders liegt im Schmutz, damit er die wahre Natur dessen erkenne, was vom Geldbeutel, vom Goldhaufen oder von den Reichtümern, die er während seines Lebens zusammengerafft und gehortet hat, übrigbleibt. Der Erwerb des Reichtums, der sein Leben dominiert hat, bindet seine Seele an den Staub. Die Geizigen sind besonders erdgebundene Sünder, die nicht über die Belohnungen dieses Lebens hinaussehen.

Wie büßen wir, psychologisch gesehen, unsere Sünden? Im allgemeinen liegen die meisten unserer Sünden, wie Eifersucht oder Trägheit, relativ an der Oberfläche des persönlichen Unbewußten und können vom Bewußtsein, das zur Erkenntnis bereit ist, ohne große Schwierigkeiten erfaßt werden. Einige jedoch sind, wie wir sehen, komplexer und schwerer zu erkennen.

Trifft ein Analysand in der Analyse im Traum ein eifersüchtiges Ungeheuer oder einen Geizhals, hat er oder sie die Möglichkeit, dies zu akzeptieren und zu «verdauen», zu integrieren. Das fällt niemandem leicht, denn dadurch wird unser Selbstwertgefühl empfindlich geschwächt. Wir brauchen dazu ein Moralgefühl, und das setzt voraus, daß wir um die Existenz des Bösen wissen und ein Organ entwickelt haben, um Gut und Böse wahrzunehmen.

Nehmen wir an, wir treffen im Traum einen Bekannten, der in Wirklichkeit ständig knausert oder sich seinen Angestellten gegenüber geizig verhält. Dann können wir es nicht darauf beruhen lassen zu erkennnen, daß das eben ein Geizhals ist. Wir müssen der Tatsache ins Auge sehen, daß diese schattenhafte Figur ein Spiegelbild unseres eigenen inneren Geizkragens sein könnte. Ist das Moralgefühl schwach entwickelt oder fehlt es ganz, dann ist der Analysand gar nicht imstande, die Realität der Schäbigkeit, Kleinlichkeit oder des Geizes zu sehen. Damit ist es ihm auch nicht möglich, die Dunkelheit in seiner eigenen Natur zu erkennen.

Ich habe mich mit diesem Thema so ausführlich befaßt, weil es für viele Menschen äußerst schwierig ist, ihren eigenen Schatten zu erkennen und die Verantwortung für ihn zu übernehmen. Oft fehlt es an Einsicht in die Natur des persönlichen Unbewußten, und man erkennt nicht einmal den Teil des Inhalts, der einem ohne große Schwierigkeiten bewußt sein könnte.

In Dantes Gedicht werden im gleichen Ring des Läuterungsbergs entgegengesetzte Sünden gebüßt. Nicht zufällig! Sehr oft rechtfertigen geizige oder habgierige Menschen ihre Haltung, indem sie die entgegengesetzten Sünden der Verschwendungssucht, des Übermaßes oder des Luxus anprangern – Eigenschaften, die sie nicht leben, die daher in ihrem Unbewußten ein Schattendasein fristen.

Der Geiz des Königs Midas

Von den Personen, die Dante im fünften Ring begegnet, ist König Midas die bekannteste. Es heißt von ihm im zwanzigsten Gesang des Läuterungsberges:

> Des geizigen Midas Elend wird gedacht,
> Das Folge war von seiner gierigen Bitte,
> Um derentwillen man noch immer lacht!

In den *Metamorphosen* des Ovid[155] (43 v. Chr. – um 17 n. Chr.) wird die Geschichte des Königs Midas ausführlich erzählt. Es ist eine meisterhafte Darstellung der Sünde der Habsucht.

Die phrygischen Bauern nahmen den altersschwachen und angetrunkenen Silenos, Erzieher des Gottes Dionysos, gefangen. Sie fesselten ihn mit Ketten aus Blumen und führten ihn ihrem König, Midas, vor, der selbst einmal von Orpheus von Thrakien in die Mysterien des Dionysos eingeweiht worden war. Als Midas im Silenos den Begleiter und Partner des Gottes in den Mysterien erkannte, feierte er die Ankunft des berühmten Gastes und gab dem jungen Gott seinen Erzieher zurück. Darauf gab ihm Dionysos einen Wunsch frei. Midas' Wunsch: «Laß alles, was ich berühre, zu Gold werden.»

Dionysos war enttäuscht, daß Midas nichts Besseres verlangte, doch erfüllte er ihm den Wunsch und gab ihm das verhängnisvolle Geschenk. Der König der Phryger ging erfreut mit der Gabe weg, ohne zu wissen, welch großes Mißgeschick ihn befallen hatte.

Alles, was er berührte, wurde nun zu Gold – Erde, Maiskolben, Äpfel, Säulen und Tore –, und als er seine Hände wusch, floß das Wasser voll glitzernder und funkelnder Goldteilchen weg. Zuerst war er außer sich vor Freude und ließ seinen Eßtisch mit den besten Köstlichkeiten decken. Doch verwandelten sich Fleisch, Brot, Früchte und alles, was er in den Händen hielt, in Gold, auch der Wein wurde zu geschmolzenem Gold.

Der unglückliche König war entsetzt über dieses eigenartige Unheil und betete reumütig zu Dionysos, daß er ihm einen Ausweg zeige: «Vergib mir, Vater Dionysos, ich habe gesündigt, erbarme dich meiner und rette mich.»

Als er erkannt hatte, daß er verhungern würde und die leuchtende goldene Welt im Begriff war, seinem Leben ein Ende zu bereiten, und keine Macht auf Erden ihn retten könnte, kam er zum Bewußtsein. Glücklicherweise wurde ihm seine Sünde durch die Not bewußt, und er konnte sich beugen und sie beichten.

Dionysos erlöste Midas von seinem Geschenk, sandte ihn zum Fluß, der durch Sardis lief, und hieß ihn, diesem bis an seinen Ursprung zu folgen. Dort mußte er in der sprudelnden Quelle untertauchen und sein Vergehen wegwaschen. Noch heute soll dort goldenes Wasser fließen.

Damit ist die Geschichte jedoch noch nicht zu Ende. Midas blieb ein Dummkopf, denn später ließ er sich in einen Zwist zwischen Apollo und Pan, dem Naturgott, verwickeln. Die beiden stritten sich, wer der bessere Musiker sei, und der Berg Timolus mußte die Entscheidung fällen. Dieser entschied sich für Apollo, da seine Musik lieblicher sei als die von Pan. Midas erklärte sich damit nicht einverstanden und widersprach dem Berg. Er lobte Pan, worauf Apollo ihm seine Ohren in die Länge zog. Nun hatte der König Eselsohren. Um seine Entstellung zu verbergen, setzte er sich einen violetten Turban auf. Sein Friseur entdeckte jedoch sein Geheimnis, und trotz des Gebots zu schweigen, konnte er die Sache nicht für sich behalten. Er grub ein Loch in den Boden und flüsterte der Erde das Geheimnis der langen Ohren des Königs zu. In den folgenden Monaten wuchs ein dicker Teppich aus Schilfrohr über das Loch. Als das Schilf ausgewachsen war, erzählte es das Geheimnis den Winden, und von dort gelangte es in den Himmel. Nun wußte jedermann, daß König Midas Eselsohren hatte.

Apollo bestrafte Midas für seine Dummheit. Midas war in die Mysterien des Dionysos eingeweiht worden, doch als dieser ihm ein Geschenk anbot, konnte er nur an Gold denken. Auf seinen Wunsch erhielt er vom Gott das Gegenteil dessen, was dieser als wahre Gabe hätte schenken können: die Lebensfreude, die «joie de vivre». Und als der Berg Timolus (wir können ihn als Symbol des Selbst verstehen) nach sorgfältigem Nachdenken über die Welt, die Menschen und die Tiere zum Entschluß kam, Apollos Musik sei die süßere als die des Pan, verriet Midas den Gott, der ihn als Dummkopf entlarvte und entsprechend bestrafte.

Der geizige Euclio

Molières Bühnenstück *Der Geizige* ist weitherum berühmt. Die Geschichte stammt wahrscheinlich aus einem sehr alten Stück, das der Dichter Plautus im zweiten vorchristlichen Jahrhundert verfaßte (vermutlich in Anlehnung an ein noch älteres Werk des Dichters Menander), das *Aulularia* hieß, was «das mit Gold gefüllte Gefäß» bedeutet. Die andauernde Aktualität des Themas macht deutlich, wie sehr der Geiz zum Wesen des Menschen gehört und seine Imagination schon seit frühester Zeit angeregt hat.

Hier die Zusammenfassung der Geschichte:

Der Geizkragen Euclio ist ein boshafter, mißtrauischer alter Mann, der nicht einmal sich selbst traut und ständig in der Furcht lebt, einen Krug mit einem Schatz zu verlieren, den er in seinem Haus vergraben vorgefunden hat. Er vergräbt seinen Fund tief im Boden und bewacht ihn andauernd. So wird er vor lauter Angst, jemand könnte ihn in seiner Abwesenheit stehlen, zum Gefangenen in seinem eigenen Haus.

Megadorus, auch ein alter Mann, bittet den Geizhals um die Hand seiner Tocher Phaedria. Der Geizhals ist mit der Heirat einverstanden, weil der Alte keine Mitgift fordert, befürchtet jedoch, daß man seinen Schatz finden könnte, und verbirgt ihn deshalb immer wieder an einem neuen Ort. Phaedria war jedoch vom Neffen des Megadorus, dem jungen Lyconides, geschwängert worden, und dieser fleht seinen Onkel an, auf das Mädchen zu verzichten und sie ihm zu überlassen, da er sie liebe und der Vater ihres ungeborenen Kindes sei. Am Ende des Stücks gewinnt Euclio, der Geizhals, der zunächst um seinen Goldschatz betrogen wird, diesen unerwartet wieder zurück und gibt Lyconides voller Freude seine Tochter sowie den ihr rechtmäßig zustehenden Goldschatz als Mitgift.

Die Komödie beginnt mit einer Rede des Lar familiaris, des Familiengottes. Zu römischen Zeiten war der Lar als Schutzgott Hüter des Hauses, des Herdes und der Familie. Man betete zu ihm, zündete Kerzen an und bot ihm Essen und Früchte an, um ihn günstig zu stimmen.

Der Gott erzählt uns, er habe das Haus für den Großvater und den Vater von Euclio geschützt. Er berichtet weiter, daß ihm der Großvater heimlich einen Haufen Gold anvertraut habe, den er zur Sicherheit in der Mitte des Herdes vergraben hatte. Der Großvater war jedoch so geizig, daß er starb, ohne seinem eigenen Sohn vom Schatz zu erzählen. Das einzige, was er ihm überlassen hatte, war ein kleines Stück Land, um seinen Lebensunterhalt zu verdienen. Wie der Lar familiaris weitererzählt, versäumten es die Nachkommen – der Vater von Euclio und er selbst –, ihm zu huldigen.

Viele Probleme in den modernen Familien gehen auf Erbstreitigkeiten zurück in Zusammenhang mit Land, Besitz oder Geld und haben mit Habsucht zu tun. Die Tatsache wird meist vergessen, daß der Erwerb wie auch die Sicherstellung des Reichtums Sache der Götter ist. Ein großer Reichtum ist immer ein Geschenk des Gottes oder der Göttin des Glücks, der Fortuna, wie die Geldspieler zu sagen pflegen, auch wenn der Empfänger noch so arbeitet, plant, geizt, spart. Reichtum ist ein Geschenk, das wir sinnvoll verwalten mussen und für das wir verantwortlich sind, wir dürfen es weder verschwenden noch horten.

Doch wir alle behandeln einen unerwarteten Gewinn als Zeichen unserer Intelligenz oder als Belohnung und glauben, er gehöre uns. Dies ist die Habgier des Ichs, die man beim kleinen Kind schon sieht, sobald sich das Ichbewußtsein zu entwickeln beginnt und das Kind sagt: «Das gehört mir», «Ich, ich, ich!», «Meine Mutti», «Mein Vati», «Mein Teddybär», «Meine Tasse». Erziehung und das Leben erteilen gewisse Lehren, doch der angeborene Besitzerstolz bleibt bis ins hohe Alter erhalten und zeigt sich bei den alten Menschen, die sich, wie der Großvater des Euclio, nicht dazu überwinden können, ihre Reichtümer den Nachkommen abzutreten.

Wir sehen dieses kompromißlose Beharren auf seinem Eigentum schon bei Tieren: Vor einigen Tagen beobachtete ich meine Katze. Ich hatte ihr etwas frischen Fisch gegeben, doch wie sie es oft tut, «rümpfte sie die Nase» und fraß etwas anderes. Als ich später die Vögel fütterte (ich füttere im Winter die Vögel im Garten), stellte ich den Fisch dazu für die Elstern, den Waldkauz oder den Falken, die manchmal vom Himmel herabstoßen. Aber dazu kam es nicht, denn meine Katze rannte sofort hinaus und fraß den Fisch. Sie war schließlich die rechtmäßige Besitzerin, und wenn sie ihn früher auch verschmäht hatte, wollte sie ihn auf keinen Fall den Vögeln überlassen. Dies ist der tierische Besitzerinstinkt.

In den Steppen von Kenya kann man beobachten, wie der männliche Löwe seine Jungen wild anbrüllt oder sogar tötet, wenn sie sich ihm nähern, während er frißt, obwohl die Löwin das Tier erbeutet hat. Ähnliche Fälle sieht man überall in der Tierwelt. Das Verhalten des Eichhörnchens, das Nüsse sammelt, oder des Hundes, der seinen Knochen vergräbt, sind Zeichen des Selbsterhaltungstriebs, denn hier bedeutet Nahrung Leben. Obwohl der Zusammenhang zwischen diesem Verhalten und der Sünde des Geizes nicht auf den ersten Blick offensichtlich ist, gehört beides zum gleichen instinktiven Muster. Der Zusammenhang ist unklar geworden, da sich der Instinkt in der menschlichen Natur zum Teil ins Krankhafte verzerrt hat.

Kehren wir zum Bühnenstück zurück. Der Schutzgott der Familie berichtete weiter, daß Euclios' Tochter ihm sehr ergeben sei, ständig zu ihm bete und ihm jeden Tag Blumen, Weihrauch und Wein bringe. Deshalb habe er es Euclio ermöglicht, den Schatz zu finden, damit er seiner pflichtbewußten Tochter eine Aussteuer geben könne.

Der Geizhals entdeckte tatsächlich den Schatz, doch von dem Tag an lebte er in ständiger Angst, ihn zu verlieren. Er erlaubte niemandem, ins Haus zu kommen. Immer mehr überwältigte ihn das Mißtrauen, und er sah in jedem Menschen einen potentiellen Dieb. So verstellte er sich und gab vor, arm zu sein. Das ist seit eh und je der Trick der Geizhälse. Seine Dienstboten behaupteten, er binde sich nachts den Kiefer zu, damit er beim Schlafen keinen Atem verschwende, und er würde nicht einmal «seinen Hunger leihen». Wenn er zum Friseur ging, nahm er seine abgeschnittenen Fingernägel mit nach Hause, und wenn ein Falke vom Himmel hinunterflog und ihm ein Stück seines Essens raubte, ging er zum Stadtverwalter und zeigte den Diebstahl an!

Als das Gold abhanden kam und später wieder auftauchte, machte der Geizhals eine Art spirituelle Bekehrung durch. Vielleicht änderte er seine Meinung, vielleicht war es der Einfluß des Familiengottes, jedenfalls gab er das Gold dem jungen Paar als Hochzeitsgeschenk, wie es vom Gott bestimmt war.

Je ausgeprägter die Besessenheit, desto enger wird das Bewußtseinsfeld, bis das Ichbewußtsein langsam vom Unbewußten absorbiert wird. Damit es zu einer Befreiung davon kommt, braucht man in schweren Fällen (etwa bei Paranoia oder ernsten Zwangsneurosen) zur Lösung des inneren Konflikts die Hilfe des Selbst. Der Fall Euclios' ist natürlich extrem, doch zeigt er deutlich die charakteristische Schäbigkeit und Kleinlichkeit eines Geizhalses. Seine Paranoia war das Ergebnis der Projektion seines eigenen diebischen Schattens.

Der Geiz, das heißt die Verehrung des Materiellen, vermischt mit geistiger Armut und der Ablehnung der spirituellen Werte, hatte zum Ruin der Familie geführt. Euclio hatte die Urheber und Erhalter seines Wohlergehens nicht mehr verehrt, damit war ihm Menschlichkeit und Bezogenheit abhanden gekommen. Psychologisch gesprochen hatte das Ichbewußtsein in seiner Hybris die Verbindung zu seinen instinktiven und spirituellen Wurzeln verloren.

Die Tochter, die als einzige den Geist des Hauses ehrte, oder anders ausgedrückt, die Beziehung zum Unbewußten und zum Selbst aufrechterhielt, ist zur Zeit des Festes zu Ehren der Muttergöttin Ceres vergewaltigt worden und erwartet ein Kind. Diese scheinbar unglückliche Tatsache stellt sich später als unerwarteter Segen heraus. Psychologisch betrachtet war das Kind die neue, zukünftige Einstellung, und diese konnte nur mit Hilfe der Götter Zugang zur Familie finden. Der Lar, der Familiengott, und die Göttin Ceres arbeiteten zusammen, um die Fesseln der Besessenheit zu sprengen und die Familie von ihrem dämonischen, negativen Instinkt der Habgier zu befreien.

Das Gefäß mit dem Golde stellt tatsächlich etwas unermeßlich Wertvolles dar, denn dort hinein hatte Euclios sein Selbst projiziert. Da er seine Projektion aber nicht wahrnahm, blieb er am materiellen Wert verhaftet.

Jung schrieb:

> «Es gibt eine alte mythische Idee, daß das Herz der Erde aus Gold besteht. Daß der Kern der Erde aus Gold besteht, das aus der Umkreisung der Erde durch die Sonne hervorgegangen ist, ist auch eine alchemistische Idee.»[156] ... «Durch millionenfache Rotation um die Erde hat die Sonne in der Erde das Gold gesponnen. Die Sonne hat allmählich ihr Bild der Erde eingedrückt. Das ist das Gold. Die Sonne ist das Bild Gottes, das Herz ist das Abbild der Sonne im Menschen, wie das Gold in der Erde, auch als Deus terrenus bezeichnet, und Gott wird im Golde erkannt.»[157]

Wir können sagen, daß der große Wert in unserem Bewußtsein eine Entsprechung hat in einem höchsten Wert in der unbewußten, inneren Welt.

Doch Gold ist auch das Wesen des Geldes. Ein englisches Sprichwort heißt: «Die Liebe zum Geld ist die Wurzel alles Bösen.» («The love of money is the root of all evil») Dies wird oft falsch zitiert als: «Geld ist die Wurzel alles Bösen.» Das ist jedoch nicht korrekt. Richtig ist: «die Liebe zum Geld» ist die Wurzel allen Übels. Man könnte geradesogut «die Liebe zum Gold» sagen. Früher war Gold ein Zahlungsmittel, heutzutage ist die Assoziation zwischen Geld und Gold nicht mehr so eindeutig, da Geld heute aus Papier und weniger wertvollen Metallmünzen besteht. Der Gedanke dahinter ist jedoch derselbe, das Wesen des Geldes ist Gold.

Im Stück *Aulularia* kommt klar zum Ausdruck, daß der Geizhals sein Gold so hoch einschätzte, daß es mit der Zeit sein Leben beherrschte und er sich nicht mehr von ihm trennen konnte. Natürlich ist Gold wertvoll, doch ist die Faszination hier deutlich übertrieben. Sie gilt eigentlich etwas anderem, doch Euclio erkennt die Projektion nicht.

Wie wir gesehen haben, ist die Sonne in der alchemistischen Vorstellung das astrologische Gegenstück des Goldes, und die Sonne kann ein Ersatz für das innere Gold sein. Gott als Summum bonum ist der größte Wert überhaupt, und für das Leben auf der Erde ist die Sonne das Wertvollste, denn sie wärmt und spendet Energie. Für den Geizhals jedoch, der immer zu Hause bleibt und die Sonne nicht sieht, der sich von seiner Familie und seinen Freunden absondert, die Götter ignoriert und ablehnt, für ihn ist Gold das Wertvollste. Jedenfalls scheint es so. Der Rappenspalter, der Geiz in seiner offensichtlichsten Form verkörpert, hält Geld oder Gold für den höchsten Wert seines Lebens. Er hat kein inneres Leben, er ist im wahrsten Sinne ohne Seele, denn er kann nicht erkennen, daß das materielle Geld, das er so leidenschaftlich begehrt, in Wirklichkeit ein Symbol ist. Hinter der Faszination durch das äußere Gold verbirgt sich eine innere Faszination durch das Selbst – die große Gold-Sonne –, anders formuliert, durch den höchsten inneren Wert, das Gottesbild.

Nun begreifen wir allmählich, was sich hinter einem Geldkomplex, unter dem so viele Menschen leiden, verbirgt.

Solche Menschen glauben oft, sie hätten nicht genug Geld, sie verdienten nicht genug, die Steuern oder die Rechnungen seien zu hoch. Ich kenne einen Mann, der immer vom Geld spricht, wenn wir uns treffen. Er fragt mich meistens nach meinen Finanzen, er spricht über das Einkommen seiner Familie, und obwohl er seinen Geldkomplex zugibt, erkennt er nicht, daß es nicht das Geld selbst ist, das ihn gefangenhält. Das Geld mag eine gewisse Rolle spielen, doch liegt das wahre Problem in seiner «Liebe zum Gold». Er ist in Wirklichkeit ein Geizhals. Ich weiß es, denn ich habe erlebt, wie ihn sogar das Geld fürs Essen reute. Die «Liebe zum Gold» jedoch weist auf ein tiefes religiöses Problem hin, das er noch nicht erkannt hat und vielleicht auch nie begreifen wird. In Wirklichkeit ist er wie Euclio vom inneren Gott fasziniert.

Geld ist auch in Münzen geprägte Energie, eine Verkörperung der Libido. Ein Gefäß mit Gold, eine Brieftasche oder ein Konto in der Bank ist psychologisch gesehen eine Anhäufung oder Verdichtung psychischer Energie. Man kann leicht verstehen, weshalb geizige Menschen über nichts anderes sprechen als über ihre Finanzen, denn dort ist offenbar alle ihre Energie gespeichert.

Der Geiz kann sich auch in der sexuellen Energie ausdrücken. In der Analyse trifft man gar nicht selten geizige Männer, die impotent sind. Sie wollen das Wesen ihrer Männlichkeit nicht mit ihren Frauen teilen. Auch die Frigidität von Frauen ist oft mit einem egoistischen Zurückhalten des sexuellen Selbst verbunden. Diese Zustände zeugen von einer tiefen inneren Habgier.

Die Korruption durch das Geld in der heutigen Zeit

Eine weltweite Faszination durch das Geld hat in den Jahrzehnten seit dem Zweiten Weltkrieg von uns Besitz ergriffen und sich wie ein riesiges Netz über uns ausgebreitet, in dem wir uns verfangen haben. Die Marktwirtschaft, Aktien und Sparkonten, die Computer und das Geldspiel haben alle mit Stofflichkeit zu tun. Sie ersetzen heutzutage Gott, und Banken und Börsen sind zu Tempeln geworden.

Das Computerzeitalter mit seiner Magie der elektronischen Fertigkeiten hat die Maschine auf den Stuhl des Meisters gesetzt. Auf einem Bildschirm kann man sehen, wie sich Ebbe und Flut der finanziellen Gezeiten in Windeseile über ganze Kontinente ausbreiten. Das Geld auf den Geldmärkten, die Börsen, die internationalen futuristischen Waren sind nicht länger real, sie werden zur Illusion, denn die Maschine entfernt jeglichen körperlichen Kontakt, und jede Beziehung zum Objekt verschwindet. Auch die Kredit- oder Plastikkarten verwischen den Gedanken an wirkliches Geld und dadurch das Bewußtsein einer Beziehung zum wirklichen Objekt. Es gibt keinen Eros in der Finanzwelt, auch nicht beim Geldspiel. Und das meiste ist ein Geldspiel, bewußt oder unbewußt, vom Rollen des Würfels bis zur Erstellung des täglichen Bankkurses. Fortuna ist als unbewußte oder unsichtbare Göttin allgegenwärtig. Wie viele der Geldhändler würden eine solche Schwäche zugeben? – Und doch ist es wahr.

Münzen aus Gold oder Metallegierungen symbolisieren die roten Blutkörperchen; Geld ist schon immer eine Art Lebensblut der Gesellschaft gewesen. Geld ist in Münzen geprägte Energie und enthält ein unglaubliches Mana, das Mana des Goldes, was die allgemeine Faszination erklärt. Wie aus früheren Erläuterungen hervorgegangen ist, gilt die Faszination eigentlich dem Gold als Symbol und nicht dem Gold als gepreßte Münze, als Papiergeld, Kreditkarte oder Wertpapier. Somit besteht das eigentliche Problem des modernen Menschen darin, daß er das Bewußtsein für den höchsten Wert und damit den Zugang zu seiner Seele und zum Selbst verloren hat. Und so sind wir im blinden, unbewußten Zwang der leidenschaftlichen Suche nach Geld gefangen, das das Geheimnis des höchsten Wertes enthält – die Welt des Unbewußten, unsere Seele und ihre Beziehung zum Selbst.

Ich glaube, wir dürfen ohne zu übertreiben sagen, daß die Unbewußtheit über die wahre Bedeutung dieser Faszination tief und weltweit verbreitet ist. Als Individuen haben wir sicher keinerlei Einfluß auf die kollektive Einstellung. Doch kann jeder auf seine Art danach streben, die allgegenwärtige Gefahr zu erkennen: unbewußt verschlungen zu werden vom Zwang einer habgierigen Besessenheit. Und jeder kann sich vor seiner eigenen scheinbar unbedeutenden Schwäche in bezug auf Geiz und Knausrigkeit hüten.

7. Völlerei

Gula

Einstimmung

Völlerei ist die Todsünde des übermäßigen Essens und Trinkens. Es handelt sich dabei um eine Gier, ein heftiges, übermäßiges Verlangen nach Nahrung, obwohl keine Mangelsituation bezüglich Lebensmitteln besteht. Man kann gierig essen aus echtem, brennendem Hunger heraus. Dieses natürliche Phänomen ist hier nicht gemeint. Es geht beim «sündhaften» Essen einerseits um eine aus dem Überfluss geborene Schlemmerhaltung und andererseits um eine «verschobene» Gier nach Essen und Trinken, die einen inneren, psychischen Hunger ersetzen soll, Eßsucht und Alkoholismus sind typische Beispiele. Die Gier nach einem Objekt oder einem andern Menschen gehört nicht in den Bereich dieser Todsünde. Ich verweise dazu auf das Kapitel über die Wollust.

Viele Patienten, die wegen Übergewichts eine Arztpraxis oder eine Psychotherapie aufsuchen, sprechen von einem Verlangen, das nicht Appetit ist, aber auch kein eigentlicher Hunger. Sie beschreiben es als eine Art Hungergefühl oder als eine schwer definierbare Leere. Sie wüßten nicht, ob sie Lust auf Essen, Trinken oder sexuelle Befriedigung hätten. Die Art des Verlangens ist den Patienten somit selbst nicht klar. Bei einem Menschen, der an echtem Hunger leidet, herrscht keine Verwirrung, das Verlangen gilt unzweifelhaft der Nahrung.

Die eßsüchtige Frau

Vor einigen Jahren betreute ich eine stark übergewichtige Patientin, eine brillante, aber psychisch schwer geschädigte Frau, die so dick war, daß sie nicht länger ohne Hilfe gehen konnte.

Sie sagte mir, sie hätte nicht viel Appetit und esse sehr wenig. Eines Tages jedoch hatte ich die Gelegenheit, sie beim Mittagessen im Krankenhaus zu beobachten. Ich war erstaunt über die Mengen, die sie aß, und über die Art und Weise, wie sie das Essen konsumierte. Wie von einem Dämon besessen, schaufelte sie es förmlich in sich hinein, ohne sich bewußt zu sein, was oder wieviel sie aß. Sie schien sich während des Essens in ein anderes Wesen, in einen Automaten zu verwandeln. Daran erkannte ich den Typ ihrer Sucht: Sie war das Opfer eines Automatismus. Es war ein unmäßiges Verlangen nach Essen, das sie verfolgte, ihr Übergewicht war eindeutig das Ergebnis der Gier. Als ich später mit ihr sprach, erkannte ich ihren inneren unbewußten Heißhunger, der nicht einfach mit Essen gestillt werden konnte.

Sie hatte alle möglichen Diäten ausprobiert, jedoch ohne Erfolg. Ihre Träume waren eigenartig, aber interessant, und wiesen auf bedeutende Veränderungen in ihrem Leben hin. Da sie durch die Interpretation ihrer Träume tief beunruhigt war, brach sie die Analyse ab. Viele Jahre später besuchte sie mich wieder. Nun war sie eine schlanke, zufriedene Frau. Sie hatte zur Zeit ihres Übergewichts als Lesbierin gelebt, was ihrem inneren Wesen, wie sich herausstellte, nicht entsprach. Dann hatte sie ganz unerwartet das große Glück in einer Ehe gefunden. Der Heißhunger, den ich in ihr beobachtet hatte, war kein Hunger nach Essen gewesen, sondern nach heterosexueller Liebe und innerer Erfüllung als Frau. Diese Wahrheit hatten die Träume vorausgesagt, doch hatte sie sie damals noch nicht akzeptieren können.

Bedeutung und Etymologie

Das lateinische Wort *gula*, mit dem die Kirchenväter diese Todsünde umschrieben, bedeutet «Kehle, Speiseröhre» sowie «Gefräßigkeit, Schlemmerei, Genußsucht». Das Substantiv Völlerei steht mit «voll» und «füllen» in Zusammenhang. Es wurde zunächst nur auf das maßlose Trinken bezogen, seine Bedeutung erfuhr später eine Verallgemeinerung und schloß das Übermaß auch im Essen ein, insbesondere als Gewohnheit, Lebensweise.[158]

Das englische Wort für *gula* ist *gluttony*. Jemand, der gierig ißt, ist ein *glutton*. Das englische Substantiv *glut* heißt Sättigung, Übersättigung, aber auch Überangebot. In der Wirtschaft spricht man auch von einem *glut of grain*, *corn*, *sugar*, *butter* or *wine* (einem Überangebot an Weizen, Mais, Zucker, Butter oder Wein). Ein solches Überangebot entsteht nur in einer Gesellschaft, in der ein hoher Grad von *gluttony* existiert, in einer Gesellschaft des Überflusses. Dies ist zweifellos der Stand der Dinge in der westlichen Welt am Ende des zwanzigsten Jahrhunderts – ein riesiger Unterschied zu den früheren Kriegsjahren.

Hunger, das Gegenteil der Völlerei

Um die Sünde der Völlerei zu verstehen, muß man zuerst die Bedeutung von Hunger und Durst kennen. Das Wort Hunger bezeichnet ein mangels Nahrung verursachtes unangenehmes bis quälendes Empfinden, das durch Essen oder Trinken beschwichtigt werden kann; der Begriff Hunger weist auch auf den durch Nahrungsmangel verursachten Erschöpfungszustand hin. Verallgemeinert bedeutet Hunger irgendein starkes Bedürfnis, wir sprechen vom «Hunger nach Liebe», auch vom «Lebenshunger». In unserer Wohlstandsgesellschaft, die den echten Hunger nicht kennt, wird schon der Appetit – die Lust auf Essen – als Hunger bezeichnet.

Verschiedene Sprichwörter und Redewendungen beschreiben bildhaft die Wirkung des Hungers: «Hunger ist der beste Koch»; «vor Hunger umfallen»; «Er könnte sich selbst vor Hunger aufessen». Andererseits sagt man von denen, die satt sind: «Wer gesättigt ist, der zertritt Honigwaben.»[159] Was Hunger aber wirklich heißt und wie sehr er den Menschen in körperlicher und seelischer Hinsicht bestimmt, hat Homer in seiner «Odyssee» so auf den Punkt gebracht: «Unbändiger ist und schrecklicher nichts denn der Hunger, welcher stets mit Gewalt an sich die Menschen erinnert. Auch den Bekümmerten selbst, dem Gram die Seele belastet.»[160]

Der englische Begriff *hunger* bezieht sich, weiter gefaßt, auch auf eine allgemeine Hungersnot. Die durch eine Pest verursachte Kartoffelmißernte in Irland vor 150 Jahren, der eine Unzahl Menschen zum Opfer fiel, wird oft «the Hunger» genannt. Da die Kartoffel für die meisten Irländer das Grundnahrungsmittel war, waren die Folgen des Unglücks verheerend. Der «Hunger» begann 1845, dauerte fünf Jahre und war für die Emigration von einer halben Million Menschen verantwortlich. Man kann sich kaum vorstellen, wie furchtbar diese Jahre waren, in denen Männer, Frauen und Kinder verhungerten. In Rußland erlitten die Menschen während der dreißiger Jahre ein ähnliches, aber noch viel verheerenderes Schicksal, und in den deutschen Konzentrationslagern während des Zweiten Weltkrieges hungerten unzählige Juden.

Es ist kaum zu glauben, daß nur hundertfünfzig Jahre nach der irischen Hungersnot, sechzig Jahre nach den russischen Verfolgungen und fünfzig Jahre nach den deutschen Lagern in Europa ein solcher Überfluß an Nahrungsmitteln existiert, daß sie in riesigen Lagerhäusern gelagert werden müssen. Das Nahrungsmittelüberangebot und die Übersättigung führen oft dazu, daß die Libido nach einer andern Befriedigung, zum Beispiel durch süchtig machende Genußmittel wie Tabak, Alkohol oder Drogen, sucht.

Eß-Lust, Eß-Verlangen und Eß-Gier

Das Wort Appetit, das heutzutage vor allem im Sinne von Eßlust verwendet wird, stammt vom lateinischen *appetitus*, das «Verlangen, Begierde» bedeutet. Auch im Deutschen herrschte früher diese Bedeutung vor, die spezielle Verwendung «Verlangen nach angenehmer Speise, Lust am Essen» setzte sich erst im siebzehnten Jahrhundert durch.[161] Das Adjektiv appetitlich bedeutet heute «verlockend, den Appetit anregend», während es in früheren Jahrhunderten noch die Bedeutung von «Verlangen erregend» hatte. Appetit hat mit Genuß zu tun und nicht mit den elementaren Überlebenstrieben Hunger oder Durst.

Kinder werden dazu erzogen, ihre Eßgelüste unter Kontrolle zu haben, während es allen Eltern am Herzen liegt, den Hunger ihrer Kinder zu stillen. Psychologisch gesehen erfolgt durch die Fähigkeit des Kindes, den Appetit zu kontrollieren, eine Ichstärkung, während die Befriedigung des Hungers ihm das Gefühl von Existenzsicherheit und Geborgenheit vermittelt. Wenn das verläßlich geschieht, so wird dadurch das Urvertrauen gestärkt, der positive Mutterkomplex.

Im Gegensatz zum Appetit stammt Hunger aus dem instinktiven Bereich. Hunger ist das wiederkehrende Bewußtsein eines körperlichen Bedürfnisses. Man empfindet ein starkes Verlangen, weil der Organismus Nahrung benötigt, und dieses gibt den Anstoß zu einer Handlung, die zur Linderung und Befriedigung des körperlichen Bedürfnisses führt.

Der ursprüngliche Wunsch, das Unbehagen des Hungers zu beseitigen, kann sich jedoch verlagern. Dann gilt das Verlangen nicht länger der Befriedigung des heftigen Bedürfnisses, sondern dem Vergnügen, das die befriedigende Handlung als solche verursacht, wie wir das schon bei der Begierde gesehen haben. Die einfachen Handlungen von Essen und Trinken dienen nicht länger der Befriedigung von Hunger und Durst. Das Vergnügen wird in der Handlung gesucht und nicht in der natürlichen Befriedigung des Hungergefühls.

Dies kann man beim Feinschmecker und beim Genießer sehen, bei denen das Vergnügen, nicht die Stillung des Hungers die Hauptsache ist. Hier wird nicht nur gegessen oder getrunken, um Hunger und Durst zu stillen, sondern schon das Kochen wird zur sorgfältig ausgearbeiteten Kunst, und Weine und Liköre werden eingehend studiert, um das Vergnügen zu vergrößern. Die große Auswahl an Büchern über Essen und Trinken in den Buchhandlungen zeugt von diesem Aspekt des Appetits. Rousseau wußte um die Gefahr, die für die Seele besteht, wenn das Essen zum Lebensmittelpunkt wird: «Die Seele des Feinschmeckers ist mit seinem Gaumen identisch, die Schöpfung hat ihn zum Essen bestimmt. In seiner beschränkten Unfähigkeit ist er nur bei Tisch an seinem Platz; sein Urteil geht über die Schüsseln nicht hinaus.»[162]

Diese zunehmende Sachkenntnis auf allen Gebieten, die mit Essen zu tun haben, ist eine gefährliche Entwicklung, die nur in einer Überflußgesellschaft möglich ist. Eine enorme Industrie hat sich entwickelt, und das sinnliche Vergnügen des Essens und Trinkens wurde zum Ziel des vom Machtwillen getriebenen Strebens nach finanziellem Gewinn. Die Bevölkerung wird mit Informationen über Ernährung bombardiert, die Werbung ist darauf aus, die Essensgier zu fördern, und hat damit großen Erfolg. In Zeiten des Überflusses rückt die Genußsucht immer mehr in den Mittelpunkt, was zu einer kollektiven Schlemmermentalität führt.

Ist der Wunsch nach Genuß das vorherrschende Ziel, werden der gesunde Hunger und der Appetit von einer abnormen Gier ersetzt. Oder es entsteht ein künstliches Verlangen, wie es bei der Alkohol-, Tabak- oder Drogensucht der Fall ist. Etwas anderes sind die Gelüste der schwangeren Frauen auf ungewöhnliche Nahrungsmittel. Solche Gelüste sollten immer vom psychologischen Standpunkt aus betrachtet werden, denn darin kommt ein unbewußter psychischer Inhalt in Zusammenhang mit der Schwangerschaft zum Ausdruck, und die Botschaft sollte verstanden werden.

Abnormal starke Gelüste, wie sie bei der Eßsucht oder beim übermäßigen Rauchen vorkommen, sind geprägt durch ein künstlich erzeugtes Verlangen, zum Beispiel durch Modetrends oder auch durch den Gruppendruck in Cliquen von Jugendlichen. Das Wir-Gefühl, das in Gruppenaktivitäten erzeugt wird, ebnet oft den Weg für die Entwicklung eines erzeugten Verlangens. Auch positive sekundäre Erfahrungen fördern ein künstlich erzeugtes Verlangen. Man erwartet einen Genuß, den man in einer bestimmten Ambiance erlebt hat, oder auch die Wiederholung eines guten Gefühls. Vielleicht hat der Alkohol bei einer Party entspannt oder die Droge eine Scheinbeziehung ermöglicht. In solchen Fällen wird damit eine Sehnsucht befriedigt, die nichts mehr mit gesunder Sättigung zu tun hat. Dann entwickelt sich das Verlangen zur Sucht.

Im Schlemmer, im Alkoholiker und im Drogenabhängigen ist die übersteigerte Gier auf Genuß viel stärker als das Vergnügen der Befriedigung. Das Bedürfnis dominiert, und je länger, je mehr spürt das Opfer nur eine kurzfristige oder gar keine Erleichterung – das Verlangen bleibt ewig unbefriedigt.

Heutzutage wird übermäßiges Essen, die Eßsucht, vom medizinischen Standpunkt aus als irregeleiteter Instinkt betrachtet, psychologisch gesehen geht es aber um viel mehr. Das vermeintliche äußere Objekt der Begierde ist nicht das im tiefsten Innern Gesuchte. Wie bei der Habsucht und dem Geiz ist ein innerer Wert gemeint. Es hat aber seine Gründe, wenn jemand das Essen als «falsches Objekt» wählt: er nährt sich damit, wie ihn die Mutter hätte nähren sollen.

Wie jedes Übermaß trennt auch die Völlerei von Gott, psychologisch gesprochen von der Beziehung zum Unbewußten und zum Selbst, denn wem ausschließlich die völlig unmäßige Befriedigung seiner leiblichen Bedürfnisse wichtig ist, der ist in sich selbst verfangen, in seinem Egoismus, und die Pflege des Unbewußten hat keinen Raum. Und noch etwas: Der Schlemmer und noch mehr der Eßsüchtige oder der Trinker hat verlernt, auf die innere instinktive Stimme und ihre Anweisungen zu horchen (das echte Hungergefühl wie auch das Signal der Sättigung). Und wenn sie die instinktiven Weisungen des Körpers nicht hören, wie können sie dann die noch subtileren Botschaften des Unbewußten wahrnehmen?

Die Todsünde der Völlerei in der Göttlichen Komödie

Die Geschichte von Erysichthon, dem Vielfraß

Die Schlemmer trifft Dante im sechsten Kreis des Läuterungsberges, wo sie die Sünde der Völlerei büßen. Hier wird die Seligpreisung der Bergpredigt gesungen: «Selig sind, die hungern und dürsten nach der Gerechtigkeit»[163], die ebenso zum fünften Kreis paßt, wo der unlöschbare Durst nach weltlichem Besitz gesühnt wird. Die Strafe für Eßgier ist der Entzug von Nahrung, das Hungern, was in den abgemagerten Schatten zum Ausdruck kommt.[164] Die von Schluchzen begleiteten Worte, die Dante hört, sind: «Labia mea Domine» «Herr, öffne mir die Lippen»[165], mit der darin enthaltenen Andeutung der Fortsetzung: «... und mein Mund wird dein Lob verkünden.»

Dieser Vers paßt zu den Seelen der reumütigen Schlemmer, die ihren Mund ihr Leben lang für weit weniger spirituelle Nahrung geöffnet haben. Dante beschreibt sie wie folgt:

> Die Augen waren hohl und finster dran,
> Das Antlitz bleich und so beraubt der Fülle,
> Daß nichts als Haut und Knochen war daran.[166]

Dies ist das Bild des ausgemergelten, hungernden Körpers, wie er bei Hungersnöten oder Krankheiten und auch bei Mißernten und Krieg zu sehen ist.

Einer der Schatten in diesem Ring ist die ausgemergelte Gestalt von Erysichthon, einem bekannten Schlemmer, von dem auch Ovid berichtet:

Nicht war wohl ausgedörrt zur Außenhülle
Erysichthon vom Fasten so wie die,
Als größte Furcht empfand sein Lebenswille.

Da Ovids Darstellung des frevelhaften Benehmens des Mannes eine der besten Beschreibungen der Sünde der Völlerei in der klassischen Literatur ist, lohnt sich eine nähere Betrachtung.[167]

Proteus, der Sohn des griechischen Meeresgottes Poseidon – häufig der «alte Mann des Meeres» genannt –, besaß die Gabe der Voraussage. Doch er war launisch (er verkörperte die sich drehenden Winde und die wechselnden Launen des Meeres) und konnte nur mit Gewalt zu etwas gezwungen werden. Um sich vor der Vorhersage der Zukunft zu drücken, verbarg er sich hinter allen möglichen furchteinflößenden Gestalten. Blieb der Fragende jedoch während seiner Verwandlungen standhaft, teilte ihm Proteus schließlich sein Wissen mit. Das Geheimnis war, daß man fest blieb und Proteus nicht entweichen ließ.

Als Gott des Meeres umkreiste Proteus die Erde. Man kannte ihn in der Gestalt eines jungen Mannes oder eines Löwen; manchmal erschien er als wütender Eber, häufig als Schlange und hin und wieder als Stier. Oft war er ein Baum oder ein lebloser Gegenstand, zum Beispiel ein Stein, fließendes Wasser oder dessen Gegenteil, das Feuer. Als lebendiger Geist, als universaler und allgegenwärtiger Naturgeist ist er das archetypische Bild des Unbewußten.

In Ovids Erzählung hat die Tochter des Erysichthon die gleiche Fähigkeit wie Proteus. Ihr Vater war ein Mann, der die Götter verachtete und sich weigerte, ihnen Weihrauch zu opfern. Denselben Vorwurf machte der Lar familiaris der Familie im Bühnenstück *Aulularia* von Plautus, von dem im Kapitel über den Geiz berichtet wurde.

Erysichthon nahm eine Axt und fällte die Bäume im heiligen Hain der Ceres (Demeter), der Großen Göttin. Damit zerstörte er die uralten und heiligen Wälder, in denen die Göttin verehrt wurde, was an die Zerstörung des Regenwaldes mit der dämonischen Kettensäge – ein ebenso großes Sakrileg – erinnert. Unter den Bäumen befand sich eine große starke Eiche, die im Verlaufe der Jahre selbst einen Wald gebildet hatte. Sie war mit Kränzen, Girlanden und Votivtafeln behängt, alles Ehrerbietungen für erhörte Gebete. Trotzdem befahl Erysichthon, den Baum zu fällen, und als seine Diener Bedenken äußerten, sagte er: «Und wenn dieser Baum die Göttin selbst wäre und nicht nur ein Baum, den sie liebt, würde ihr Wipfel dennoch zu Boden fallen.»

Wie Euclio in *Aulularia,* der die Göttin des Glücks verhöhnte, und wie König Midas, der den großen Gott Apollo verunglimpfte, ist auch Erysichthon ein Beispiel der Hybris, der Überheblichkeit des Menschen, der die Götter übertreffen will. In psychologischer Formulierung handelt es sich um eine riesige Inflation, die immer ein Zeichen von Unbewußtheit ist.

Die Eichen stöhnten und klagten, die Blätter und Eicheln wurden weiß, und die Äste verloren ihre Farbe. Als die gottlose Hand eine Schramme in den Stamm schlug, floß Blut aus der gespaltenen Rinde, wie von einem Opfertier. Alle waren entsetzt, einer der Männer aber wagte es einzugreifen, um die Gotteslästerung zu verhindern und die grausame Axt aufzuhalten. Erysichthon drehte sich um und schlug dem Mann den Kopf ab. Dann wandte er sich wieder der großen Eiche zu und schlug Schlag für Schlag auf sie ein. Da hörte man die Stimme einer Nymphe, die im Baum wohnte und von der Göttin Ceres geliebt wurde, da sie dem Baum das Leben geschenkt hatte. Die Nymphe war die Hüterin und der lebendige Geist des Baumes, und sie warnte Erysichthon: «Ich warne dich mit meinem sterbenden Atem; die Strafe für deine böse Tat wird folgen; dieser Gedanke tröstet mich im Tode.»

Der japanische Filmproduzent Akira Kurasawa hat eine Serie Kurzfilme gedreht. Darin kommt dasselbe archetypische Motiv des Baumgeistes oder der Baumfee vor. Sie wohnt in einem Garten von Pfirsichbäumen. Alle Bäume des Gartens mit Ausnahme eines einzigen sind gefällt worden. In diesem letzten

Baum wohnt die Fee des Pfirsichbaums, und ihr Erscheinen läßt die Hoffnung aufkommen, daß vielleicht eines Tages wieder ein Baumgarten wachsen wird.

Bei Erysichthon wurde dieser eine Baum am Ende gefällt, und alle Dryaden (Baumnymphen) des Hains kleideten sich in Schwarz und gingen in einem Trauerzug zu Ceres, um die Bestrafung Erysichthons für seine böse Tat zu verlangen. Und zornig waren sie mit Grund. Wenn ein großer Baum stirbt, geht das Heim vieler Wesen verloren; der Unterschlupf aller Insekten, die auf, in und unter dem Baum leben, ist zerstört. Wird jedoch ein ganzer Wald gefällt, ist der Verlust für das Leben und die Natur katastrophal.

Ceres hörte sich die Bitten der Trauernden an, und nach tiefem Nachdenken beschloß sie, Erysichthon mit Hunger zu quälen. Da es Ceres, der Göttin der Fülle, vom Schicksal nicht erlaubt war, dem Dämon Hunger direkt zu begegnen – denn sie sind Gegensätze –, sandte sie eine ihrer Nymphen zum Hause des räuberischen Hungers. Der Dämon lebte im Hause des Schauderns, der Blaßheit und des Schüttelfrostes, der drei Eigenschaften des Hungers. Ceres wies die Nymphe an:

> «Fern an den eisigen Küsten von Scythien liegt eine Stelle,
> fruchtlos, öde der Boden, kein Korn, kein Baum auf der Erde.
> Lähmende Kälte ist dort daheim, der Schrecken, das Graun und
> Er, der Hunger, der hohle. Er soll in des Heiligtumschänders
> frevelhaftes Geweide sich senken. Ihn soll keine Fülle
> zwingen, im Wettstreit soll er auch meinen Kräften obsiegen.»[168]

Die Beschreibung der Begegnung zwischen der Gesandtschaft der Göttin der Fülle und dem Hungerdämon ist ein Meisterstück. Das Gesicht des Dämons war ohne jegliche Farbe, seine Augen hohl, sein Haar ungekämmt, seine Lippen blaß und gespalten. Sein Hals war voller vertrockneter Wunden, seine Haut hart und durchsichtig, so daß die inneren Organe sichtbar waren. Die zerbrechlichen Knochen ragten unterhalb seiner hohlen Lenden hervor, und anstelle des Magens fand sich eine Leere. Seine hängenden Brüste sahen aus, als ob sie nur vom Rückgrat gehalten würden. Die Bergnymphe ging nicht einmal in die Nähe, um die Botschaft der Göttin zu übermitteln, spürte jedoch den Hunger schon von weitem.

Obwohl der Dämon des Hungers Ceres' Widersacher war, gehorchte er. Er ließ sich vom Wind zum Haus des schlafenden Erysichthon fliegen, schlich sich in seinen Körper, blies in seine Lippen, seinen Hals, sein Herz und verteilte den verzehrenden Hunger in all seine Venen. Nachdem er den Befehl ausgeführt hatte, kehrte er in sein armes Haus zurück.

Zuerst schlief Erysichthon ruhig weiter. Dann jedoch träumte er von einem großen Essen, er kaute vergeblich, knirschte mit den Zähnen und schluckte vermeintliches Essen. Statt eines Banketts schluckte er Luft. Er erwachte und verspürte großen Hunger; seine Kiefer und sein brennender Magen waren ganz in der Gewalt seiner heftigen Gier. Sofort befahl er, man solle ihm alles Essen der Erde, der Luft und des Meeres bringen. Er verlangte eine Mahlzeit nach der andern, doch nichts konnte seinen Hunger stillen. Vorräte ganzer Städte, selbst ganzer Länder, waren nicht genug. Je mehr er aß, desto größer wurde sein Verlangen:

> Ja, je mehr in den Bauch er versenkt, desto mehr nur begehrt der,
> und, wie das Meer die Ströme der ganzen Erde empfängt und
> nie sich des Wassers ersättigt, die fernsten Flüsse noch austrinkt,
> und, wie das raffende Feuer niemals eine Speise zurückweist,
> nicht zu zählende Scheite verbrennt, und je mehr du ihm bietest,
> desto mehr nur verlangt und gefräßiger wird in der Fülle,
> so empfängt und heischt zugleich Erysichtons, des Frevlers
> Schlund ein jedes Mahl. Ihm wird ein jegliches Essen
> Grund zu essen, stets wird leer von Speisen die Tafel.[169]

Genau wie der Geizhals, der Schlemmer oder der Alkoholabhängige konnte auch er keine Linderung im Gegenstand seiner

Gier – in diesem Fall dem Essen – finden, denn die Gier läßt sich nie befriedigen.

Wie das Meer, das alle Flüsse in sich aufnimmt, und wie die gierigen Flammen des Feuers, die zahllose Scheiter verschlingen und nach mehr verlangen, so war es mit Erysichthon. Alles Essen, das er verzehrte, machte sein Verlangen und die schmerzhafte Leere nur noch schlimmer. Sein Magen war ein bodenloses Faß, und sein Heißhunger legte sich nicht. Als er schließlich seinen ganzen Reichtum aufgegessen hatte, blieb ihm nur noch seine Tochter, die er verkaufte. Doch sie lehnte sich dagegen auf, einen Meister zu haben, und bat Proteus, den Gott des Meeres, sie aus der Sklaverei zu befreien. Dieser verwandelte sie in einen Mann und gab ihr die Kleider eines Fischers. Als ihr Herr sie sah, fragte er sie, wo das junge Mädchen hingegangen sei, dessen Fußabdrücke am Ufer des Meeres plötzlich aufhörten.

Da erkannte die Tochter, daß Proteus sie gerettet hatte. Sie erklärte ihrem Meister, sie habe sich ganz auf das Fischen konzentriert und habe niemanden gesehen, was die Wahrheit war: «Ich schwöre beim Gott des Meeres, der mir beistehen möge, daß nur ich allein am Ufer gestanden habe und keine Frau hier war.» Der Mann glaubte ihr und ging ohne seine Sklavin weg. Dann verwandelte sich das Mädchen in seine ursprüngliche Gestalt zurück.

Als der Vater von der Verwandlungskunst seiner Tochter erfuhr, verkaufte er sie immer wieder, um seine Gier zu befriedigen. Sie verwandelte sich in ein Pferd, einen Vogel, einen Ochsen oder einen Hirsch und beschaffte ihrem gierigen Vater somit auf betrügerische Weise immer mehr Essen. Sie leistete dem inneren Dämon ihres Vaters Vorschub und zerstörte somit ihr weibliches Selbst, indem sie den einen Meister verließ, um die Sklavin eines andern zu werden.

Nachdem die Macht seines Leidens alles um ihn herum verschlungen hatte und sich seine Krankheit verschlimmerte, biß der Unglückliche in seine eigenen Hände und zerkaute sie und aß letzten Endes seinen eigenen Körper.

Die dämonische Anima eines Mannes kann einen unwiderruflichen Pakt mit seinem Schatten eingehen, so daß das Ichbewußtsein unmöglich dagegen aufkommt. In Erysichthon hatten sich ein von der Gier besessener Schatten und eine halbwegs willfährige Anima vereinigt. Er war nicht länger ein bewußtes Wesen.

Der Mythos verdeutlicht die dämonische, unstillbare Besessenheit des Süchtigen, die sich im Essen, aber auch in der Habsucht, im süchtigen Rauchen und in anderen Abhängigkeiten zeigt.

Eine ältere Frau erzählte mir, daß sie nur noch für ihre täglichen ein bis zwei Flaschen Wein lebe. Sie verlangte nach nichts anderem mehr. Den Wein jedoch mußte sie haben. Ich sah darin etwas Tieferes. Sie hatte ihre ganze Familie verloren und war sehr einsam. Sie hatte, nach meinem Wissen, kein inneres Leben aufgebaut und war sich ihrer spirituellen Seite wenig bewußt. Ihr täglicher Begleiter war die Weinflasche, der Geist des Dionysos, dem sie jeden Tag für kurze Zeit mit freudiger Erwartung entgegenblickte. Sie suchte das Verlangen nach dem Vergnügen, doch eine Befriedigung erlebte sie nie, und mit der Zeit wurde die Flasche zu ihrem Meister.

Der Süchtige scheint unbewußt den Geist im Objekt seiner Sucht zu suchen. Das gilt für den Wein, aber auch für den Mohn, die Blume der Demeter; auch der Heroin- oder Morphiumabhängige sucht den Geist, den Geist der Göttin. Alkohol ist, wie schon erwähnt, symbolisch betrachtet das Wesen des dionysischen Geistes. Die meisten Süchte enthüllen tief verborgene spirituelle Probleme. Wie wir beim Geizhals Euclio gesehen haben, ist die Voraussetzung für eine Heilung eine spirituelle Bekehrung. Diese kann nicht durch den Willen des Ichbewußtseins allein erreicht werden, das Selbst, der Archetyp der Ordnung und der Ganzheit, muß dem Ich zur Seite stehen.

Das Symbol der heiligen Eiche

Im Mittelpunkt der Geschichte von Erysichthon steht die große Eiche. Gehen wir deshalb der symbolischen Bedeutung des Baumes nach.

Erysichthons Sünde – und eine Sünde war es – bestand im Fällen der heiligen Eiche im Hain der Ceres-Demeter, der Großen Göttin. Er verleugnete und entehrte sie dadurch. Sie war die Göttin der Fülle und für die Fruchtbarkeit der Menschen, Tiere und Pflanzen verantwortlich. Sie hatte, als ihre Tochter Persephone von Hades entführt wurde, die Erde vertrocknen lassen und nicht nachgegeben, bis ihre Tochter zu ihr zurückkehrte. Jede Handlung, die gegen ihre lebensspendende Tätigkeit verstieß, war ihr ein Greuel. In ihrer Gestalt als Große Göttin verkörpert sie den weiblichen Instinkt in seinem matriarchalen Aspekt.

Der Baum hat eine sehr vielschichtige Bedeutung. Bei Jung[170] lesen wir dazu:

> «Die durchschnittlich häufigsten, auf den Sinn bezüglichen Assoziationen sind wohl Wachstum, Leben, Entfaltung der Form in physischer und geistiger Hinsicht, Entwicklung, Wachstum von unten nach oben und vice versa, der Mutteraspekt (Schutz, Schatten, Dach, Früchte zur Nahrung, Lebensquelle, Festigkeit, Dauer, Verwurzelung, auch: Nicht-von-der-Stelle-Können), Alter, Persönlichkeit und schließlich Tod und Wiedergeburt.»

Ein Mensch – wie auch das Tier – wächst, bis er die volle Reife erlangt hat, dann aber beginnt bei ihm der langsame Abstieg in den Tod, und seine körperlichen Kräfte nehmen langsam und unmerklich ab. Der Baum mit seinen Knospen, Blüten und Früchten jedoch erneuert sich immer wieder bis ins hohe Alter. Damit ist er zum Symbol der ewigen Erneuerung des Geistes geworden.

Ein Baum beherbergt Millionen von Lebewesen. Daher wird

ein besonders mächtiger Baum als göttlich betrachtet. Wenn er stirbt oder gefällt wird, ist dies ein schicksalsschwerer Tod, und da Ceres-Demeter die Göttin der gesamten Natur ist, stirbt mit dem Baum ein Teil der Göttin selbst. Das kommt in der Eiche im heiligen Hain der Ceres darin zum Ausdruck, daß es heißt, eine Baumnymphe, eine Dryade der Ceres, habe darin gelebt, und Erysichthon habe sie zusammen mit dem Baum getötet. Ihre Warnung war die Stimme seines Gewissens, auf die er jedoch nicht hörte.

Er mißachtete und entehrte die Göttin. Ein Mann, der die Große Göttin schändet, ist natürlich auch bereit, die Frauen, im vorliegenden Fall seine Tochter, zu entehren. Männer, die Frauen nicht achten, sie nicht als Menschen sehen, sprechen abschätzig über ihr körperliches Aussehen, ihre geistigen Fähigkeiten oder ihren Status. Eine solch negative Bewertung ist nicht nur eine Entehrung der Frau als Frau, sondern eine Verachtung der weiblichen Seele oder der inneren Göttin des Mannes. Im Grunde genommen entehrte Erysichthon mit seiner Tat sich selbst. Ein solch egozentrisches Wesen – und davon gibt es viele – hat vor niemandem Respekt, weder vor Göttern und Göttinnen noch vor andern Menschen. Wir sprechen hier von Hybris, vom arroganten Stolz, einem Zustand totaler Unbewußtheit, den wir im Kapitel über die Sünde des Stolzes betrachtet haben.

Heilige Bäume verbinden Himmel und Erde. Sie haben schon immer die Gebete der Bittsteller unterstützt, die um göttliche Hilfe baten. Und diese haben ihre Dankbarkeit für die Erhörung der Gottheit durch die Votivgaben ausgedrückt, die sie als Zeichen des Dankes daran festmachten.

Die Göttin Ceres, die Mutter Natur, ist nie sentimental. Ihre Aufgabe ist es immer, für den Weiterbestand des Lebens zu sorgen. Fällt ein Vogel aus dem Nest, wenn er fliegen lernt, und die Katze erwischt ihn – das ist Natur. Der Vogel muß geschickt genug sein, um zu überleben, sonst wehe ihm!

Zerstört jedoch der Mensch die Natur grundlos, begeht er

eine Sünde gegen die Natur. Da das Fällen der Eiche durch Erysichthon so viel Leben und Nahrung zerstörte, war die Strafe gerecht, wenn auch grausam. Man mag zwar gute Gründe anbringen, weswegen solche Projekte wie das Ausmerzen von Tieren, die Zerstörung des Regenwaldes, das Einschränken des Lebensraums oder die unterirdischen Atomexplosionen nötig sind. Dies sind rationale und wohlbegründete Erklärungen, doch das Gefühl urteilt anders, und es gibt keine Rechtfertigung für die Elimination der Tier- und Pflanzenwelt in solch übertriebenem Ausmaß.

Eine derart maßlose Zerstörung des Lebens ist heute die Norm. Die Gesellschaft zeigt keine Achtung mehr vor dem Leben, das heißt vor der Erde oder der Göttin der Erde, die für das Leben verantwortlich ist, das zeigt sich im Völkermord, wie er mehrmals in diesem Jahrhundert geschah, aber auch im Raubbau an der Natur. Eine solch verbrecherische Zerstörung ist das Ergebnis einer Überflußgesellschaft, die kein Maß und keine Grenzen kennt und nur ihre eigenen maßlos gewordenen Bedürfnisse befriedigen will. Hinter dem scheinbar begründeten Fällen, Kahlschlagen, Ausmerzen, Reduzieren oder einfach Töten verbirgt sich die kalte Logik des rationalen Denkens ohne Eros, das heißt ohne das weibliche Prinzip der psychischen Bezogenheit. So denken Menschen, die jede Beziehung zu ihren instinktiven Wurzeln verloren haben. In der westlichen Welt herrscht ein Überfluß an Nahrung, und die Menschen haben die Achtung vor der Erde und ihren Produkten verloren. Deshalb sind heutzutage die Erde und ihre Lebewesen solch erschreckender Respektlosigkeit und Grausamkeit ausgesetzt.

Eine kalte Unpersönlichkeit hat sich in die Landwirtschaft eingeschlichen; Großfarmen haben vielerorts die Bauern vertrieben, die eine persönliche Beziehung zum Boden, zu den Tieren und den Menschen ihrer Umgebung hatten. Der Bauernhof ist zur Fabrik geworden, in dem Maschinen und förderbandähnliche Einrichtungen die Ernte schneiden, mähen, binden und stapeln.

Heute geht es um Massen, nicht mehr um das Maß, auch bei den Menschen, daher werden diese auch nicht mehr als Individuen berücksichtigt. Ein Grund ist die Überbevölkerung. Es gibt – in kalter intellektueller Logik – «verschwenderisch» viele Menschen.

In gewissen Gebieten Mexikos besteht ein großer Wassermangel. Zum Händewaschen wird deshalb nur etwa ein Eierbecher voll Wasser überreicht, und das Wort agua wird dabei mit großer Achtung ausgesprochen. Da Wasser so knapp ist, wird es nie verschwendet – man hält es für wertvoller als Gold. Dort verehren die Menschen Tlaloc, den Regengott. Sie beten zu ihm und versichern ihn fortwährend ihrer Achtung und Dankbarkeit. Eine solche Haltung der Ehrfurcht vor den höheren Mächten haben wir in der westlichen Welt anscheinend verloren.

Erysichthon hörte nicht auf den Geist des Baumes, er verspottete sein Gewissen, er sündigte, und die eine Sünde führte zu immer neuen Sünden. Die Strafe, die ihm die Göttin sandte, war absolut gerecht. Er spürte das Unbehagen des Hungers nicht nur vorübergehend, sondern andauernd, Tag und Nacht. Das ist die Hölle im wahrsten Sinne! Der Hungerdämon, der sich in ihm eingenistet hatte, verwandelte seinen Magen in ein bodenloses Faß. Er aß die Haustiere auf und auch alle Schätze des Hauses. Am Ende bettelte er, der Königssohn, auf der Straße um eine milde Gabe. Hier kommen die Entwicklung der Sucht aus der Maßlosigkeit, die Sucht selbst als dämonische Besessenheit und ihre Folge, die (psychische) Verarmung, klar zum Ausdruck.

Die Geschichte von Erysichthon beschreibt jemanden, der die Verbindung zu seinen Instinkten verloren hat und für den die inneren Werte bedeutungslos geworden sind. In seinem Umgang mit der mächtigen Göttin vergaß Erysichthon, daß ein König oder Kaiser (oder ein Zeitungsmagnat, der Generaldirektor eines Industriekonzerns, ein Popstar, ein Diktator, ein Billionär) ein Mensch ist und im besten Falle etwa neunzig

Jahre alt wird. Menschen sterben, und ihre beschränkte Größe verblaßt mit ihnen wie die Blüte einer Rose, und nur die Erinnerung bleibt. Die lebendigen, dynamischen Archetypen jedoch, die sich uns in Bildern von Göttern und Göttinnen zeigen, erscheinen immer wieder von neuem, gemäß den Gesetzen des Kosmos und des Mikrokosmos.

Wollen wir ein gesundes, den Anforderungen unseres Innern angepaßtes Leben führen, tun wir gut daran, diesen bedeutenden Figuren, unseren inneren Lebenskräften, Beachtung zu schenken. Wir begegnen ihnen in der äußeren Welt insbesondere in den Religionen, im Inneren erscheinen sie uns zum Beispiel in Träumen oder Visionen. Um uns vor ihnen zu verneigen oder in die Knie zu gehen, benötigen wir eine gewisse Ehrfurcht, die Erysichthon fehlte.

Der Baum ist auch ein Symbol des Individuationsprozesses. Individuation nannte Jung den Vorgang, durch den der Mensch die Ganzheit seiner Psyche kennenlernt und erkennt, daß das Selbst das Zentrum seiner Psyche ist, nicht das Ich. Und nur, wenn das Ich auf das Selbst, seine innere Mitte, bezogen ist, kann er zu dem werden, «der er schon immer gewesen ist». Bei Erysichthon hat das Ich das Selbst von seinem rechtmäßigen Platz vertrieben. Im Individuationsprozeß erfährt man, was und nicht, wer man ist.

Erysichthon wußte, daß er der Sohn eines Königs war, erkannte jedoch nicht, daß er auch ein überheblicher, gottloser Vielfraß war, besessen von einer dämonischen unstillbaren Gier – scheinbar auf Nahrung. Er war sich auch nicht bewußt, daß sich hinter der Gier nach Nahrung die Sehnsucht nach der ewigen Welt des Selbst versteckte. Durch seine Unbewußtheit hat er dieses entehrt. Daher blieb sie, die Göttin der Fülle, der Lebensfülle, für immer unerreichbar. Psychologisch gesprochen hat er bis zum Schluß nicht erkannt, was das eigentliche Ziel seines unmäßigen Hungers war.

Der Verdauungsprozeß als Wandlungssymbol

Wenn Träume oder Fantasievorstellungen mit Essen zu tun haben, muß man sich fragen, welche Art Nahrung das Unbewußte darstellt. Handelt es sich um eine einfache Mahlzeit, ein reichhaltiges Essen, ein riesiges Festessen oder ein Freßgelage? Weiter muß man sich die Frage stellen, in welchem Bereich des Lebens der Träumer oder die Träumerin hungert und nach welcher Art Nahrung er oder sie verlangt. Auch Fragen über die Gefühle beim Essen und danach helfen, den Traum oder die Fantasie zu erhellen.

Essen, insbesondere der Verdauungsprozeß, hat in Träumen oft mit Wandlung zu tun. Damit Essen den Körper nährt, muß die Nahrung zunächst gegessen werden, das heißt, durch den Mund in den Körper gelangen und im Magen und in den Eingeweiden verdaut werden. Danach gelangen die Nährstoffe in die Leber, wo sie verarbeitet und nach Bedarf im Blut zu allen lebenden Zellen transportiert werden. Das heißt, nach dem Essen erfolgt eine Wandlung, gefolgt von der Assimilation. Der Magen, der Ort der Wandlung, kann mit einer Küche oder einem alchemistischen Gefäß, einer Retorte, verglichen werden, in der etwas so zubereitet wird, daß der Organismus es aufzunehmen vermag. Wenn wir sagen, daß uns etwas auf dem Magen liegt, meinen wir das im übertragenen Sinn, denn wie der physische Körper, muß auch die Psyche genährt werden, und zwar in einer ihr angemessenen Form.

Auch was ausgeschieden wird, ist etwas Ureigenes. Marie-Louise von Franz schreibt dazu:

> «Das Urinieren ist eben das einzige körperliche Bedürfnis, das wir nicht ganz beherrschen können. ... Urinieren ist deshalb ein Symbol für die Äußerungen der eigensten inneren Natur, also tatsächlich etwas von höchstem Wert, und deshalb beschäftigen sich auch so viele Witze damit. ... Dieser Drang besiegt den Willen des Menschen.»[171]

Der verschlingende Aspekt des Weiblichen

Beinahe alle Kinder, die unter einer anlagebedingten Allergie, einem atopischen Ekzem, leiden, haben große Eßprobleme. Bei dieser Krankheit steht meist der Archetyp der Mutter in seiner negativen, verschlingenden Form im Mittelpunkt. Die Schwierigkeiten mit dem Essen widerspiegeln den Antagonismus zwischen Mutter und Kind, eine unbewußte gegenseitige Ablehnung.

Ißt man gierig und schluckt das Essen hinunter, ohne es vorher zu kauen, wie es der Wal mit Jonas tat, dann verschlingt man das Essen. Wenn ein besonders bedrohlicher Aspekt des mütterlichen Archetypen konstelliert ist, dann spricht man gewöhnlich von der «verschlingenden Mutter». Dieses Phänomen, das sowohl bei Frauen wie auch bei Männern vorkommen kann, führt zu einem «Verschlingen» des Ichbewußtseins durch das Unbewußte. Wenn das Bewußtsein nicht mehr handlungsfähig ist, sondern vom Unbewußten bestimmt wird, dann ist dies ein äußerst gefährlicher Zustand.

Der verschlingende Aspekt der schrecklichen Mutter ist das Thema vieler Mythen und findet sich auch häufig in Träumen. Dabei kann das Objekt ganz oder teilweise verschlungen, das Ichbewußtsein teilweise oder ganz in den Einflußbereich dieses Komplexes gezogen werden.

Ein Mann mit einem schweren Mutterkomplex träumte, er überquere ein Torfmoor und beginne, mit einem Bein im unstabilen Boden einzusinken. Er konnte sich nur mit großer Mühe befreien, was eine direkte Widerspiegelung seiner wahren Lebenssituation war.

Torfmoore, Sumpfgebiete oder Treibsand sind geeignete Symbole für den verschlingenden Aspekt des Mutterarchetyps, wie auch Pflanzen, in denen sich der Träumer verfängt. Manchmal wird die Mutter in ihrem schrecklichen Aspekt auch als gefräßiges Wesen dargestellt, als verschlingender Wolf, Bär oder Fisch.

In diesem Zusammenhang muß auch die Göttin Isis erwähnt werden, die ägyptische Muttergöttin, die im allgemeinen in ihren positiven Aspekten dargestellt wird. Von ihr wurde gesagt: «Am Anfang war Isis, die Älteste der Alten. Sie ist die Göttin, von der alles Werden kam.»[172] und: «Als Schöpferin gebar sie die Sonne, als sie sich zum ersten Mal über der Erde erhob.»[173] Isis, die Erzeugerin des Lebens, war aber auch die Verschlingende, die dem Sonnengott und ihrem Sohn Horus mit einer giftigen Schlange einen Streich spielte. Man nannte sie deshalb die schreckliche Mutter, die Erdrückende und die Zermalmende. Diese Attribute zeigen sie als Todesgöttin, die alles Leben, das sie schenkt, wieder zurücknimmt, als die dunkle Seite des archetypischen Weiblichen.

In der kindlichen Entwicklung muß der Sog, der von der behütenden Mutter ausgeht, überwunden werden, denn wenn das Kind zu lang darin verharrt, kann es keine Selbständigkeit entwickeln und bleibt abhängig. Das gilt auch für die Bewußtseinsentwicklung: Das Ichbewußtsein muß sich lösen von der vollständigen Abhängigkeit von seinen instinktiven Grundlagen. In den Mythen wird diese Entwicklung im Bild des Heldenkampfes dargestellt. Die Aufgabe des Helden in den Mythen ist es, unter Lebensgefahr das Ungeheuer zu besiegen und dazu, wenn nötig, in den Bauch des Ungeheuers hinunterzusteigen.

Der verschlingende Aspekt des Mutterarchetyps kommt nicht nur in der Mutter zum Ausdruck, die ihr Kind nicht loslassen kann. Auch ein Vater kann eine ähnliche Wirkung auf einen Sohn haben, dann nämlich, wenn er ihn bei sich zu Hause behalten will und ihn daran hindert, unabhängig zu werden und seine Männlichkeit zu entwickeln. Dies kann auf sehr subtile Weise geschehen. Eine dunkle Kraft hält den jungen Mann gefangen, so daß er die Verantwortung für sein eigenes Leben nicht übernehmen kann. Ob der äußerliche Einfluß von der mütterlichen oder von der väterlichen Seite herrührt, immer ist ein solcher Mann von einem negativen Mutterkomplex geprägt.

Der Alkoholiker, dem eine Ratte ins Gesicht blickte

Einer meiner Analysanden war früher ein schwerer Alkoholiker gewesen. Er kam zu mir einige Zeit nachdem er bei den Anonymen Alkoholikern, einer Selbsthilfegruppe für Alkoholabhängige, Hilfe gesucht hatte, und er trank kaum mehr. Er erzählte mir, er habe lange vergeblich versucht, das Trinken aufzugeben, und habe während längerer Perioden an Delirium tremens gelitten.

Eines Morgens erwachte er im wahren Sinn des Wortes in der Gosse. Er sah vor sich einen Abwasserkanal, der über das Kopfsteinpflaster einer Seitengasse der Stadt floß. Er hatte keine Ahnung, wie er dorthin gekommen war. Eine Ratte näherte sich ihm und schaute ihm ins Gesicht. (Die Ratte, sagte ich ihm, habe mehr Bewußtsein gehabt als er!) Schließlich raffte er sich auf, und an jenem Tag begann er den langen Wiederaufstieg zurück zu seiner Menschlichkeit, die er beim Trinken verloren hatte. Er war von einem dämonischen, pervertierten Instinkt besessen gewesen und trank nicht, um den Durst zu stillen, sondern in Erwartung eines flüchtigen Wohlgefühls. Die Gier, die von ihm Besitz ergriffen hatte, drohte seine Menschlichkeit zu zerstören. Auch seine Gesundheit litt, er entwickelte körperliche und geistige Symptome, die eine direkte Folge der alkoholischen Übersättigung seines Körpers waren.

Sein psychisches Problem lag im Bereich des Weiblich-Mütterlichen. Um sein Leben zu retten, mußte er das innere Ungeheuer überwinden, er hatte keine andere Wahl. Nach der Begegnung mit der Ratte gab mein Analysand das Trinken ganz auf. Er wußte jedoch, daß er selbst nach einem einzigen Glas Alkohol vor dem inneren Dämon kapitulieren könnte. Nachdem er sich zuerst mit seinem Mutterkomplex auseinandergesetzt, sich dem Kampf mit dem Ungeheuer gestellt hatte, widmete er sich ganz seinen spirituellen Problemen.

In jener schrecklichen Nacht in der Gosse wäre er bei der Begegnung mit dem tödlichen, verschlingenden Wesen des Unbewußten, symbolisiert durch die Ratte, beinahe gestorben. Irgendwie fand er den Mut, sich aus der Gosse aufzuraffen und der Zukunft ohne ein weiteres Glas Alkohol entgegenzublicken. Wäre er schwach geworden, hätte es ihm das Leben gekostet.

Es ist nicht abwegig, daß dem Mann in der Stunde seiner höchsten Not eine Ratte erschien als Abbild seines Zustandes. Ich möchte kurz auf die Symbolik dieses Nagers eingehen und auf die Aspekte, die mit unserem Thema in Zusammenhang stehen. Die Ratte hat viele verschiedene symbolische Bedeutungen. Während sie in Asien ein vorwiegend glücksbringendes Symbol darstellt, hat sie in Europa fast ausschließlich negative Bedeutung.

Ratten haben einen gewaltigen Appetit und essen alles. Ihre zerstörerische Wirkung auf Eßvorräte und andern Besitz ist bestens bekannt. Deshalb gelten sie als gierig und habgierig.

Da die Ratte ein Nachttier ist und ihre Tätigkeiten im verborgenen ausführt, wird sie abgesehen von der Essensgier auch mit Gier im allgemeinen in Verbindung gebracht. Sie lebt oft in unterirdischen Gängen und stiehlt Nahrung wie ein Dieb in der Nacht. Daraus ergeben sich Assoziationen mit Reichtum und Unredlichkeit.

Die Fruchtbarkeit der Ratte ist sprichwörtlich, und da sie sich im Untergrund vermehrt, wird sie auch mit Ausschweifung in Zusammenhang gebracht.

Die Ratte ist aber auch ein Symbol des animalischen Überlebensinstinkts des Menschen. Ein Traum, in dem eine Ratte vorkommt, oder eine Begegnung mit einer Ratte wie im oben erwähnten Beispiel weist auf einen «Ratteninstinkt» im Unbewußten eines Menschen hin. Sein Ichbewußtsein ist derart eingeengt, daß diese unbewußte und unbeherrschte Naturkraft seine Menschlichkeit bis zu einem gewissen Grad verdrängt hat. Oder anders formuliert, er benimmt sich unter dem Einfluß der unmenschlichen Gier nach Geld oder eines erworbenen Verlangens nach Essen oder Trinken wie ein tierisches Ungeheuer.

Man kann leicht verstehen, weswegen die Kirchenväter diese Sünden als Todsünden betrachteten. Die Todsünden bringen den Sünder von seinem wahren Ziel ab.

Es ist deshalb einleuchtend, daß die Ratte – der Inbegriff des Bösen im christlichen Glauben – gleichzeitig auch das Symbol der fleischlichen Todsünden Wollust, Geiz und Gier ist.

In der vorhellenistischen Zeit war der Gott Apoll als Rattengott Verursacher der Pest, als Gott des Getreides schützte er aber auch vor den Ratten – und damit vor der Pest. Eine Parallele findet sich in Indien, wo ein Rattengott die Pest verursacht, sie aber auch heilt.[174] Dies ist eine besonders interessante Tatsache, weil nach Jung jede Neurose auch ihre Heilung in sich enthält. Ich bin überzeugt, daß mein alkoholsüchtiger Patient großes Glück hatte, als ihm die Neurose wie auch die Heilung in Gestalt der Ratte ins Gesicht starrten, dort in der Gosse in einer Seitengasse.

Da mein Analysand früher an Delirium tremens gelitten hatte, kann man sich fragen, ob er einer wirklichen Ratte begegnet war oder nicht. Er selbst war überzeugt, es sei so gewesen, und aus der Abwicklung der Vorgänge zu schließen, glaube ich, daß er recht hatte. Die Frage ist jedoch im wesentlichen unwichtig. Ob die Ratte eine Vision oder Wirklichkeit war, spielt keine Rolle. Wichtig ist, daß sie ihm im bedeutendsten Augenblick seines Lebens, als er in der Todesfalle der Schrecklichen Mutter gefangen war, erschien, am Wendepunkt, als das Selbst oder die Ganzheit seiner Persönlichkeit in sein Leben trat und es verwandelte.

Ich habe viele Männer gesehen, die nach einer langen Phase des Alkoholismus aus diesem verheerenden Zustand wiederauftauchten, und alle waren geprägt von einer beinahe greifbaren Angst. Ich vermute, daß alle Schlemmer und Süchtigen im Grunde genommen eine unsägliche, unaussprechliche Angst verspüren. Viele süchtige Menschen träumen von bedrohlichen oder abstoßenden Gestalten und erwachen mit starken Angstgefühlen. Solche Träume müssen ernst genommen werden, vor allem, wenn es sich um lebensbedrohende Gestalten handelt, was bei schwer abhängigen Menschen oft vorkommt.

Jung schreibt, daß der Betroffene zuerst seine heroische Bestimmung erfüllen muß, bevor er sich seinem Menschsein zuwenden kann. Der «Kampf mit dem Ungeheuer» besteht aus zwei Aufgaben: Erstens muß die Gier, die im Traum zum Beispiel als Hexe oder Wolf erscheint und eine unbeherrschte Naturkraft ist, in eine Macht verwandelt werden, die kontrolliert werden kann. Sie muß sozusagen gezähmt werden. Zweitens muß das Ichbewußtsein von der tödlichen Bedrohung des Unbewußten in der Gestalt der negativen Eltern befreit werden. «Jenes bedeutet die Erzeugung des Willens, dieses die Möglichkeit einer freien Verwendung desselben.»[175]

Die gierige Frau

Ich möchte mit einem letzten Beispiel meine Ausführungen zum Thema Völlerei schließen, das nochmals deutlich macht, daß sich hinter der äußeren Gier etwas ganz anderes verbirgt. Wenn diese innere Bedeutung dem Bewußtsein zugänglich ist und der oder die Betroffene bereit ist, intensiv daran zu arbeiten, dann besteht die Möglichkeit der Befreiung von der Besessenheit.

Eine hübsche übergewichtige Frau, etwa vierzigjährig, die schon zahlreiche Diäten versucht hatte, kam zu mir in die Therapie. Sie wollte nicht zugeben, daß sie zuviel aß, und hielt ihr Übergewicht für ein Drüsenproblem. Eingehende Untersuchungen zeigten jedoch, daß ihre Drüsen absolut normal funktionierten. Sie war eine dicke Frau, weil sie ganz einfach zuviel aß, obwohl dies während der Mahlzeiten nicht zum Ausdruck kam. Dort war sie eine gehorsame Patientin und aß, was man ihr vorschrieb, ohne sich zu beklagen. Leider aß sie den ganzen restlichen Tag, vor, nach und zwischen den Mahlzeiten wie auch nachts, was sich jedoch erst herausstellte, als sie zur Untersuchung ins Krankenhaus kam.

Da ihr Übergewicht das Symptom einer Neurose zu sein schien, schlug man ihr die Psychotherapie vor. Vom Anfang der Behandlung an machte sie einen sehr scheuen und zurückhaltenden Eindruck; sie schien förmlich zu verblassen, was ihrer Größe wegen natürlich nicht möglich war. Wie sich jedoch bald herausstellte, wünschte sie sich im geheimen, nicht übersehen zu werden, sie wollte mehr als nur anwesend sein. Durch das Essen wurde sie «groß».

Sie hatte zwei Probleme: erstens ihre Mutter, die sie haßte, und zweitens ihre Beziehung zu Gott, an den sie nicht glaubte. Sie war in dieser Hinsicht dem Beispiel ihrer Mutter gefolgt, die auch Atheistin war. Obwohl das zweite Problem das dringendere war, behandelten wir die Schwierigkeit mit ihrer negativen Mutter zuerst. Diese Mutter war ein Tyrann; sie dominierte ihre Tochter und beherrschte jeden Aspekt ihres Lebens. Nur über deren übermäßiges Essen hatte sie keine Macht. Interessanterweise war die Mutter sehr schlank: die Fettleibigkeit der Patientin war die äußere Form ihrer inneren Auflehnung gegen die Mutter.

Um ihren «Fleischberg» herum befand sich die Welt, vor der sie eine Todesangst hatte, vor der sie sich verbergen oder flüchten wollte. Und doch befand sie sich ihres Umfangs wegen immer im Mittelpunkt. Das wollte sie zwar unbewußt, doch in der äußeren Situation schämte sie sich und verspürte Schuldgefühle, denn sie war sich ihres übermäßigen Essens sehr wohl bewußt und wußte auch, daß sie für ihr Übergewicht verantwortlich war.

Das Grundproblem lag im Bereich des Schattens, in dem sich ein verängstigtes, verlassenes kleines Mädchen verbarg, ein Kind, das nach der Liebe und Zuneigung ihrer Mutter und nach dem Wissen um Gott hungerte.

Ausschlaggebend für den Heilungsprozeß war anfangs ihr schönes Gesicht. Dieser positive Aspekt ihrer selbst, den sie schließlich akzeptieren konnte, nährte ihr Selbstbewußtsein und leitete eine Wandlung ein. Langsam durfte sich das verängstigte Kind ausdrücken. Der ständige Hunger der erwachsenen Frau war der innere Hunger des vernachlässigten Kindes, das langsam, nach vielen Jahren Psychotherapie, an die Oberfläche des Bewußtseins drang.

Als sie den Mut hatte zuzugeben, daß sie ihre Mutter für die ungerechte Behandlung des inneren Kindes haßte, gelangte sie zu einem psychologischen Verständnis der Ganzheit des Selbst. Ihr Mut half ihr später, sich gegen ihren Animus, der sie ständig entwertet hatte, durchzusetzen.

Das hungernde innere Kind der Frau, ihre verschüttete weibliche Seite, die sich hinter ihrer Gier nach Essen verbarg, erinnerte mich an das hungernde Mädchen, das John Steinbeck[176] 1949 in Stalingrad beobachtet und in einem seiner Bücher beschrieben hatte:

> «Unsere Fenster überblickten einen kleinen Abfallhaufen hinter dem Hotel, wo Melonen- und Kartoffelschalen, Knochen und ähnliches hingeworfen wurden. Und etwas weiter unten befand sich ein kleiner Hügel, der wie der Eingang zu einer Höhle aussah. Jeden Morgen kroch ein junges Mädchen heraus. Sie hatte lange Beine und bloße Füße, ihre Arme waren dünn wie Fäden und das Haar verfilzt und schmutzig. Der Schmutz mehrerer Jahre klebte an ihrem Körper und färbte ihre Haut tiefbraun. Wenn sie den Kopf hob, erblickten wir eines der schönsten Gesichter, das wir je gesehen hatten. Das Mädchen hatte schlaue, nicht mehr ganz menschliche Augen, die an einen Fuchs erinnerten. Das Gesicht war gut entwickelt und nicht etwa schwachsinnig. Irgendwann im Schrecken des Kampfes dieser Stadt war etwas in ihr zersprungen, und sie hatte sich in den Trost des Vergessens zurückgezogen. Sie kauerte am Boden, aß Wassermelonenschalen und saugte an den Suppenknochen anderer Leute. Normalerweise blieb sie etwa zwei Stunden lang dort, bis sie satt war. Dann legte sie sich ins Unkraut an die Sonne und schlief ein. Ihr Gesicht war von markanter Lieblichkeit, und mit ihren langen Beinen bewegte sie sich mit der Grazie eines wilden Tieres. Die andern Menschen, die in den Kellern des Hinterhofs hausten, sprachen selten mit ihr. Doch eines Morgens sah ich, wie

eine Frau aus einem andern Loch herauskroch und ihr einen halben Laib Brot gab. Das Mädchen riß ihn fast knurrend an sich und drückte ihn gegen die Brust. Sie beobachtete die Frau, die ihr das Brot geschenkt hatte, mit dem mißtrauischen Blick eines halbwilden Hundes, bis jene in ihrem Keller verschwunden war. Dann drehte sie sich um und vergrub ihr Gesicht im dunklen Brot und schaute dabei mit ihren unruhigen Tieraugen über das Brot hinweg. Und während sie das Brot verzehrte, glitt die eine Seite ihres zerrissenen, schmutzigen Schals von ihrer schmutzigen jungen Brust hinunter, und die eine Hand hob den Schal automatisch auf und deckte die Brust mit einer herzenszerreißenden weiblichen Geste wieder zu.»

Epilog

Jung erkannte beim Betrachten der unendlichen Tierherden in den Weiten der kenianischen Savanne, daß das menschliche Bewußtsein unerläßlich ist zur Vollendung der Schöpfung, «ohne das sie ungehört, ungesehen, lautlos fressend, gebärend, sterbend, köpfenickend durch Hunderte von Jahrmillionen in der tiefsten Nacht des Nicht-Seins zu einem unbestimmten Ende hin ablaufen würde». (Erinnerungen, S. 259)

Bewußtsein ist die Voraussetzung für das Verständnis der Psyche und der Seele des Menschen. Nur der einzelne kann sich ändern; Veränderungen gehen nicht aus dem Kollektiv oder der Masse hervor. Somit ist es die Aufgabe des Individuums, die Gegenwart und das Wesen seiner individuellen Seele zu fühlen und zu verstehen. Gleichzeitig dürfen wir nicht vergessen, daß Ichbezogenheit, dieses notwendige Attribut des Bewußtseins, auch dessen spezielle Sünde ist. In der Tat wird sie als die größte aller Sünden betrachtet.

Vielleicht trägt das vorliegende Buch zum Verständnis und zur Wiederbelebung des Bewußtseins über die Natur dieser Übel bei, die die Kirchenväter vor so langer Zeit für tödlich hielten und die schließlich zum Tod der menschlichen Seele und sogar zur Zerstörung der Menschheit führen können.

Anhang

Anmerkungen

1 Pfeifer, Etymologisches Wörterbuch des Deutschen, S. 1728.
2 Grimm, Deutsches Wörterbuch, Bd. 19, S. 231.
3 Mills, Essay on Liberty, Kap. 51.
4 GW 9/II, § 29.
5 Aristoteles, Die Nikomachische Ethik, S. 137 ff.
6 Butcher, Some Aspects of the Greek Genius, S. 109.
7 Theophrastus, «Characters», Encyclopaedia of Religion & Ethics, X, S. 276.
8 Jesaja 2,12.
9 Ibid., 2,17.
10 Altes Testament, Sprichwörter, 16,18.
11 Jeremia, 13,9.
12 Roux, Ancient Iraq, Kap. 22 und 23.
13 Daniel 2,28.
14 Ibid. 2,32–35.
15 Kolosser 2,10
16 Daniel 4,8–9
17 Jung, Gesammelte Werke (im folgenden GW), Band 18/I, § 246.
18 Zimmer, The Indian World Mother.
19 1. Korinther 13,4.
20 Epistolae & Romanus Inchoata Exposition, «St. Augustine», S. 198.
21 Thomas von Aquin, Summa Torinus Theologiae II, ii, 162, 5–8.
22 Dante, Die Göttliche Komödie, «Läuterungsberg», Gesänge X, XI, XII.
23 Ibid., XII. Gesang.
24 Ranke-Graves, Griechische Mythologie, S. 234 f.
25 Dante, «Läuterungsberg», XII. Gesang.
26 Jesaja, 14, 12–14.
27 Patai, Myths and Modern Man.
28 Hays, The Beginnings, S. 85.
29 Jung, GW 9/I, § 533 f.
30 Offenbarung des Johannes, 22,16.
31 Lukas, 10,18.

32 Jung, GW 11, § 290.
33 Ibid.
34 Peck, People of the Lie.
35 Jung, Briefe II, Brief vom 30.4.52.
36 Ibid.
37 Ibid.
38 Jung, GW 7, § 224.
39 Der kleine Stowasser, Stichwort «Ira».
40 Pfeifer, Etymologisches Wörterbuch des Deutschen, Stichwort «Wut».
41 Jung, GW 18/I, § 46.
42 Ibid.
43 Ibid.
44 Ibid. GW 8, § 201.
45 Ibid. GW 2, § 1036.
46 siehe Maguire, Hauterkrankungen als Botschaften der Seele, S. 230 ff.
47 Synchronizität ist ein Begriff von C. G. Jung. Synchronistische Ereignisse beruhen auf dem Zusammentreffen von zwei verschiedenen Zuständen. Einer davon ist «normal», das heißt, er kann kausal erklärt werden, den anderen kann man nicht kausal aus dem ersten ableiten.
48 Jung, GW 11, § 129. Jung sagt: «Freud hat entdeckt, daß die Verdrängung einen der Hauptmechanismen beim Zustandekommen einer Neurose bildet. ... Die Neurose ist stets ein Ersatz für legitimes Leiden.»
49 The Book of the Dead, «The Judgement: The Scene of the Weighing of the Heart of the Dead».
50 Horaz, Episteln I, 62.
51 Jung, GW 10, § 371 ff. Zuerst veröffentlicht in Neue Schweizer Rundschau, März 1936.
52 Ibid., GW 10, § 384.
53 Ibid., § 387.
54 Ibid., § 388.
55 Ibid., § 391.
56 Ibid., § 398.
57 Hannah, C. G. Jung, His Life and Work, S. 186.
58 Jung, Erinnerungen, Träume, Gedanken, S. 202.
59 Hannah, C. G. Jung, His Life and Work, S. 186.
60 Eliade, Schamanismus und primitive Ekstasetechnik.
61 Jung, Alchemy Lecture Course, Bd. II, § 124.
62 Ibid., Bd. I, § 94.
63 Ibid., Bd. I, § 82.
64 The Apocryphal New Testament, S. 35.
65 siehe auch Maguire, Hauterkrankungen als Botschaften der Seele.
66 Ibid., S. 190 ff.

67 Sokoloff, Jealousy, S. 11.
68 Pfeifer, Etymologisches Wörterbuch des Deutschen S. 335.
69 Spinoza, Ethik 3, 35, Erläuterungen.
70 Sokoloff, Jealousy.
71 Ibid., S. 14.
72 Proust, The Captives.
73 Sokoloff, S. 17.
74 Jung, Erinnerungen, Träume, Gedanken, S. 128 ff.
75 Freud, Gesammelte Werke Bd. XIII, «Über einige neurotische Mechanismen bei Eifersucht, Paranoia und Homosexualität».
76 Jung, Der Mensch und seine Symbole, S. 171.
77 Ibid., S. 172.
78 Ibid.
79 Jung, Man and His Symbols, S. 172. [Dieser Abschnitt fehlt in der deutschen Ausgabe, Anm.d.Üb.]
80 Lexikon der Alten Welt, Stichwort «Phthonos Theōn».
81 Roux, Ancient Iraq, Kapitel 6, Anmerkung 3.
82 The Mythology of all Races, Bd. 5.
83 Ibid., Kapitel 6.
84 Roux, Ancient Iraq, Kapitel 6.
85 The Mythology of all Races, Bd. 5.
86 Ibid., Kapitel 7.
87 Psalm 73,1–4.
88 Genesis, 30,1.
89 Genesis 37,3–4.
90 Sprichwörter, 27,4.
91 Genesis, 2,8–9.
92 Genesis, 2,16.
93 Genesis, 3,5.
94 Encyclopaedia of Religion and Ethics, Bd. VIII, S. 27a (Herod. III, S. 40 ff.).
95 Jung, GW 10, § 431.
96 van Sommers, Jealousy, Kapitel 8.
97 Ibid.
98 Ibid.
99 Tolstoi, Die Kreutzersonate und andere Erzählungen.
100 Grimm, Deutsches Wörterbuch, Bd. 21, S. 1133 ff.
101 Ibid., S. 1138.
102 Altes Testament, Sprichwörter, 19,24.
103 Ibid., 24,30–31.
104 Ibid., 26,13.
105 Ibid., 18,9.

106 The Diary of the Lady Sarashina, As I Crossed A Bridge of Dreams.
107 Cassian, (Bd. I) De Coenobiorum Institutis, (Bd. II) Collationes Patrum in Scythica Eremo Commorantium.
108 Psalmen, 91,5–6.
109 Cassian, De Spiritu Acediae (Bd. X) De Coenobiorum Institutis.
110 Ibid.
111 Cassian, Collationes Patrum, Collation V, Kapitel IX.
112 S. Gregorii, Reg. Past. III, iiii, Moralium liber XXXI.
113 Chaucer, The Canterbury Tales, «The Parson's Tale».
114 Carron, Prisoners of Hope.
115 Clarus, Keltische Mythen, S. 291.
116 Dante, Die Göttliche Komödie, «Läuterungsberg», I. Gesang.
117 Thomas von Aquin, Summa, II, ii, qxxxv. S. 4.
118 Jung, GW 13, § 303 (Cognitio vespertina ist Menschenkenntnis und cognitio matutina Selbstkenntnis).
119 Rowsell, Ninon de l'Enclos.
120 Grimm, Deutsches Wörterbuch , Bd. 30, S. 1384.
121 Psalmen, 106,14.
122 Pfeifer, Etymologisches Wörterbuch des Deutschen, S. 568.
123 Grimm, Deutsches Wörterbuch, Bd. 7, S. 7357.
124 Pfeifer, Etymologisches Wörterbuch des Deutschen, S. 569.
125 Grimm, Deutsches Wörterbuch, Bd. 7, S. 7358.
126 Jung, GW 5, § 187 f.
127 Ibid., § 188, Anmerkung 31.
128 Davidson, Encyclopaedia of Religion & Ethics, Bd. 1, S. 643.
129 Spinoza, Ethics, V. Prop. 3.
130 Boethius, Consolatio Philosophiae, III, Prosa 7.
131 Peterich, Götter und Helden der Griechen, S. 90 f.
132 Jung, GW 5, § 104.
133 Ibid., § 354.
134 Ibid., § 111.
135 Stapleton, Lexikon der griechischen und römischen Mythologie, Stichwort «Aphrodite».
136 Bachofen, Mutterrecht und Urreligion.
137 Neumann, Die Große Mutter, S. 168.
138 Detienne, The Gardens of Adonis, S. 62, Anm. 8.
139 Ibid., S. 62, Anm. 10.
140 von Franz, Die Erlösung des Weiblichen im Manne, Kapitel 5.
141 Ibid.
142 Hannah, C. G. Jung, His Life and Work, S. 151.
143 Jung, GW 10, § 990.
144 Ibid., GW 14/I, § 220.

145 Hannah, C. G. Jung, His Life and Work, S. 144 und Kapitel 8, Anm. 6.
146 Leiter, Das Kamasutram des Vatsyayana, S. X und XII.
147 Ibid., S. XIV.
148 Pfeifer, Etymologisches Wörterbuch des Deutschen, S. 526.
149 Grimm, Deutsches Wörterbuch, Bd. 5, S. 2817.
150 Pfeifer, Etymologisches Wörterbuch des Deutschen, S. 526.
151 Dante, Die Göttliche Komödie, «Läuterungsberg», XIX. Gesang.
152 Dante, Die Göttliche Komödie, «Läuterungsberg», XIX. Gesang.
153 Dante, Lyric Poetry, II, S. 305.
154 Dante, Die Göttliche Komödie, «Läuterungsberg», XIX. Gesang.
155 Ovid, Metamorphosen, Bd. XI.
156 Jung, Nietzsche's Zarathustra, Bd. II, S. 1223.
157 Ibid., GW 12, § 445.
158 Grimm, Deutsches Wörterbuch, Bd. 5, S. 640.
159 Röhrich, Lexikon der sprichwörtlichen Redensarten, Stichwort «Hunger».
160 Das treffende Zitat, Stichwort «Hunger».
161 Pfeifer, Etymologisches Wörterbuch, Stichwort «Appetit».
162 Das treffende Zitat, Stichwort «Essen».
163 Matthäus, 5,6.
164 Dante, Die Göttliche Komödie, «Läuterungsberg», XXIII. Gesang.
165 Psalmen, 51,17.
166 Dante, Die Göttliche Komödie, «Läuterungsberg», XXIII. Gesang.
167 Ovid, Metamorphosen, Bd. VIII.
168 Ibid., S. 315.
169 Ibid., S. 317.
170 Jung, GW 13, § 350.
171 von Franz, Die Erlösung des Weiblichen im Manne, S. 169.
172 Stone, When God Was a Woman.
173 Budge, Gods of the Egyptians, Bd. I, S. 259.
174 Chevalier/Gheerbrant, Dictionnaire des Symboles, Stichwort «rat».
175 Jung, GW 5, § 548.
176 Steinbeck, Stalingrad 1949.

Literaturverzeichnis

The Apocryphal New Testament. Transl. by M. R. James. Oxford: Clarendon Press.

Aristoteles: *Die Nikomachische Ethik.* Übersetzt von O. Gigon. Zürich-Stuttgart: Artemis 1967.

As I Crossed a Bridge of Dreams. The Diary of the Lady Sarashina. London: Penguin 1971.

Bachofen, J. J.: *Mutterrecht und Urreligion.* Stuttgart: Kröner 1984.

Die Bibel. Altes und Neues Testament. Einheitsübersetzung. Stuttgart: Kath. Bibelanstalt 1980.

Boethius: *Trost der Philosophie. Consolatio Philosophiae.* Lateinisch/Deutsch. Übersetzt von E. Gegenschatz. München-Zürich: Artemis 1990.

The Book of the Dead: The Papyrus of Ani, Scribe and Treasures of the Temples of Egypt, About B. C. 1450. 2 Bde., transl. and ed. by E. A. Wallis Budge. London: Philipp Lee Warner / New York: C. P. Putman's Sons 1913.

Budge, E. A. Wallis: *The Gods of the Egyptians,* 2 Bde. New York: Dover 1969.

Butcher, S. H.: *Some Aspects of the Greek Genius.* London 1904.

Carron, J. S. (Hrsg.): *Prisoners of Hope.* An Exposition of Dante's Purgatory. London: Hodder & Stoughton 1978.

Chaucer, G: *The Canterbury Tales,* «The Parson's Tale» (dt. Die Canterbury Geschichten, Zürich: Manesse 1993).

Chevalier, J. und Gheerbrant, A. : *Dictionnaire des symboles.* 4 Bde. Paris: Seghers et Jupiter 1973.

Clarus, I.: *Keltische Mythen.* Der Mensch und seine Anderswelt. Olten u. Freiburg i. Br.: Walter 1991.

Dante Alighieri: *Die Göttliche Komödie.* Übersetzt von W. G. Hertz. München: Winkler 1957.

Detienne, M.: *The Gardens of Adonis: Spices in Greek Mythology.* The Harvest Press 1977.

Eliade, M.: *Schamanismus und archaische Ekstasetechnik.* Frankfurt a. M.: Suhrkamp 1975.

Encyclopaedia of Religion & Ethics. Edinburgh: T. & T. Clarke 1926.

Epistolae & Romanus Inchoata Expositio «St. Augustine». London: Montgomery 1914.

Franz, M.-L. von: *Die Erlösung des Weiblichen im Manne*. Der goldene Esel von Apuleius in tiefenpsychologischer Sicht. Frankfurt a. M.: Insel 1980.

Freud, S.: *Gesammelte Werke*, Bd. XIII. Frankfurt a. M.: Fischer 1969.

Grimm, J. und W.: *Deutsches Wörterbuch*. Bearbeitet von Rudolf Meiszner. Nachdruck dtv: München 1984.

Hannah, B.: *C. G. Jung, His Life and Work*. New York: Putnam 1976 (dt. *C. G. Jung, sein Leben und Werk*, Fellbach: Bonz 1982).

– : «The Religious Functions of the Animus in the Book of Tobit», *Guild of Pastoral Psychology*, Nr. 114.

Hays H. R.: *The Beginnings*. New York: Putnam 1963.

Horaz: *Sämtliche Werke. Lateinisch/Deutsch*. München-Zürich: Artemis 1985.

Jones, E.: *Jealousy*. London & New York: Penguin 1988.

Jung, C. G.: *Gesammelte Werke* (GW), 20 Bde., Hrsg. Lilly Jung-Merker, Elisabeth Rüf und Leonie Zander. Olten-Freiburg i. Br.: Walter 1971 ff.

– : *Briefe*, 3 Bde., hrsg. von A. Jaffé und G. Adler. Olten u. Freiburg i. Br.: Walter 1972f.

– : *Erinnerungen, Träume, Gedanken*. Aufgezeichnet und herausgegeben von A. Jaffé. Olten u. Freiburg i. Br.: Walter 1987.

– : *Der Mensch und seine Symbole*. Mit Beiträgen von M.-L. von Franz, J. L. Henderson, J. Jacobi und A. Jaffé. Olten u. Freiburg i. Br.: Walter 1991 (engl. Ausgabe: Man and His Symbols. London: Routledge & Kegan 1964.

– : (Alchemy I und II) *Modern Psychology*. Lectures given at the ETH Zürich. 6 Bde. Zürich: Karl Schippert & Co. 1960.

– : *Nietzsche's Zarathustra*, 2 Bde. Princeton: Princeton University Press 1988.

Der kleine Stowasser. Lateinisch-deutsches Schulwörterbuch. Zürich: Orell Füssli 1958.

Leiter F. u. H. H. Thal (Hrsg.): *Das Kamasutram des Vatsyayana*. Erste vollständige deutsche Ausgabe. Wien-Leipzig: Schneider 1929.

Lexikon der Alten Welt. Hrsg. C. Andresen et al. Zürich-Stuttgart: Artemis 1969.

Maguire, A.: *Hauterkrankungen als Botschaften der Seele*. Olten u. Freiburg i. Br.: Walter 1991.

– : *Vom Sinn der kranken Sinne*. Solothurn u. Düsseldorf: Walter 1993.

Mills, J. S.: *Essay on Liberty*. London 1859.

Morris, I.: *The World of the Shining Prince*. Oxford: Oxford University Press 1964.

The Mythology of all Races. Bd. 5, New York: Cooper Square 1964.

Neumann, E.: *Die Große Mutter*. Solothurn u. Düsseldorf: Walter 1994.

Ovidius Naso, P.: *Metamorphosen*. Hrsg. E. Rösch. München und Zürich: Artemis 1983.

Patai, R.: *Myths and Modern Man.* Engelwood Cliffs: Prentice Hall 1972.
Peck, S. M.: *People of the Lie.* New York: Simon & Schuster 1985.
Peltzer, K.: *Das treffende Zitat.* Gedankengut aus drei Jahrtausenden. Thun u. München: Ott 1957.
Peterich, E.: *Götter und Helden der Griechen.* Kleine Mythologie. Olten u. Freiburg i. Br.: Walter 1956.
Pfeifer, W.: *Etymologisches Wörterbuch des Deutschen.* Berlin: Akademie-Verlag 1989.
Proust, M.: *The Captives.* London: Chatto 1957.
Ranke-Graves, R. von: *Griechische Mythologie.* Quellen und Deutung. Reinbek: Rowohlt Taschenbuch Verlag 1989.
Röhrich, L.: *Lexikon der sprichwörtlichen Redensarten.* Freiburg-Basel-Wien: Herder 1982.
Roux, G.: *Ancient Iraq.* Sidney: Allen & Unwin 1964.
Rowsell, M.: *Ninon de l'Enclos.* 1910.
Schwab, G.: *Gods & Heroes: Myths & Ethics of Ancient Greece.* New York: Pantheon Books 1946.
Sokoloff, B.: *Jealousy.* A Psychological Study. New York: Carroll & Nicholson: 1948.
Sommers, P. van: *Jealousy.* London & New York: Penguin 1988.
Spinoza, Benedictus de: *Die Ethik.* Schriften und Briefe. Stuttgart: Kröner 1982.
Stapleton, M. u. E. Servan-Schreiber: *Lexikon der griechischen und römischen Mythologie.* Hamburg: Xenos 1978.
Steinbeck, J.: *Stalingrad 1949.* The Faber Book of Reportage, ed. by John Carey. London: Faber & Faber 1987.
Stone, M.: *When God Was a Woman.* New York: Dial Press 1976.
Thomas von Aquin: *Summe der Theologie.* Bd. 2. «Die sittliche Weltordnung». Stuttgart: Kröner 1985.
Tolstoi, L.: *Die Kreutzersonate und andere Erzählungen.* Zürich: Diogenes Verlag 1985.
Watterson, B.: *The Gods of Ancient Egypt.* London: Batsford 1984.
Zimmer, H.: *Die indische Weltmutter.* Frankfurt a. M.: Insel 1979.